UPADEK

Tego autora polecamy:

SAMOBÓJSTWO

OCZYSZCZENIE

CIEŃ ZWYCIĘSTWA
COFAM WYPOWIEDZIANE SŁOWA

LODOŁAMACZ
DZIEŃ „M"
OSTATNIA REPUBLIKA
OSTATNIA DEFILADA
KLĘSKA

AKWARIUM
GRU
WYZWOLICIELE

KONTROLA
WYBÓR
ŻMIJOJAD

SPECNAZ

TATIANA – TAJNA BROŃ
UPADEK
MATKA DIABŁA

ALFABET SUWOROWA

WIKTOR SUWOROW

UPADEK

Ostatnia bitwa marszałka Żukowa

Przełożyła
Anna Pawłowska

REBIS

DOM WYDAWNICZY REBIS

Tytuł oryginału
Obłom

Redaktor
Krzysztof Tropiło

Redakcja merytoryczna
Hubert Kuberski

Opracowanie graficzne serii i projekt okładki
Zbigniew Mielnik

Fotografie na okładce
© Corbis / Profimedia

Wydanie I
Poznań 2015

ISBN 978-83-7818-687-8

Dom Wydawniczy REBIS Sp. z o.o.
ul. Żmigrodzka 41/49, 60-171 Poznań
tel. 61-867-47-08, 61-867-81-40; fax 61-867-37-74
e-mail: rebis@rebis.com.pl
www.rebis.com.pl

Pamięci Abdurachmana Awtorchanowa,
wybitnego badacza przeszłości,
który pierwszy rozwiązał zagadkę
tajemniczej śmierci Stalina

Jedna z tajemnic wejścia Chruszczowa
na szczyty władzy polegała na tym, że potrafił on
wzbudzić w każdym poczucie
wyższości nad sobą.
Zdobył władzę, ale już nie mógł
wyzbyć się roli idioty!
Był do tej roli stworzony.

Michaił Weller

Przedmowa

W czerwcu 1957 roku w Związku Radzieckim została wprowadzona dwuwładza: państwem kierowali Gieorgij Żukow i Nikita Chruszczow. Oficjalnie na czele państwa niby stał Chruszczow, ale tylko dlatego, że tak zdecydował Żukow.

Wzajemne relacje tych dwóch władców były co najmniej niełatwe. Prędzej czy później nieuchronnie musiało dojść do konfrontacji. Na jej wynik decydujący wpływ wywarło kilka osób, wśród których między innymi byli:

- pierwszy zastępca naczelnika GRU generał porucznik Chadżi-Umar Mamsurow,
- naczelnik GRU generał pułkownik Siergiej Sztiemienko,
- radziecki ambasador w Jugosławii Nikołaj Firiubin.

Pierwszy zastępca naczelnika GRU Mamsurow zmarł w 1968 roku (do tego czasu został generałem pułkownikiem). Dwa lata później wojskowe koleje losu rzuciły mnie, młodziutkiego oficera, do Wydziału Rozpoznawczego sztabu Nadwołżańskiego Okręgu Wojskowego, czyli do machiny GRU. Tu wielu znało Mamsurowa i pamiętało o nim. Można się było dowiedzieć rzeczy, o których nie pisano w gazetach.

Później znalazłem się w centralnym aparacie GRU, gdzie struktura organizacyjna przypominała piramidę Cheopsa. Ja znajdowałem się na dole, a na samym szczycie przebywał zastępca szefa Sztabu Generalnego generał armii Sztiemienko. Oczywiście generał armii Sztiemienko nawet nie podejrzewał mojego istnienia – w hierarchii dzieliła nas przepaść, ale ja mogłem się dowiedzieć o generale armii Sztiemience takich rzeczy, o których nie piszą nawet w najbardziej szczerych wspomnieniach.

Pracowałem pod przykrywką dyplomatyczną. Na przyprawiających o zawrót głowy szczytach radzieckiej dyplomacji urzędował zastępca ministra spraw zagranicznych towarzysz Nikołaj Pawłowicz Firiubin. Ten Firiubin. Oczywiście nie miał powodów, żeby wiedzieć o moim istnieniu, ale ja mogłem wypytać dobrze poinformowanych ludzi o to, jak towarzysz Firiubin dostał się na te wyżyny.

Mój bezpośredni przełożony, szef rezydentury GRU w Genewie, nie tylko swego czasu dobrze znał Sztiemienkę i Mamsurowa, lecz brał bezpośredni udział w wydarzeniach 1957 roku, o których będzie mowa w niniejszej książce. A pod przykrywką moim bezpośrednim szefem była Zoja Wasiliewna Mironowa, stały przedstawiciel ZSRR przy europejskiej siedzibie ONZ oraz innych organizacjach międzynarodowych w Genewie. Rzecz jasna, ona była ambasadorem, a ja raptem attaché, ale przedstawicielstwo Związku Radzieckiego przy europejskiej siedzibie ONZ było strukturą stosunkowo niewielką. Wykonując polecenia ambasadora, zdając relacje z wykonanej pracy, czasami można było zapytać o bohaterską przeszłość.

Muszę zauważyć, że ludzie zazwyczaj opowiadają o tych swoich przygodach, które się dla nich szczęśliwie skończyły. Miałem możliwość zadawania pytań, korzystałem z niej często, ale ostrożnie. Małe skrawki informacji ułożyły się w wyraźny obraz.

Na początku nowego tysiąclecia opublikowano niektóre tajne dokumenty z radzieckich archiwów, dotyczące wydarzeń 1957 roku. Te nowe informacje nałożyły się na stare, nie niszcząc ich, a wręcz przeciwnie, zwiększając ich wyrazistość i jasność. Rekonstruując przeszłość z drobnych kawałków jak stłuczoną rzymską amforę, pozwoliłem sobie włączyć do narracji dialogi, których nikt nigdy nie zarejestrował. Nie jest to gra wyobraźni, ale próba wypełnienia pustych miejsc, dla których nie udało się odnaleźć brakujących drobnych elementów. Jeżeli w mozaice brakuje jednego kawałka, to kiedy wiemy, co się znajduje wokół pustej przestrzeni, bez trudu możemy wywnioskować, czego brakuje. Tak właśnie zrobiłem.

Te dialogi nie są dokładnym powtórzeniem słów uczestników wydarzeń, ale moim zdaniem mogły być wypowiedziane w takiej lub innej sytuacji.

Nie jestem pewien, czy udało mi się dokopać do samych głębin. Zrobiłem wszystko, co mogłem, niech przyjdą inni i zrobią to lepiej.

Prolog

– Proszę się rozebrać. – Uśmiechnęła się olśniewająco i odrzuciła brązowy kosmyk za różowe uszko.

– Zupełnie?

– Do majtek.

Zastępca szefa Głównego Zarządu Wywiadowczego Sztabu Generalnego Sił Zbrojnych ZSRR, Bohater Związku Radzieckiego, generał porucznik Chadżi-Umar Dżiorowicz Mamsurow potulnie wykonał polecenie.

Niespodziewanie wezwano go do kremlowskiej przychodni. Starał się odwlec termin wizyty, zasłaniając się nadmiarem pracy, ale otrzymał wyraźne polecenie. Z Karpackiego Okręgu Wojskowego, w którym generał Mamsurow jeszcze nie tak dawno był dowódcą 38. Armii, do Moskwy przesłano jego całą dokumentację medyczną. Ani fajtłapy-eskulapi we Lwowie, ani lekarze w Moskwie nie dopatrzyli się w niej niczego podejrzanego. Ale stolicę naszej Ojczyzny zaszczyciła wizytą znakomitość z zagranicy, która przejrzała zeszłoroczne zdjęcia rentgenowskie najwyższego kierownictwa Związku Radzieckiego, i to, czego nie zauważyli domorośli doktorzy, nie ukryło się przed wnikliwym cudzoziemskim spojrzeniem. Dlatego generał porucznik musiał się stawić niezwłocznie – gwiazda nie będzie czekać i powróci za morza.

Rzecz jasna, sprawy państwowe są ważniejsze od zdrowia byle generała porucznika, ale z taką diagnozą i tak długo sobie nie pożyje. Dlatego dobrze by było, gdyby generał porucznik odstawił sprawy państwowe na dzień czy dwa na boczny tor. Trzeba pilnie działać, póki nie wszystko stracone.

W wyznaczonym czasie generał porucznik zjawił się pod wskazanym adresem, rozejrzał. Muszę powiedzieć, że przychodnia, do której trafił, zdecydowanie nie wyglądała na placówkę medyczną – bardziej przypominała luksusowe sanatorium albo oranżerię w pałacu Sawwy Morozowa, jednego z najbogatszych Rosjan na początku XX wieku. Cisza, spokój, drogie miękkie dywany, w których tonie stopa. Kolorowe witraże i bajeczny ogród pełen tropikalnych roślin. Żadnego tłoku, żadnych kolejek. Na dodatek wygoda: to nie pacjent czeka na lekarza, a lekarz oczekuje na przybycie pacjenta.

Rezolutna siostrzyczka pokazała, gdzie powiesić generalski mundur, a gdzie spodnie z szerokimi podwójnymi lampasami, po czym zniknęła za drzwiami.

W tej samej chwili innymi drzwiami weszła znakomitość – tęgawy, łysy człowiek.

Pierwszy zastępca szefa GRU generał porucznik Mamsurow spojrzał na lekarza i zdębiał.

Przed nim spokojnie stał i uważnie mu się przyglądał pierwszy sekretarz Komitetu Centralnego Partii Komunistycznej Związku Radzieckiego towarzysz Nikita Siergiejewicz Chruszczow.

Cały na biało.

Jeżeli postanowiliście złamać wolę silnego człowieka, to nauka zwana psychologią agenturalną zaleca na początek mocno go nastraszyć. Niebezpieczeństwo musi być realne, namacalne, śmiertelne. Dodatkowo w ostatniej chwili, kiedy człowiek już trochę się oswoił z tym zagrożeniem, nagle postawić go w obliczu nowego, zupełnie niespodziewanego nieszczęścia. Również śmiertelnego.

I od razu z nim porozmawiać.

Nie zaszkodzi też przed poważną rozmową człowieka jeszcze rozebrać – jeżeli nie do rosołu, to przynajmniej do bielizny. Co innego – wysoki, dobrze zbudowany, muskularny, barczysty, szpakowaty, młodo wyglądający i dobrze się prezentujący generał porucznik w prostym mundurze ze stójką wzoru stalinowskiego, ze złotymi naramiennikami, Złotą Gwiazdą Bohatera Związku Radzieckiego na piersi, z baretkami orderów, w tym trzema Orderami Lenina, czterema Orderami Czerwonego Sztandaru, Orderem Kutuzowa I stopnia i Orderem Suworowa II stopnia. A co innego – ten sam człowiek, ale bez złotych naramienników i lampasów, bez Złotej Gwiazdy i stójki, w żałosnych niebieskich gaciach do kolan przed najwyższym wodzem naszej wielkiej Ojczyzny.

Nie jestem bynajmniej pewien, że pierwszy sekretarz Komitetu Centralnego Partii Komunistycznej Związku Radzieckiego towarzysz Nikita Siergiejewicz Chruszczow miał kiedykolwiek do czynienia z psychologią agenturalną, ale nie mam wątpliwości co do tego, że czasami spływało nań olśnienie i w takich momentach rozumiał on naturę ludzką całym swym jestestwem. Do głębi.

Dzięki jakiejś szczególnej zwierzęcej intuicji Nikita wyczuwał, że spotkanie generała Mamsurowa w kremlowskiej przychodni należy zorganizować właśnie w taki, a nie inny sposób. Chruszczow był absolutnie przekonany, że do Mamsurowa powinna zadzwonić wesoła chichotka. Powinna głupio i radośnie szczebiotać o śmiertelnej chorobie: widzicie, towarzyszu generale, jakie nieszczęście na was spadło, jesteście mężczyzną w kwiecie wieku, kto by pomyślał...

A przywitać generała Mamsurowa w bogato zdobionej izbie przyjęć, zdaniem Chruszczowa, powinna była osoba o nieco innym temperamencie – zamyślona, milcząca, urodziwa siostrzyczka z tajemniczym uśmiechem rozpustnej Mony Lisy w samych kącikach ust. Tak żeby cały jej wygląd przypominał o przyjemnościach życia, które dla generała tak niespodziewanie i smutno się kończy: generale, za kilka miesięcy, może nawet tygodni, zdechniesz, a my wszyscy będziemy żyli dalej.

Właśnie tak zostało to wszystko ukartowane. Był szczebiot przez telefon, była siostrzyczka w mocno wykrochmalonym fartuszku, pod którym najwyraźniej brakowało spódnicy i bluzeczki. Ona zniknęła, a w jej miejsce pojawił się Chruszczow. Długo przyglądał się stojącemu w majtkach generałowi, a następnie zdecydowanym gestem wskazał biały taboret.

– Siadajcie.

Było w tych słowach coś pomiędzy zaproszeniem a rozkazem. Każdy przełożony, czy to dowódca trzyosobowej załogi, czy to najwyższy dowódca, któremu podlegają miliony ludzi, przed wydaniem rozkazu powinien pomyśleć: czy podwładni go posłuchają? Jeżeli istnieje nawet najmniejsze prawdopodobieństwo niesubordynacji, należy się wstrzymać z rozkazem.

Jesteś pewien, że wykonają – rozkazuj!

Nie jesteś – milcz! Zwlekaj, rób uniki, szukaj innych metod oddziaływania, ponieważ nie ma nic bardziej strasznego i żałosnego niż odmowa podporządkowania się dowódcy. Jeżeli podkomendni raz się postawili, nigdy więcej nie będą słuchać rozkazów.

Chruszczow rozumiał: generał, który znalazł się w tak niekomfortowym położeniu, chce się jak najszybciej skulić, zasłonić się chociażby rękoma.

Gdyby rzecz się działa na czarnomorskiej plaży, wszystko wyglądałoby inaczej. Ręce, pierś i ramiona generała są potężne, nogi smukłe jak u rasowego araba, na brzuchu – kaloryfer mięśni zamiast zwyczajowego generalskiego kałduna. Nie wstydziłby się Mamsurow zagrać w piłkę w majtkach na plaży nawet przed wysoko postawionymi damami.

Ale to nie jest czarnomorska plaża. I nie ma tu dam, ot, i cała różnica.

Usiąść – oznacza zmniejszyć widoczną część obnażonego ciała.

Usiąść – oznacza trochę zasłonić się biurkiem.

Dlatego to polecenie mogło przynieść generałowi jeżeli nie zbawienie, to ulgę. Sam niepohamowanie pragnął usiąść. I usłyszawszy coś pośredniego między zaproszeniem a poleceniem, usiadł.

Było to podwójne zwycięstwo psychologiczne Chruszczowa.

Po pierwsze: generał się podporządkował.

Po drugie: ten postawny człowiek już nie górował nad korpulentnym Chruszczowem.

Ani Mamsurow, ani Chruszczow w tamtym momencie nie myśleli o efekcie psychologicznym. Po prostu Chruszczow czuł się jeszcze bardziej pewnie. Mamsurow – jeszcze mniej.

– Opowiadajcie, towarzyszu generale.

– Co opowiadać?

– Wszystko.

– Wszystko?

– Opowiedzcie o czymś, czego ja nie wiem... Zresztą wiem wszystko. Tam u was w GRU powołaliście jakiś specjalny ośrodek. Bez konsultacji ze mną. Zapomnieliście czy co?

Najważniejsze w tej sytuacji – nawet przez przypadek nie wydać źródła swojej wiedzy i jej granic.

Sytuacja dla generała Mamsurowa była nieprawdopodobna:

o Centrum Specjalnego Przeznaczenia (Centr osobogo naznaczenija – CON) GRU oprócz niego wiedzieli tylko jego twórcy – marszałek Związku Radzieckiego Żukow oraz szef GRU generał pułkownik Sztiemienko. Ani jeden, ani drugi nie mieli powodów, żeby opowiadać o tym na prawo i lewo. Sprawa mogła się skończyć procesem. I egzekucją. Za towarzysza Stalina za takie wybryki stawiano pod ścianą, nie wdając się w szczegóły. Jak Chruszczow mógł się dowiedzieć o Centrum Specjalnego Przeznaczenia GRU? Nie mógł! Nie powinien był wiedzieć w ogóle i kropka! Ale wie! On wszystko wie!

Co ma począć generał w sytuacji, kiedy jest przyciśnięty do ściany jak szczur łopatą? Ratować się ucieczką na korytarz? W niebieskich gaciach?

Na myśl o tym, że go nakryto, Mamsurow przez chwilę poczuł ulgę. Generałowi przypomniała się śmiertelna diagnoza. Zrozumiał: nie ma żadnej diagnozy. To była pułapka. Wpadł w potrzask. Generał jest zdrowy. Ale czy drugie nieszczęście jest lepsze od tego pierwszego? Jeżeli Chruszczow tak gruntownie przygotował to spotkanie, to bez dwóch zdań za drzwiami czeka w pogotowiu kilku krzepkich sanitariuszy z kaftanem bezpieczeństwa.

Nieźle by to wyglądało: na okazały korytarz kremlowskiej przychodni wyskakuje jegomość w gaciach i pruje do wyjścia. Tu sanitariusze nie potrzebują nawet wstępnych instrukcji. To oczywiste bez instrukcji: przemęczył się. Takich wiążą w prześcieradła.

Ci sanitariusze zrobią porządek z dziwnym klientem w gaciach, który biega tam, gdzie nie powinno się w nich biegać.

Ci sanitariusze są doświadczeni w swoim fachu.

Ci sanitariusze zaaplikują stosowny zastrzyk w dupę.

Dalej Chruszczow ma wachlarz możliwości. Najprostsze – od razu Mamsurowa zabić. Morderstwa medyczne są najłatwiejsze.

Generał wyobraził sobie strzykawkę w dłoni ponętnej siostrzyczki w wykrochmalonym fartuszku. Zdał sobie sprawę, że cokolwiek by się stało, tak po prostu ze złotej klatki nikt go nie wypuści. Nie ma wielkiego wyboru: albo się podda i przejdzie na stronę Chruszczowa, albo diagnoza o śmiertelnej, szybko postępującej chorobie zostanie potwierdzona. Jeszcze jakieś dziesięć dni będzie się wił w malignie i miotał w konwulsjach w tych lśniących bielą salach, nikogo nie poznając.

– Nikito Siergiejewiczu, pozwólcie włożyć spodnie.

To biała flaga kapitulacji.

– Ubierzcie się, generale. I opowiedzcie mi wszystko od samego początku.

– Od samego?

– Słucham.

– Ta historia, Nikito Siergiejewiczu, rozpoczęła się na XX Zjeździe KPZR...

Rozdział 1

1

W całej historii świata nie można znaleźć wydarzenia, które równałoby się podłością z XX Zjazdem KPZR.

Przesłanie zjazdu można wyrazić czterema słowami: wszystkiemu jest winien Stalin.

Okazało się, że niewinny jest Lenin, który za niemieckie pieniądze zdemoralizował rosyjskie wojsko, bezprawnie przejął władzę w kraju, rozwiązał armię w przededniu zwycięstwa w I wojnie światowej i oddał kraj na pastwę kajzerowi.

Okazało się, że niewinni są bolszewicy, choć rozpędzili Zgromadzenie Ustawodawcze, którego delegaci zostali wybrani przez obywateli kraju, żeby wytyczyć jego przyszłość po upadku monarchii.

Okazało się, że niewinny jest Swierdłow, który podpisał rozkaz o fizycznej eksterminacji Kozaków.

Okazało się, że w niczym nie zawinili Tuchaczewski, Blücher, Uborewicz, Jakir i cała zgraja im podobnych, którzy otwarcie i bez skrępowania nazywali swe rządy okupacją i mordowali miliony obywateli własnego państwa, niepragnących żyć pod władzą okupanta.

Okazało się, że nawet najwierniejsi staliniści są zupełnie niewinni. Kat Moskwy i Ukrainy Nikita Chruszczow po prostu wykonywał rozkazy. Co mógł zrobić, skoro Stalin mu rozkazywał?

Również wszyscy członkowie Biura Politycznego po prostu wykonywali rozkazy Stalina. Tak jak ministrowie. Marszałkowie. Generałowie. Czekiści. Prokuratorzy. Sędziowie. Klawisze.

Oni o niczym nie wiedzieli. Niczego nie podejrzewali. Podporządkowali się.

Na sali obrad XX Zjazdu siedział i bił brawa zastępca przewodniczącego Rady Ministrów ZSRR, minister średniego przemysłu maszynowego, członek KC KPZR, dwukrotny Bohater Pracy Socjalistycznej, laureat Nagrody Stalinowskiej I stopnia, generał porucznik Awraamij Pawłowicz Zawieniagin, były szef Norylłagu, były zastępca ludowego komisarza NKWD. Wygląda na to, że Awraamij Pawłowicz też niczego nie wiedział o łagrach. Ba, nawet nie podejrzewał, że istnieją.

Na tej sali siedział Bohater Pracy Socjalistycznej, doktor nauk technicznych, generał porucznik (później generał armii, profesor, laureat itd., itp.) Aleksandr Nikołajewicz Komarowski, nasz wielki wojskowy budowniczy. *Sowietskaja wojennaja encykłopiedija* (Wojenizdat, Moskwa 1977, t. 4, s. 260) podaje, że towarzysz Komarowski był szefem Głównego Zarządu Obozów Budownictwa Przemysłowego ZSRR. Ta informacja jest przykładem niezdarnego fałszerstwa: prominenci, którzy pisali hasła do encyklopedii, w nagromadzeniu tytułów towarzysza Komarowskiego pominęli trzy litery.

Wyjaśniam: Aleksandr Nikołajewicz Komarowski był szefem Głównego Zarządu Obozów Budownictwa Przemysłowego **MSW** ZSRR. A przedtem szefem Głównego Zarządu Obozów Budownictwa Przemysłowego **NKWD** ZSRR oraz Głównego Zarządu Obozów Budownictwa Rafinerii Ropy Naftowej i Zakładów Syntetycznych Paliw Ciekłych **NKWD** ZSRR. Wielki budowniczy towarzysz Komarowski kopał kanały, wznosił Kujbyszewską Elektrownię Wodną, zbudował Uniwersytet Moskiewski, w czasie wojny postawił zakłady metalurgiczne w Czelabińsku, a po wojnie kierował budową obiektów przemysłu atomowego. Okazuje się, że towarzysz Komarowski i jego przełożony, towarzysz Zawieniagin, nie wiedzieli, kto kopie im kanały i skąd się bierze w kierowanych przez nich przedsiębiorstwach siła robocza. Okazuje się, że towarzysz Komarowski nie domyślał się, na czyich kościach zbudował gigantyczne obiekty przemysłu socjalistycznego.

Na tej sali siedział również Bohater Pracy Socjalistycznej, członek KC od czasów Lenina, członek Biura Politycznego od

1935 roku, towarzysz Anastas Iwanowicz Mikojan. Podczas industrializacji sprzedawał przeklętym kapitalistom skarby Ermitażu po znacznie zaniżonych cenach. W 1934 roku na XVII Zjeździe partii komunistycznej ustanowił rekord: w krótkim sprawozdaniu wymienił towarzysza Stalina 41 razy, dołączając do wielkiego nazwiska odpowiednie epitety. W czasie czystki towarzysz Mikojan nie raz prosił towarzysza Stalina o zwiększenie limitów na rozstrzelania; na przykład 22 września 1937 roku wysłał do Stalina prośbę o zwiększenie dziennej normy egzekucyjnej dla Armenii do 700 osób. Towarzysz Jeżow zasugerował towarzyszowi Stalinowi, żeby nie żałować limitów dla towarzysza Mikojana, zamiast 700 osób pozwolić na odstrzał dodatkowo 1500 wrogów ludu.

Towarzysz Stalin był hojny. Pozwolił.

I oto towarzysz Mikojan siedzi na posiedzeniu XX Zjazdu i z oburzeniem słucha przemówienia Chruszczowa o czasach stalinizmu. Sam towarzysz Chruszczow też nie raz prosił towarzysza Stalina, żeby zwiększyć limity na egzekucje. Towarzysz Mikojan jest wstrząśnięty raportem towarzysza Chruszczowa. Towarzysz Mikojan jest zbulwersowany stalinowską samowolą i bezprawiem.

Brali w tym zjeździe udział też sławni klawisze i wybitni uczeni radzieccy, zasłużeni kaci i laureaci Nagród Stalinowskich w dziedzinie literatury. Okrzykami oburzenia reagowali na coraz to nowsze demaskatorskie rewelacje Chruszczowa – jak gdyby sami o niczym nie wiedzieli, jak gdyby usłyszeli o tym po raz pierwszy dopiero trzy lata po śmierci Stalina, jak gdyby dopiero XX Zjazd KPZR otworzył im oczy.

Zawsze mówiłem i powtórzę jeszcze wiele razy: komuniści byli głupcami i przestępcami. W XX Zjeździe wzięli udział ci, którzy wymordowali miliony ludzi podczas kolektywizacji, ci, którzy zorganizowali wywóz zboża za granicę, gdy obywatele własnego państwa jedli żaby i myszy, ci, którzy kierowali milionami niewolników na wielkich budowach socjalizmu, ci, którzy na wojnie pędzili na śmierć bataliony karne, i ci, którzy w swych nieśmiertelnych dziełach to wszystko wysławiali.

Ci ludzie, którzy rządzili wielkim krajem, podczas zjazdu zachowywali się tak, jak gdyby pod względem intelektualnym byli na poziomie wiejskiego głupka, który skacze po wsi wierzchem na kiju, który nic nie rozumie, niczego nie pamięta, niczego się nie domyśla. Delegaci XX Zjazdu KPZR zachowywali się tak, jak kiedyś zachował się knujący na boku komandarm Jakir. Kiedy Stalin był w pobliżu, Jakir ogłaszał się jego wiernym sługą, ale uśmiechając się do Stalina, szykował się do jego obalenia. Kiedy Stalina obok nie było, Jakir wykreślał jego nazwisko ze świątecznego rozkazu. Trafiwszy do lochów pewnej instytucji, Jakir napisał list do Stalina: „Umrę ze słowami miłości do Was". Na tym liście Stalin zapisał uwagę: „Łajdak i dziwka".

Właśnie tak zachowywali się delegaci XX Zjazdu KPZR – jak łajdacy i dziwki. Zdając sobie sprawę, że nikt ich nie kontroluje, zaczęli lżyć Stalina. Na poprzednich zjazdach wszyscy kochali Stalina, a teraz nagle się okazało, że wszyscy Stalina potępiali. A nawet nienawidzili. Nawet zwalczali Stalina, zachowując w sercu wierność światłym ideom Lenina.

XX Zjazd KPZR przypominał proces masowego łamania kręgosłupów złodziejom na budowie Kanału Białomorskiego – tylko tam głodem, chłodem, mrozem i pracą nad siłę czekiści unicestwili dziesiątki tysięcy ludzi, a przeżyć mógł tylko ten, który zgodził się zostać agitatorem, aktywistą, fałszywym przodownikiem pracy. Na XX Zjeździe KPZR odbyło się dobrowolne łamanie kręgosłupa nomenklatury stalinowskiej.

Ale gdyby stał się cud, gdyby Stalin nagle zmartwychwstał i wkroczył na salę, gdzie obradowali uczestnicy zjazdu, to ci „demaskatorzy" co do jednego rzuciliby się do całowania jego butów. Są do tego przyzwyczajeni: właśnie dzięki ich językom powstał kult jednostki. W którą stronę wiatr zawieje, tam wszyscy się ustawią.

Za Lenina – leniniści.

Za Trockiego – trockiści.

Za Stalina – staliniści-antytrockiści.

Za Chruszczowa – chruszczowiści-antystaliniści.

Za Breżniewa – breżniewiści-antychruszczowiści, czyli znowu staliniści, ale nie prawdziwi, a operetkowi, lipni, jak fałszywi przodownicy pracy.

I bynajmniej nie dlatego wszyscy oni po XX Zjeździe KPZR

nieco poluzowali śruby, że byli bardziej ludzcy od Stalina, a dlatego, że rozumieli: bez Stalina nie uda się im utrzymać w klatce obywateli Związku Radzieckiego i obozu socjalistycznego.

2

XX Zjazd KPZR to najbardziej reprezentatywne w historii zgromadzenie łajdaków i dziwek. Odór tego zgniłego zjazdu do tej pory mąci w głowach naszemu narodowi i innym narodom świata. Szkodliwość tego zjazdu polega na tym, że nie zdemaskowano marksizmu, trockizmu, leninizmu, socjalizmu i komunizmu – zamiast tego całą winą obarczono Stalina, całe zło systemu przypisano jednej osobie.

XX Zjazd KPZR to zebranie fałszerzy historii. Od czasu tego zjazdu cała nasza propaganda zaczęła mówić o obozach Stalina, ale nasi „demaskatorzy" jakoś nic nie mówią o obozach w czasach Lenina, Trockiego, Swierdłowa, Zinowiewa, Kamieniewa, Rykowa, Bucharina. Po zjeździe agitatorzy zaczęli mówić o stalinowskim okrucieństwie, katowniach, jakby leninowskiego sadyzmu w ogóle nie było.

Do tej pory żyjemy tak, jak zalecił nam XX Zjazd KPZR. Oto przykład. W 1997 roku w Moskwie Międzynarodowa Fundacja „Demokracja" wydała zbiór dokumentów *Łubianka. WCzK–OGPU–NKWD–NKGB–MGB–MWD–KGB. 1917–1960* (pod redakcją A. Kokurina i N. Pietrowa). Zbiór porusza wyobraźnię. Ale przedmowa robi większe wrażenie niż zebrane teksty. Redaktorzy podali, że niektóre dokumenty dotyczące organów represji za okres 1934–1960 zostały odtajnione i są dostępne dla badaczy, ale dokumenty z lat 1917–1933 wciąż są objęte tajemnicą i niedostępne. To, co się działo w latach 40., 50., 60., proszę bardzo, możecie badać, ale zbadanie tego, co się wydarzyło kilkadziesiąt lat wcześniej, jest niemożliwe.

Cóż to jest za linia podziału? Dlaczego dokumenty od 1934 roku zostały częściowo odtajnione, a wszystko, co było wcześniej, jest utrzymywane w tajemnicy? Powód jest prosty. Przekonują nas: wszystkiemu jest winien Stalin, a oto dowody. To ten łotr wszystko ukartował i wszystkim zarządzał.

Od końca lata 30. Stalin rzeczywiście rozdawał karty i wszystkim zarządzał. I na to przedstawia się nam dowody: proszę bardzo. Ale przed tym okresem władza Stalina nie była nieograniczona. I gdyby otworzyć wcześniejsze dokumenty, to okaże się, że oprócz niego byli inni zbrodniarze, na tle których Stalin pod względem okrucieństwa nie nadawał się nawet na klawisza w obozie.

3

Po XX Zjeździe KPZR na całym świecie podejmowano próby zbudowania „dobrego" socjalizmu, ale takiego socjalizmu nie udało się nikomu stworzyć.

Ktoś powie: A w Szwecji socjalizm jest dobry, po prostu wspaniały! Nie zaprzeczam. Jest naprawdę wspaniały. Tylko że miłośnicy szwedzkiego socjalizmu jakoś nie chcą pamiętać o prostej tajemnicy dobrobytu tego kraju. Polega ona na tym, że Szwecja była wcześniej jednym ze światowych liderów w nauce, kulturze i gospodarce, a na dodatek wzbogaciła się na dwóch wojnach światowych.

Wszystko, co jest przedmiotem dumy Szwecji, powstało w czasach, kiedy jej gospodarka była wolna. Potem do władzy doszli socjaliści. To byli bardzo dobrzy ludzie. Łatwo jest być dobrym, kiedy dostaje się ogromny spadek. I wszystko w Szwecji układa się znakomicie – dopóki spadek nie zostanie roztrwoniony. A o to nietrudno. Pamiętam, że Szwecja i Szwajcaria jeszcze całkiem niedawno były państwami na najwyższym poziomie życia. W Szwajcarii tak pozostało, a Szwecja powoli stacza się w dół. Proces ruszył. Z przyśpieszeniem. Prędkość rośnie. W Szwecji już nie ma naukowców – wyjechali do Kalifornii. Znaczną część czynnych zawodowo obywateli stanowią urzędnicy, pracownicy urzędów państwowych, czyli biurokraci.

Obie te tendencje są bardzo wyraźne: wyjazd z kraju ludzi, którzy potrafią myśleć i tworzyć – z jednej strony, rozrastanie się biurokracji – z drugiej.

Dobry szwedzki socjalizm ma jedną drobną wadę – socjalizm rujnuje Szwecję tak samo jak każdy inny kraj. Po prostu w Etiopii skutki socjalizmu są widoczne od razu, a w zamożnej Szwecji musi upłynąć trochę czasu do całkowitej ruiny. Poza tym wszystko w tym kraju jest wspaniałe.

Ale powróćmy do naszych baranów. Zbrodnia organizatorów i uczestników XX Zjazdu KPZR polega na tym, że całą odpowiedzialnością za gospodarczą niewydolność socjalizmu obarczyli oni Stalina. Po czym przez lata nasi przywódcy (i nie tylko nasi) szukali drogi do „dobrego" socjalizmu. Ale nie wiedzieć czemu, wszystkie drogi prowadziły albo do modelu stalinowskiego, albo do rozpadu państwa.

4

Duch łajdaków i dziwek z tamtego zjazdu do tej pory dławi nasz kraj. Nie dość, że delegaci zjazdu udawali, że są niczego niedomyślającymi się i nic nierozumiejącymi idiotami, to jeszcze z tym wymuszonym idiotyzmem przekłamali całą naszą historię.

Właśnie na XX Zjeździe KPZR po raz pierwszy stwierdzono, że Związek Radziecki rzekomo nie był przygotowany do wojny. Właśnie na tym zjeździe po raz pierwszy mówiono o tym, że „brakowało nawet karabinów", i o „pozbawionej dowódców armii".

Mieszając z błotem Stalina, Chruszczow bezczelnie kłamał. Opowiadał delegatom, że w Kijowskim Specjalnym Okręgu Wojskowym, gdzie był członkiem Rady Wojennej, brakowało nawet karabinów. I delegaci zjazdu, różnego autoramentu Szołochowowie i Simonowowie, Komarowscy i Zawieniaginowie, unosili się świętym oburzeniem.

I się zaczęło. Najmądrzejsi akademicy od razu zabrali się do pisania sześciotomowej *Historii Wielkiej Wojny Narodowej Związku Radzieckiego* (Wojenizdat, Moskwa 1960–1965). Podali, że Hitler miał 3410 czołgów (t. 1, s. 384). Ale zapomnieli poinformować, ile było naszych czołgów. Zamiast tego napisali: „Lecz zbyt wielka była w tym czasie przewaga nieprzyjaciela, żeby oddziały osłonowe mogły samą tylko odwagą i oddaniem zatrzymać jego marsz" (tamże, t. 2, s. 7).

Tak jakby Niemcy mieli czołgi, armaty i samoloty, a my – nic oprócz odwagi.

Inżynierowie ludzkich dusz przy pierwszym tchnieniu wiatru niby czułe chorągiewki natychmiast odwrócili się we wskazanym kierunku.

Nawet tak wierny stalinista jak sześciokrotny laureat Nagrody Stalinowskiej, zastępca członka KC KPZR, towarzysz Konstantin Simonow szybciutko zmienił opinie niczym klawisz na budowie Kanału Białomorskiego. Konstantin Simonow twórczo zweryfikował swoje poglądy i w jednej chwili stał się wiernym chruszczowistą i zdecydowanym przeciwnikiem Stalina.

Znajomy scenariusz: w podobny sposób wszystkie szumowiny z wykształconych warstw społecznych w marcu 1917 roku zapisywały się do partii eserów*, ale gdy tylko szala zwycięstwa przechyliła się na stronę bolszewików, rzuciły się do partii bolszewickiej.

Tuż przed XX Zjazdem Konstantin Simonow gorzko zawodził w gazecie „Prawda":

Nie ma takich słów, które opiszą
Cały dojmujący żal i smutek.
Nie ma takich słów, którymi można opowiedzieć,
Jak bolejemy, że straciliśmy Was, towarzyszu Stalin.

Teraz cały żal minął i kandydat-laureat zaczął oczerniać zmarłego Stalina. Bardzo szybko napisał powieść (której nie da się doczytać do końca) pod tytułem *Nikt nie rodzi się żołnierzem*, której myślą przewodnią stały się stwierdzenia: nie byliśmy przygotowani do wojny, armia została bez dowódców, nie potrafiliśmy walczyć, przecież nikt nie rodzi się żołnierzem, tego się trzeba nauczyć. Według Simonowa Niemcy zwyciężali dlatego, że byli urodzonymi żołnierzami, więc niby jak mieliśmy z nimi walczyć?

Chruszczow, potakiwacze Simonow, Niekricz, Szołochow i in-

* Partia Socjalistów-Rewolucjonistów, która po rewolucji lutowej 1917 roku zaczęła odgrywać ważną rolę polityczną. Eserowiec Aleksander Kiereński w lipcu 1917 roku został premierem Rządu Tymczasowego (przyp. tłum.).

ni naopowiadali wiele świństw o naszym kraju, naszej armii, naszych konstruktorach, naszym przemyśle, naszych czołgach i samolotach, naszych żołnierzach i oficerach, naszych generałach, Stalinie. Ale najbardziej podłym kłamstwem było stwierdzenie, że Stalin rzekomo bał się Hitlera.

5

Przez pół wieku legenda o historycznej roli XX Zjazdu KPZR wyklarowała się, nabrała kształtu i skamieniała. Brzmi ona tak: sprawiedliwy i łagodny Chruszczow, jeszcze bardziej sprawiedliwy i nieznoszący kłamstwa Żukow oraz podzielający ich poglądy Mikojan postanowili zdemaskować łotra Stalina i dążyli tylko do przywrócenia praworządności i sprawiedliwości. Jednak podli stalinowcy z Mołotowem i Kaganowiczem na czele sprzeciwiali się temu.

W tej legendzie pominięto kluczowe ogniwo.

Oczyszczać państwo z dziedzictwa Stalina zaczęli nie Chruszczow i Żukow, a Beria i Malenkow. Ich metoda działania: nie pozbywać się kultu jednostki jednym zdecydowanym ciosem, a powoli go wyhamować. Beria i Malenkow ostrożnie, bez niepotrzebnego szumu, powoli demontowali najbardziej jaskrawe przejawy kultu. Wstrzymali publikację dzieł Stalina, polecili stopniowo wycofać z bibliotek książki Stalina i o Stalinie, zdjąć jego portrety i usunąć pomniki, polecili inżynierom ludzkich dusz okiełznać zapał wysławiania go w prasie, literaturze i sztuce.

Oprócz tego – co najważniejsze – Beria i Malenkow zaczęli zmieniać strukturę gospodarczą kraju: zatrzymali dziesiątki nikomu niepotrzebnych gigantycznych budów, od „martwej drogi" Salechard–Igarka do samospływowego kanału Ural––Wołga. Na wniosek Berii Ministerstwo Spraw Wewnętrznych nie zajmowało się już budownictwem na wielką skalę, w tym również budową linii kolejowych, a jego zarządy odpowiedzialne za produkcję przemysłową i budownictwo przekazano stosownym ministerstwom. Z inicjatywy Berii ogłoszono wielką amnestię, z więzień i obozów zwolniono setki tysięcy osób. Beria i Malenkow poszli jeszcze dalej. Jawnie planowali zniesienie kołchozów, czyli zamierzali znieść niewolnictwo w Związku Radzieckim. Ich celem nie były głośne oskarżenia, a zawrócenie gospodarki kraju z drogi, która prowadziła do jej unicestwienia.

Dwadzieścia lat później tą drogą pójdą Chiny: nie mieszając z błotem zmarłego Mao, kraj pod kierownictwem mądrych ludzi najpierw powoli i ostrożnie, a później energicznie i zdecydowanie pozbył się „wielkich idei". Nowi przywódcy Chin zapewnili ludziom wolność gospodarczą, kraj stał się gospodarczym, przemysłowym, technologicznym, finansowym i wojskowym mocarstwem, a przewodniczący Mao, którego nikt po śmierci nie demaskował, spokojnie śni swój wieczny sen w złoconym grobowcu.

Droga, na którą Beria i Malenkow próbowali wyprowadzić kraj, była całkowicie nie do przyjęcia dla Chruszczowa i Żukowa. Żukow na polecenie Chruszczowa osobiście aresztował marszałka Związku Radzieckiego Berię. Berię skazali i rozstrzelali podwładni Żukowa.

Żukow przeprowadził próbę bomby atomowej na poligonie tockim, żeby udowodnić niezdecydowanym przywódcom, że plany Chruszczowa dotyczące zbrojnego podboju Europy Zachodniej są realne. Tymi ćwiczeniami pomógł Chruszczowowi pozbyć się Malenkowa.

Następnie Chruszczow i Żukow potrzebowali głośnego zdemaskowania Stalina, żeby obarczyć go winą za wszystkie nieszczęścia, nie zbaczając przy tym z drogi przez niego wyznaczonej.

Żeby nie dać obywatelom wolności i ziemi.

Żeby służby graniczne zabijały każdego, kto będzie próbował uciec z raju zgotowanego współobywatelom przez Chruszczowa i Żukowa.

Żeby większość mieszkańców kraju nie miała dowodów osobistych.

Żeby ta większość nie była obywatelami własnego kraju.

Żeby ta większość harowała w kołchozach, w których nie wypłacano za pracę pieniędzy i z których nie dało się uciec bez paszportu wewnętrznego nawet do najbliższego miasteczka.

Chruszczow potrzebował obalenia kultu Stalina na XX Zjeździe, żeby przejąć władzę w kraju. Prosta taktyka: Stalin był zły, Chruszczow go demaskuje, a więc Chruszczow jest dobry.

Kraj znajdował się na skraju katastrofy gospodarczej. Chruszczow zdobył władzę, wszystkie zbrodnie przypisał Stalinowi, rozpoczął historię „od nowej karty". Ten manewr pozwolił rozciągnąć agonię państwa na dziesiątki lat.

Wierny stalinista Chruszczow jako pierwszy oficjalnie potępił Stalina, a Mołotow, Kaganowicz i inni poplecznicy Stalina na to nie wpadli, więc każdego z nich Chruszczow mógł teraz nazwać stalinistą i zrzucić ze szczytów władzy.

Jeszcze większe znaczenie miał ten zjazd dla ministra obrony, marszałka Związku Radzieckiego Żukowa.

Potępiając Stalina, Chruszczow automatycznie oskarżał również partię komunistyczną, której przez 30 lat przewodził Stalin.

Potępiając Stalina, Chruszczow oskarżał również aparat represyjny, który na rozkaz Stalina zaprowadził w kraju krwawy terror.

W kraju istniały trzy siły mające realną władzę: partia, bezpieka i wojsko. Na partię i bezpiekę podczas XX Zjazdu Chruszczow wylał niejedno wiadro pomyj i krwi i tylko wojsko pozostało bez skazy.

Chruszczow przedstawił Stalina jako miernego dowódcę wojskowego, umożliwiając w ten sposób Żukowowi zajęcie miejsca genialnego wodza i obrońcy Ojczyzny w wojnie z faszyzmem.

Zadanie XX Zjazdu KPZR polegało na tym, żeby nie rezygnować ani z polityki wewnętrznej prowadzonej przez Stalina, ani zewnętrznej. Kraj nadal wyglądał jak oblężony obóz. W kraju panowała tylko jedna słuszna ideologia, a drobne odejście od niej uważano za ucieczkę.

Chruszczow oświadczył: „Komunizm to świetlana przyszłość całej ludzkości" – czyli potwierdził, że stalinowski kurs dążenia do rewolucji światowej pozostaje niezmienny. I nie były to puste słowa. Kraj kierował wszystkie siły na produkcję tylko i wyłącznie broni. Pojawiły się też nowe możliwości rozwiązania kwestii uszczęśliwienia całego świata. Wystarczy wspomnieć, że skala terroryzmu międzynarodowego gwałtownie się zwiększyła właśnie w roku, w którym odbył się XX Zjazd KPZR dzięki staraniom Chruszczowa i Żukowa. Oto, dlaczego tak się stało.

Od pierwszej chwili istnienia dyktatury komunistycznej przywódcy proletariatu próbowali rozszerzyć gospodarczą i polityczną władzę na kraje ościenne: „Dawaj Warszawę! Daj Berlin! Już wbijamy się na Krym!".

W arsenale radzieckich przywódców były dwie metody walki: kampania wyzwoleńcza (bezpośrednia interwencja) oraz rewolucja (podżeganie do zamieszek w kraju wroga). Obie metody były wykorzystywane po kolei lub jednocześnie.

Gdy wszystkie siły państwa pochłonęła wojna domowa, Trocki zaproponował, aby wszystkie duchowe, intelektualne, gospodarcze i naturalne zasoby Związku Radzieckiego przeznaczyć do podżegania do permanentnej rewolucji na całym świecie.

Stalin miał inny plan: wszystkie siły Związku Radzieckiego skierować na przygotowanie kampanii wyzwoleńczych, zmusić wrogów do samobójczej walki, a gdy wykończą się i osłabią nawzajem, rzucić do walki Armię Czerwoną i wyzwolić Europę i Azję od okropieństw kapitalizmu.

Hitler pokrzyżował Stalinowi plany. Dlatego po II wojnie światowej przywódcy Związku Radzieckiego znaleźli się w strategicznym ślepym zaułku. Państwa z gospodarką wolnorynkową stworzyły wspólny front w obliczu komunistycznego zagrożenia. Kolejne sprowokowanie ich do samobójczej wojny było niemożliwe. Chruszczowowi pozostało tylko rozwiązanie, które proponował Trocki: permanentna rewolucja.

Od 1956 roku Związek Radziecki znacznie zwiększył ideologiczne, kadrowe, wojskowe i finansowe wsparcie tak zwanych ruchów narodowowyzwoleńczych na całym świecie. W ZSRR powstały tajne ośrodki szkolące zarówno szeregowych terrorystów, jak i organizatorów wojny partyzanckiej. Szkoleniem kadry zajmowały się i KGB, i GRU. Jednym z takich ośrodków była Wyższa Ogólnowojskowa Szkoła Dowódców w Odessie, która znajdowała się pod ścisłą kontrolą GRU. W tej szkole otworzono tak zwany „partyzancki fakultet", w którym szkolono bojowników z Azji, Afryki i Ameryki Łacińskiej. W 1965 roku fakultet tak się rozrósł, że trzeba było podzielić szkołę między Odessę i Kijów. W Odessie studiowali ciemnoskórzy bojownicy o wolność, a radzieckich kadetów wysłano do Kijowa.

Od połowy lat 50. wojny partyzanckie i towarzyszące im ataki terrorystów na całym świecie zataczały coraz to szersze kręgi i wkrótce wymknęły się spod kontroli towarzyszy radzieckich.

Ale im dalej wyciągali swoje chciwe łapska nasi przywódcy, tym gorsza stawała się sytuacja w Związku Radzieckim i podporządkowanych mu państwach.

W każdej chwili mógł nastąpić wybuch.

6

Chruszczow musiał wypić piwo, które sam sobie nawarzył na XX Zjeździe. W Europie pojawiły się pogłoski o zbrodniach Stalina i jego tajnej policji. Niepokój ogarnął cały obóz socjalistyczny.

Zbrodnie komunistów na terenach byłego Imperium Rosyjskiego nie były dla nikogo tajemnicą. W czasie wojny domowej kraj opuściły miliony obywateli. Dowodów nie brakowało; wystarczy wymienić tylko książkę Siergieja Mielgunowa *Czerwony terror w Rosji*.

Po II wojnie światowej setki tysięcy, jeśli nie miliony, byłych obywateli Związku Radzieckiego znalazły się za granicą i nie chciały wracać do ojczyzny światowego proletariatu. Każdy z nich mógłby zostać świadkiem na głośnym procesie dotyczącym zbrodni komunistów. Jeden taki proces się odbył. I nikt nie mógł zaprzeczyć temu, co opowiedział przed sądem Wiktor Krawczenko*.

O przestępstwach komunistów opowiedziano i napisano wy-

---

* Wiktor Andriejewicz Krawczenko – radziecki działacz państwowy i partyjny, jeden z pierwszych uciekinierów. Studiował w Dnieprodzierżyńskim Instytucie Hutnictwa razem z Breżniewem i był jego przyjacielem. W czasie II wojny światowej był członkiem radzieckiej delegacji zajmującej się zakupem sprzętu w Waszyngtonie i w 1944 roku poprosił o azyl polityczny w USA, gdzie napisał książkę *I Chose Free-*

starczająco dużo, żeby całą ideologię i praktykę komunizmu uznać za zbrodniczą. Ale Zachód tego nie robił. Ktoś prowadził bardzo dochodowy biznes, wywożąc ze Związku Radzieckiego kosztowności i nieodnawialne zasoby naturalne. Ktoś był na wikcie Kremla i Łubianki. Komuś się opłacało wykreślić Związek Radziecki spośród cywilizowanych państw i zupełnie o nim zapomnieć, twierdząc, że Rosja to nie Europa. A dla większości ludzi wynik ostatniego meczu między Arsenalem i Chelsea był ważniejszy niż śmierć milionów ludzi w jakimś odległym, niezrozumiałym, odizolowanym od całego świata kraju.

Przemówienie Chruszczowa na XX Zjeździe KPZR wywołało piorunujące wrażenie nie dlatego, że przedstawiono światu jakieś nieznane fakty, a dlatego, że oficjalnie potwierdził je główny komunista globu. Wszystko to, co jeszcze wczoraj przekupni przyjaciele Związku Radzieckiego nazywali kłamstwem, oszczerstwem i głupimi wymysłami wynajętych burżuazyjnych pisarczyków, nagle okazało się prawdą. Chruszczow nieświadomie postawił komunistów na całym świecie przed wyborem: każdy z nich powinien był albo przyznać, że jest członkiem zorganizowanej grupy przestępczej, albo idiotą, który niczego nie chce widzieć i rozumieć.

---

dom (Wybrałem wolność), w której opisał potworności kolektywizacji i głodu w ZSRR. Publikacja książki stała się poważnym ciosem dla reputacji Związku Radzieckiego na Zachodzie. W 1949 roku francuska gazeta prokomunistyczna „Les Lettres Françaises" oskarżyła Krawczenkę o kłamstwo i Krawczenko pozwał pismo do sądu o oszczerstwo. Na procesie, który ze względu na skalę okrzyknięto „procesem stulecia", zabrały głos setki świadków. Świadkami Krawczenki byli dawni więźniowie radzieckich obozów, świadkami ze strony komunistów – niektóre sławy, na przykład arcybiskup Canterbury i Jean-Paul Sartre oraz była żona i współpracownicy Krawczenki, których władze radzieckie wysłały do Paryża, żeby oczernili Krawczenkę. Krawczenko wygrał, a popularność francuskiej partii komunistycznej w ojczystym kraju znacznie zmalała. W 1966 roku Krawczenkę znaleziono martwego w jego apartamencie w Nowym Jorku; śmierć nastąpiła wskutek śmiertelnego postrzelenia w głowę. FBI oświadczyło, że przyczyną śmierci było samobójstwo, ale wielu uważa, że Krawczenko został zamordowany przez KGB (przyp. red. wyd. rosyjskiego).

Przemówienie Chruszczowa zadało śmiertelny cios całemu światowemu ruchowi komunistycznemu. Nigdy więcej nie podniósł się na te lśniące szczyty udawanej czystości moralnej i sprawiedliwości, z których zrzucił go XX Zjazd KPZR.

Sytuację należało jakoś ustabilizować. Chruszczow wezwał doradcę, Grigorija Trofimycza Szujskiego, i zadał mu pytanie: Co powinniśmy zrobić?

Grigorij Trofimycz też rozumiał, że na XX Zjeździe nieco się zagalopowali. Dlatego po nocach nie spał, gapił się w sufit, szukał rozwiązania, wiedział, że takie pytanie padnie. Znalazł rozwiązanie, ale nie mówił o nim do czasu, aż Chruszczow sam zapyta.

Tak więc pytanie zostało zadane. I od razu znalazła się na nie odpowiedź. Po pierwsze: w następnym, 1957 roku w Moskwie ma się odbyć Światowy Festiwal Młodzieży i Studentów. Nic szczególnego nie planowano: przywieźć trzy tysiące darmozjadów z różnych krajów, poić ich, karmić, opowiadać o zaletach socjalizmu. A gdyby tak zmienić ten festiwal w światowe wydarzenie, święto pokoju i przyjaźni? Zaprosić nie trzy tysiące, a trzydzieści tysięcy?

Nikita zapalił się. A Trofimycz roztacza wizje: zaprosimy studentów amerykańskich, niemieckich, chińskich, francuskich i z całej Afryki, i jeszcze z Japonii, Gwatemali i Peru! Urządzimy wspaniałe święto! Będą pieśni i tańce! Pomalujemy w Moskwie elewacje. Akurat dobiega końca budowa stadionu na Łużnikach. Sto tysięcy widzów! Zorganizujemy na stadionie paradę uczestników! Rzymski bóg Mars wybierał się na wojnę, a biała gołębica uwiła w jego hełmie gniazdo. Od tej pory biała gołębica jest symbolem pokoju. Gołąb przyniósł Noemu do arki świeży listek jako symbol nadziei. Tak więc wypuścimy nad stadionem sto tysięcy białych gołębi! Nikt po tym nie będzie wspominał Stalina. Cały świat otrzyma przesłanie: za Stalina byliśmy więzieniem narodów, a popatrzcie teraz – wolność!

Nikita Siergiejewicz pochwalił swojego doradcę: nie na darmo przesiaduje w gabinecie na czterech literach. Masz coś jeszcze?

Mam.

13 lipca Amerykanie ogłosili, że w przyszłym, 1957 roku wystrzelą sztucznego satelitę Ziemi. Pierwszy sztuczny księżyc będzie amerykański. Będzie niewiarygodnie ciężki – prawie półtora kilograma! Nie nadążamy za nimi. Ale dlaczego nie spróbować? Oni wystrzelą, a my zaraz potem: niech czują oddech na karku! To będzie furora!

Moment kluczowy

Na XX Zjeździe KPZR Chruszczow i Żukow zadali Związkowi Radzieckiemu druzgocący cios. Podobno celowali w Stalina. Chruszczow i Żukow oświadczyli: Stalin był zły, rozstrzelał dobrych komunistów. Z tego wynikało, że Chruszczow i Żukow ukrócili ten proceder, powstrzymując masowe czystki klasy rządzącej. Zakończono masowy odstrzał przywódców. Piramida kar została przewrócona do góry nogami. W czasach Stalina im wyższe stanowisko zajmował sekretarz partii, tym surowsza kara oczekiwała go w przypadku popełnienia błędu albo przestępstwa. Z woli Chruszczowa i Żukowa stało się odwrotnie: im wyższe stanowisko zajmował przywódca, tym mniejszej mógł spodziewać się kary.

Do tej pory co niektórzy towarzysze są przekonani, że XX Zjazd KPZR nie był zbrodnią. XX Zjazd uznają nieomal za zasługę Chruszczowa i Żukowa. Na pierwszy rzut oka zaprzestanie masowych czystek wśród rządzących jest zjawiskiem pozytywnym, ale negatywne konsekwencje zjazdu zdecydowanie przeważyły nad pozytywnymi.

W normalnym społeczeństwie stale odbywa się naturalna wymiana kierownictwa kraju. W społeczeństwie socjalistycznym mechanizm wymiany nie istnieje i nie może istnieć. Dlaczego?

W społeczeństwie socjalistycznym nie ma wyzysku człowieka przez człowieka. Fabryki, elektrownie, gazociągi, kopalnie, linie kolejowe, gazety, radio, telewizja i cała reszta znajdują się w rękach państwa, czyli struktur państwowych, czyli w rękach urzędników, biurokratów.

Posiadał to wszystko ten, który się dorwał do władzy. Miał w ręku wszelkie środki, aby władzę utrzymać na wieki: na jego zamówienie wszelkiego autoramentu Szołochowowie i Simonowowie wychwalają mądrość przywódców, wszelkiej maści Jagody i Jeżowowie stoją na straży ich pokoju.

Ten, który nie dorwał się do władzy, nie ma nic. Staje się całkowicie zależny gospodarczo, a więc i politycznie, ideologicznie oraz pod każdym innym względem od państwa, czyli od urzędników i biurokratów.

Ten, który nie dorwał się do władzy, nie ma absolutnie żadnych możliwości, żeby zająć miejsce tych, którzy się do niej dorwali. Nie ma wydawnictw, pieniędzy, papieru, maszyn drukarskich, gazet, czasopism, w których można byłoby opisać upojonych władzą, zdemoralizowanych, rozpitych i skorumpowanych przywódców. Przy tym tych, którzy już tę władzę mają, nie da się zastąpić.

A jak zaczniesz opowiadać dowcipy o przywódcach czy po nocach malować hasła na ścianach, tajna policja cię znajdzie, złapie i potraktuje tak, jak traktuje wrogów ludu. I słusznie: Dlaczego, draniu, występujesz przeciwko socjalizmowi? Chcesz przywrócić wyzysk człowieka przez człowieka? Przecież ciebie, szujo, udusić to mało!

W normalnym społeczeństwie własność znajduje się w rękach różnych grup obywateli. Takie rozproszenie własności staje się ekonomiczną podstawą różnorodności politycznej: każda partia ma własne źródła finansowania.

W socjalizmie wszelka własność jest w rękach państwa. Dlatego partia polityczna może być tylko jedna. Inne partie nie znajdą pieniędzy nawet na skromny lokal do przechowywania dokumentów partyjnych. Sposób zdobycia środków może być tylko jeden: żebrać w ambasadach wrogich państw, co niewątpliwie przeczy interesom państwa, a więc jest przez nie zwalczane.

W każdym kraju są dranie i łajdacy. A ponieważ własność jest rozproszona, ci wszyscy dranie i łajdacy są rozproszeni pomiędzy różnymi partiami i ugrupowaniami politycznymi. Walczą ze sobą, wskutek czego społeczeństwo wygrywa i kwitnie.

A w społeczeństwie socjalistycznym jest jedna partia, i to partia władzy. Wszyscy dranie i łajdacy zaciągają się do tej partii. Wszyscy zbierają się pod jednym sztandarem. Dorwawszy się do władzy, nie chcą odchodzić, a społeczeństwo nie ma żadnych mechanizmów, żeby się ich pozbyć.

Stalin stosował jedyny możliwy w takiej sytuacji sposób uzdrawiania kasty przywódców – przymusową rotację kadry. Ten proces nazywano czystką partii.

Stalin przeprowadzał czystki regularnie. Z partii komunistycznej – a zatem z władz – wyrzucał wszystkich, którzy się rozzuchwalili, rozpanoszyli, kradli na potęgę, nie radzili sobie ze zleconymi zadaniami.

Wyrzuconych z kluczowych stanowisk było coraz więcej. Ich niezadowolenie rosło przez lata i dziesięciolecia. W każdej chwili niezadowolenie setek tysięcy byłych sekretarzy i kierowników, przewodniczących i dyrektorów, pełnomocników i naczelników mogło przelać miarę i przerodzić się w bunt. Dlatego Stalin musiał nie tylko wyrzucać, ale na pewnym etapie również eliminować wyrzuconych.

Przed II wojną światową Stalin oczyścił partię komunistyczną. Jednak w czasie wojny pojawiły się, nabrały sił, poczuły smak nieograniczonej władzy nowe tysiące drani i łajdaków. Zajmowali się oni grabieżami i szabrownictwem. W rękach tych zwolenników powszechnej równości i sprawiedliwości społecznej zalśniło zrabowane złoto, swoje domy, apartamenty i dacze ozdabiali antykami z najstarszych europejskich zamków i obrazami z europejskich muzeów. Nowa arystokracja obrastała w piórka.

Właśnie dlatego po wojnie Stalin usunął ze szczytów władzy Żukowa, Tielegina, Kriukowa i im podobnych, przyłapanych na grabieżach na wielką skalę.

Właśnie dlatego po wojnie Stalin przygotowywał nowe Wielkie Oczyszczenie.

I dlatego został zamordowany przez swoich wiernych towarzyszy i uczniów.

Chruszczow i Żukow zwołali XX Zjazd KPZR, żeby zdemaskować Stalina. Tylko nie trzeba się łudzić, że zdecydowali się na ten niecny czyn z dobroci serca, nie należy szukać u nich szlachetnych pobudek.

I Chruszczow, i Żukow działali z zupełnie innych powodów. Dążyli do utrzymania władzy partii komunistycznej nad krajem oraz własnej władzy nad partią komunistyczną.

Zaprzestanie masowych czystek strasznie spodobało się

sekretarzom wszystkich szczebli i dlatego wszyscy zgodnie poparli linię XX Zjazdu. Ale gdy tylko Chruszczow i Żukow zakończyli masowe czystki wśród przywódców, w kraju zapanował zastój.

Oto przykłady.

Minister spraw zagranicznych ZSRR towarzysz Gromyko piastował swoje stanowisko przez 28 lat, po czym zaczął awansować.

Minister finansów Zwieriew przepracował na jednym stanowisku 22 lata.

Sekretarz KC KPZR Susłow – 35 lat.

Zastępca ministra spraw zagranicznych Firiubin – 26 lat.

Sekretarz generalny KC KPZR Breżniew – 18 lat. Gdyby nie umarł, pozostałby na Kremlu po wsze czasy.

Szef służby topograficznej Armii Radzieckiej generał porucznik Kudriawcew – 30 lat.

Gospodarz Uzbekistanu Raszydow – 24 lata.

Prokurator generalny ZSRR Rudienko – 28 lat.

Minister handlu zagranicznego Patoliczew – 27 lat.

Minister transportu Bieszczew – 29 lat.

Przewodniczący Państwowego Komitetu Planowania ZSRR Bajbakow – w sumie 22 lata, poza tym pełnił obowiązki zastępcy przewodniczącego Rady Ministrów ZSRR przez 20 lat.

Dowódca Marynarki Wojennej admirał Gorszkow – 30 lat bez trzech tygodni.

Ta lista jest ogromna. Każdy może sam wymieniać dalej. Słudzy narodu siedzieli na swych stołkach do osiągnięcia całkowitego niedołęstwa, najgłębszego marazmu i tylko śmierć wyrywała ich z szeregów bojowników o świetlaną przyszłość ludzkości.

Ci, którzy się dorwali do władzy, ciągnęli na górę swoich krewnych i znajomych. W pierwszej kolejności – synów i mężów swoich córek.

Syn Breżniewa, Jurij Leonidowicz, był kandydatem na członka KC KPZR, pierwszym zastępcą ministra handlu zagranicznego i generałem majorem Armii Radzieckiej, nie odbywszy ani jednego dnia służby wojskowej.

Jurij Czurbanow, zięć Breżniewa, został pierwszym zastępcą ministra spraw wewnętrznych. W wieku 34 lat Czurbanow został pułkownikiem, w wieku 44 lat – generałem pułkownikiem.

Nieusuwalność przywódców jak wstydliwa choroba szerzyła się wśród naszych braci z obozu socjalistycznego. Na przykład towarzysz János Kádár stał na czele Węgier przez 32 lata. Według norm większości państw zachodnich to osiem nieprzerwanych kadencji prezydenckich. Ale działo się tak nie z powodu wpływów Moskwy. Było to obiektywne prawo socjalizmu. Ten, kto zgarnął całą własność w kraju, rządził do oporu – do momentu, aż obalali go sprytniejsi, lub do śmierci.

Tam, gdzie zwyciężała „sprawiedliwość społeczna" i własność znalazła się pod kontrolą państwa, nawet bez naszego udziału powstawały socjalistyczne dynastie panujące.

Władza w Syrii i Azerbejdżanie przeszła od ojca do syna, a w Korei Północnej – nawet do wnuka.

XX Zjazd KPZR zniósł stalinowską praktykę masowej przymusowej wymiany przywódców.

Wskutek czego doszło do gnicia państwa, jego rozpadu i śmierci.

Dramatis personae

AWRAAMIJ PAWŁOWICZ ZAWIENIAGIN. Urodził się w 1901 roku. Podczas wojny domowej w wieku 18 lat został komisarzem politycznym dywizji Armii Czerwonej. Po wojnie zajmował różne stanowiska partyjne, protegowany Chruszczowa.

W styczniu 1933 roku mianowano Zawieniagina dyrektorem zakładów hutniczych w Magnitogorsku, wzniesionych przez więźniów. W 1934 roku został zastępcą członka KC partii komunistycznej. W 1938 roku objął stanowisko szefa Norylłagu Gułagu NKWD ZSRR, a jednocześnie dyrektora Norylskiego Kombinatu Górniczo-Hutniczego, który budowano wyłącznie siłami więźniów.

W marcu 1941 roku mianowano go zastępcą komisarza ludowego NKWD, podlegały mu cztery samodzielne Gułagi (Główny Zarząd Obozów Budowy Kolei – GUŁŻDS, Gławpromstroj*, Gławgidrostroj** i Główny Zarząd Obozów Przedsiębiorstw Górniczo-Metalurgicznych – GUŁGMP) oraz dwa samodzielne zarządy (Dalstroj*** i UŁSKZ Główny Zarząd Obozów do Budowy Kujbyszewskich Zakładów Lotniczych, który oprócz zakładów lotniczych budował punkt dowodzenia Stalina w Kujbyszewie i zapasową stolicę Związku Radzieckiego).

W 1945 roku Zawieniagin zostaje zastępcą Berii w radzieckim projekcie atomowym i otrzymuje stopień generała porucznika. W lutym 1955 roku mianowany zastępcą przewodniczącego Rady Ministrów ZSRR i ministrem średniego przemysłu maszynowego (Ministerstwo Średniego Przemysłu Maszynowego zajmowało się produkcją broni jądrowej). Na XX Zjeździe Zawieniagin wszedł w skład Komitetu Centralnego KPZR. Dwukrotny Bohater Pracy Socjalistycznej, laureat Nagrody Stalinowskiej, kawaler sześciu Orderów Lenina.

We wrześniu 1956 roku na poligonie semipałatyńskim członek KC KPZR, zastępca szefa radzieckiego rządu, minister średniego przemysłu maszynowego Awraamij Pawłowicz Zawieniagin kierował przygotowaniem bomby atomowej do ćwiczeń wojskowych na temat „Zastosowanie taktycznego desantu powietrznego po uderzeniu atomowym w celu utrzymania terenu do przybycia nacierających wojsk z frontu”. 10 września 1956 roku w czasie ćwiczeń Zawieniagin otrzymał potężną dawkę promieniowania i zmarł 31 grudnia tego samego roku.

SIERGIEJ MATWIEJEWICZ SZTIEMIENKO. Po aresztowaniu Berii szef Sztabu Generalnego generał armii Sztiemenko został odwołany ze stanowiska, zdegradowany do stopnia generała porucznika i wysłany do odbywania służby na Syberii.

13 września 1954 roku w przeddzień ćwiczeń z użyciem bomby atomowej na poligonie tockim marszałek Związku Radzieckiego Żukow wezwał szefa sztabu Syberyjskiego Okręgu Wojskowego generała porucznika Sztiemienkę na rozmowę.

---

* Główny Zarząd Obozów Budowy Obiektów Przemysłowych (przyp. tłum.).

** Zarząd Obozów Budownictwa Hydrotechnicznego (przyp. tłum.).

*** Główny Zarząd Budów na Dalekiej Północy (przyp. tłum.).

Żukow szukał człowieka, który mógł się podjąć bardzo ważnego zadania.

Sztiemienko wskazał dowódcę 27. Korpusu Strzeleckiego 13. Armii Karpackiego Okręgu Wojskowego generała porucznika Mamsurowa.

Żukow posłuchał rady i uczynił wszystko, aby generał porucznik Mamsurow awansował na wyższe stanowisko – dowódcy 38. Armii Karpackiego Okręgu Wojskowego.

Drugie spotkanie marszałka Związku Radzieckiego Żukowa i szefa sztabu Syberyjskiego Okręgu Wojskowego generała porucznika Sztiemienki odbyło się po XX Zjeździe KPZR. Żukow zapytał, czy Sztiemienko nie zmienił zdania o Mamsurowie. Sztiemienko potwierdził swoją opinię.

Los generała porucznika Sztiemienki w poprzedniej książce prześledziliśmy do tego momentu. 31 sierpnia 1956 roku dzięki staraniom Żukowa generał porucznik Sztiemienko wrócił do Moskwy i objął stanowisko szefa Głównego Zarządu Rozpoznawczego Sztabu Generalnego – GRU.

GRIGORIJ TROFIMOWICZ SZUJSKI. Urodził się w 1907 roku. Ukończył Ukraiński Komunistyczny Uniwersytet Dziennikarstwa. Pracował w redakcjach kijowskich gazet „Kommunist" i „Komsomolec Ukrainy", w kwietniu 1941 roku skierowany do pracy w Komitecie Centralnym Komunistycznej Partii (bolszewików) Ukrainy. A w tym czasie Ukrainą rządził Nikita Siergiejewicz Chruszczow.

Legenda o pierwszym spotkaniu Chruszczowa i Szujskiego ma kilka dość podobnych wersji. Przytoczę tę, która wydaje mi się najbardziej prawdopodobna.

Tak więc młody bojownik frontu ideologicznego, który ocalał i awansował w latach wielkiej czystki, siedzi w poczekalni, żeby po raz pierwszy stanąć przed groźnym członkiem Politbiura Komitetu Centralnego Wszechzwiązkowej Komunistycznej Partii (bolszewików), sekretarzem Komitetu Centralnego Komunistycznej Partii (bolszewików) Ukrainy, pierwszym sekretarzem Kijowskiego Obwodowego Komitetu Komunistycznej Partii (bolszewików) Ukrainy Nikitą Siergiejewiczem Chruszczowem.

Przypomnę, że historia ludzkości to łańcuch przypadkowych zdarzeń. Tak się złożyło, że Szujski musiał długo czekać. Chruszczow co chwilę wychodził i wracał do swojego gabinetu. Nie brakowało mu obowiązków w kwietniu 1941 roku. I to wychodząc kolejny raz z gabinetu, Chruszczow nie zdążył w ostatniej chwili stłumić bolesnego grymasu.

– Co się dzieje, Nikito Siergiejewiczu?

Nikita się zmieszał i przyznał: dopadła go przypadłość biurokraty – hemoroidy.

– Nie próbowaliście ludowych sposobów? W pozycji siedzącej zrobić głęboki wdech, wstrzymać oddech, wykonać głęboki wydech, a wtedy swoją rurę wydechową z całych sił wciągnąć do środka i utrzymać najdłużej, jak się da. Powtórzyć raz albo kilka razy z rzędu, ale dziennie nie mniej niż sto razy. I jeszcze umyć listek pelargonii, wysuszyć, zrolować i wsadzić... dokładnie do wspomnianego już miejsca – do rury wydechowej. Do banalnego otworu. Pamiętać o piciu czystej wody, co najmniej dwóch litrów dziennie.

Chruszczow mruknął coś niezrozumiale i zmienił temat, zaczął wypytywać – kim jesteś, skąd przyjechałeś, jak widzisz swoje obowiązki na nowym stanowisku, co zamierzasz w nowym miejscu pracy zachować, a co złamać, zniszczyć i bezlitośnie tępić.

Rozmawiali w poczekalni najwyżej pięć minut, nawet nie usiadłszy. Nikita Siergiejewicz życzył nowemu specjaliście sukcesów i pożegnał go.

Trzy dni później wezwał Szujskiego do swojego jasnego gabinetu i posadził na skórzanym fotelu. Sam usiadł naprzeciwko. Nie były to krzesła przy biurku, a właśnie fotele w pobliżu wielkiego okna przy figowcu. Między nimi niewielki stoliczek. Na stoliczku flaszka w lodzie, dwa kryształowe kieliszki i przekąski zgodnie z kremlowskim standardem.

Wypili.

Chruszczow podziękował młodemu specjaliście: Poczułem się lepiej! A przez tyle lat leczyłem się u najlepszych kremlowskich lekarzy.

Grisza Szujski się żachnął: Jak to? U kremlowskich lekarzy? Jak można? Przecież oni wszyscy zostali tam zatrudnieni po znajomości!

Tak rozpoczęła się współpraca Chruszczowa i Szujskiego. Trwała nieomal ćwierć wieku. Mówią, że Szujski wyleczył Chruszczowa i dlatego tamten zwrócił na niego uwagę.

Moim zdaniem przyczyna była nieco inna. Każdy szef może określić, który kucharz jest dobry, który kierowca dobrze prowadzi samochód, a który nie, która sekretarka szybko i bezbłędnie pisze na maszynie, a która robi pełno literówek. A jak wielka szycha odróżni dobrego lekarza od szarlatana?

Nijak. Wszyscy w białych fartuchach, wszyscy w okularach albo binoklach na sznureczku. Jeżeli się umówią, że będą siebie nawzajem nazywać mistrzami medycyny, to jak im udowodnić ignorancję, skoro wszyscy zgodnie powtarzają, że w tym przypadku medycyna jest bezradna?

Być może u zarania władzy robotniczo-chłopskiej w 1918 roku w przychodni kremlowskiej rzeczywiście zebrano najlepszych specjalistów w kraju. Ale przecież później ci najlepsi ściągnęli tam swoich krewnych, przyjaciół i znajomych. Na obfity kremlowski wikt. Do specjalnych rozdzielników. Do doskonale wyposażonych sal. Do wykrochmalonych fartuchów. A tamci, zająwszy po znajomości ciepłe posadki, ściągali z kolei swoich znajomych, przyjaciół i krewnych.

Chruszczow nigdy nad tym się nie zastanawiał, ale kiedy usłyszał to od młodego specjalisty, pomyślał: Głupi nie jest. Od tego czasu Chruszczow leczył się u ludowych znachorów, a pacjentem kremlowskiej przychodni pozostawał tylko formalnie.

Rozdział 2

1

23 października 1956 roku wybuchło powstanie na Węgrzech. Wszystko zaczęło się od manifestacji studentów w Budapeszcie. A manifestację w Budapeszcie wywołał XX Zjazd KPZR. Nikita Chruszczow, herszt wszystkich komunistów na planecie, oświadczył, że Stalin to zbrodniarz i krwawy tyran. Przemówienie Chruszczowa na XX Zjeździe było umownie tajne, ale natychmiast rozesłano je do wszystkich organizacji partyjnych i niedługo potem wydano je w nakładzie dokładnie miliona egzemplarzy. Tym przemówieniem Chruszczow zadał śmiertelny cios całej międzynarodówce komunistycznej i rozbił ją na drobne kawałki.

Spróbujmy zrozumieć sytuację przywódców państw, w których panował ustrój stworzony na kształt i podobieństwo naszego ustroju. Większość tych krajów była okupowana przez oddziały Armii Radzieckiej. Na rozkaz Moskwy przywódcy wszystkich partii komunistycznych gloryfikowali Stalina, budowali mu pomniki, wydawali jego dzieła w milionowych nakładach, ogłaszali go luminarzem wszystkich nauk, geniuszem wszech czasów i narodów, kształtowali życie swoich krajów tak, jak uczył towarzysz Stalin.

Aż tu nagle Wielki Przywódca i Nauczyciel okazał się zbrodniarzem.

Mieliśmy władzę radziecką. Od najwcześniejszych lat próbowałem zrozumieć, kto dokładnie i z kim u nas się naradza. W sprawie planowanego potępienia Stalina Chruszczow nie naradzał się z przywódcami państw socjalistycznych i nie uprzedził ich o zbliżającym się ujawnieniu stalinowskich zbrodni. Chruszczow i Żukow w biegu wyskoczyli ze stalinowskiego tramwaju. Razem z nimi wyskoczyła cała Komunistyczna Partia Związku Radzieckiego.

Cała reszta komunistów na świecie został wystrychnięta na dudka. Okazało się, że wszyscy przywódcy komunistyczni od Phenianu i Pekinu do Tirany i Berlina wiernie służyli krwawemu zbrodniarzowi. Więc na kogo oni wyszli? Jak można ich nazwać? Jak można im wierzyć? Jak wykonywać ich polecenia? A w ogóle to kim oni są? Protegowanymi krwawego tyrana. I kim jeszcze? To właśnie wynikało z przemówienia Chruszczowa.

2

Chiny, ponieważ są wielkie, odłączyły się od razu. W Chinach zakazano rozpowszechniać materiały z XX Zjazdu KPZR. Oficjalnego zerwania stosunków na szczeblu państwowym nie było, ponieważ Chiny potrzebowały najnowszych technologii radzieckich, w tym w dziedzinie lotnictwa, budowy rakiet i broni atomowej. Ale w najważniejszej dziedzinie – ideologii – drogi Związku Radzieckiego i Chin w tym momencie rozeszły się błyskawicznie i na dobre.

Albania nie bała się radzieckich czołgów, bo osłaniała ją Jugosławia. Dlatego przywódcy albańscy nie wykazali zachwytu z powodu decyzji XX Zjazdu, a kilka lat później w ogóle wyrwali się spod ciepłego skrzydła Moskwy.

A wyobraźcie sobie, w jakiej sytuacji znaleźli się przywódcy bratnich partii komunistycznych we Włoszech i Francji! Na Kołymie więźniowie myli złoto, na Syberii wycinali las, na tym Związek Radziecki dobrze zarabiał, za te pieniądze utrzymywał przywódców komunistycznych Kanady i Urugwaju, Argentyny i USA, a także wielu innych na całym świecie. Ci towarzysze żyli sobie dostatnio i beztrosko, wzywając proletariat do walki o zwycięstwo komunizmu. Prawda o Związku Radzieckim przez dziesiątki lat przedzierała się na łamy gazet i czasopism w różnych państwach. Tę prawdę komunistyczni przywódcy państw zachodnich nazywali bezczelnymi oszczerstwami sprzedajnych burżuazyjnych gryzipiórków. Aż tu nagle główny komunista na Ziemi wszystkie te „bezczelne oszczerstwa" co do jednego potwierdził i jeszcze co nieco od siebie dodał.

Ale najgorzej mieli przywódcy tych państw, których pokoju strzegła Armia Radziecka. Nie mogli na wzór Chin uciec. Cóż więc mieli począć? Zwoływać własne zjazdy i opowiadać o zbrodniach Stalina czy pozostawić wszystko po staremu?

I pierwsze rozwiązanie jest niebezpieczne.

I drugie.

Jeśli potwierdzimy, że Stalin był zbrodniarzem – naród zacznie zadawać niewygodne pytania.

Jeśli nic nie powiemy – też pojawią się pytania. I to bardzo nieprzyjemne.

3

W Moskwie tymczasem toczyła się cicha nocna destalinizacja. Jak w piosence: gipsowy pomnik zdjęto po cichu. To samo dosadnie powiedział Aleksandr Galicz. Sytuacja: w nocy obudzono więźniów. Myślą sobie: to koniec. Ale nie chodziło o egzekucję – do świtu mieli usunąć pomnik wielkiego wodza, który się „okazał nie ojcem wcale, ale zwykłym śmieciem".

Nasz naród jest do tego przyzwyczajony. Od 1917 roku rządziło nami dwóch wybitnych geniuszy, Lenin i Stalin, oraz hordy wrogów – Trocki i Radek, Bucharin i Zinowiew, Kamieniew i Tuchaczewski, Rykow, Tomski, Postyszew, Ejche, Jagoda, Blücher, Jeżow, Wozniesienski, Beria i jeszcze całe stada przywódców różnej maści. Jeszcze wczoraj byli oni wielkimi ludźmi, jeszcze wczoraj lud niósł podczas manifestacji ich portrety i nadawał miastom, fabrykom i statkom ich nazwiska, a oni nagle jeden po drugim okazali się obmierzłymi psami. I lud tak samo jednomyślnie żądał surowej proletariackiej kary: psom – psia śmierć!

Nie dziwią nas takie transformacje. Zostaliśmy do nich przygotowani. I kiedy przyszła kolej na towarzysza Stalina, nasz naród nawet się nie wzdrygnął. Nasz naród ze zrozumieniem przyjął jego potępienie. Jeszcze bardziej zwarliśmy szeregi wokół ukochanej partii komunistycznej i jej leninowskiego Komitetu Centralnego, które prowadziły nas do nowych zwycięstw.

A co mieli począć polscy, czescy, rumuńscy przywódcy? Książki Stalina można usunąć z półek. Dyskretnie. Można zdjąć portrety. Można wyrwać strony z podręczników. Ale na przykład stoi w Budapeszcie ogromny pomnik. Towarzysz Stalin w całej postaci. W butach. Na placu Stalina.

Zaczną go demontować, nawet w nocy – zbierze się tłum. Ludowi węgierskiemu przecież jeszcze nikt nie wytłumaczył, że towarzysz Stalin był złoczyńcą. Tylko w Budapeszcie krążą plotki o tajnym przemówieniu towarzysza Chruszczowa.

I węgierscy przywódcy jakoś nie mogli znaleźć odpowiedniego momentu, żeby zrzucić Stalina z brązu. Towarzysz Stalin stał więc pośrodku Budapesztu. A narodowi węgierskiemu dał przykład bratni naród polski: najwyższy czas wyjść na ulice. I naród węgierski wyszedł. Jako pierwsi – studenci. Postanowili przypomnieć przywódcom, co należy robić z pomnikami okrutnych tyranów. Studenci przyszli do monumentu, obwiązali go linami i szarpnęli. Zostały tylko buty na cokole.

I się zaczęło. Tego samego dnia herszt węgierskich komunistów towarzysz Ernő Gerő (który wcześniej był naczelnikiem Urzędu Bezpieczeństwa Państwa, ÁVH) potępił w wystąpieniu radiowym manifestacje, nazywając je wystąpieniem nacjonalistów. Wówczas studenci skierowali się do siedziby radia, żeby zaprotestować.

4

Nie zrozumiemy żądań manifestujących 23 października 1956 roku studentów, jeżeli nie przywołamy pokoju paryskiego z Węgrami, podpisanego 10 lutego 1947 roku.

Ponieważ wojnę z Rzeszą i jej sojusznikami prowadziła koalicja, traktaty pokojowe z każdym z pokonanych państw zawierała koalicja następujących państw:

- Związek Socjalistycznych Republik Radzieckich,
- Zjednoczone Królestwo Wielkiej Brytanii i Irlandii Północnej,

- Stany Zjednoczone Ameryki,
- Australia,
- Nowa Zelandia,
- Kanada,
- Czechosłowacja,
- Polska,
- Federacyjna Ludowa Republika Jugosławii,
- Ukraińska Socjalistyczna Radziecka Republika,
- Białoruska Socjalistyczna Radziecka Republika*,
- Związek Południowej Afryki,
- Indie.

Artykuł nr 2 traktatu nakładał na węgierski rząd obowiązek „podjęcia wszelkich niezbędnych środków w celu zapewnienia wszystkim osobom przebywającym pod węgierską jurysdykcją, bez względu na rasę, płeć, język czy wyznanie, przestrzegania praw człowieka oraz podstawowych wolności, w tym wolności słowa, druku i publikacji, praktyk religijnych, przekonań politycznych i zgromadzeń publicznych".

Artykuł 22 dawał Związkowi Radzieckiemu prawo „utrzymania na terytorium Węgier takich sił zbrojnych, które będą mu potrzebne do obsługi linii komunikacyjnych Armii Radzieckiej z radziecką strefą okupacyjną w Austrii".

Wykorzystując zapisy artykułu 22, towarzysz Stalin wprowadził do Węgier nie tylko oddziały zapewniające łączność

---

* Organizacja Narodów Zjednoczonych powstała w czasie II wojny światowej z inicjatywy przywódców trzech głównych państw koalicji antyhitlerowskiej – ZSRR, USA i Wielkiej Brytanii. Towarzysz Stalin doskonale zdawał sobie sprawę z tego, że wraz z przyłączaniem się do tej organizacji nowych członków pozycje USA i Wielkiej Brytanii w ONZ będą się umacniać. W związku z tym zaproponował, żeby członkami ONZ oprócz ZSRR było również 16 republik radzieckich wchodzących wówczas w jego skład. USA i Wielka Brytania nie zgodziły się na to, ale Stalinowi udało się wynegocjować w ONZ miejsce dla Ukrainy i Białorusi jako państw, które ucierpiały najbardziej wskutek niemieckiej agresji. Ukraina i Białoruś należały do państw założycielskich ONZ. Traktaty pokojowe z pokonanymi państwami bloku faszystowskiego podpisały również Ukraina i Białoruś (przyp. aut.).

z Austrią, ale również oddziały, które pozwoliły przeprowadzić „radykalną transformację społeczno-gospodarczą".

Wskutek „transformacji" u władzy nagle znalazła się niewielka, ale uzbrojona w jedynie słuszną doktrynę partia, która w celach kamuflażu nie nazywała się komunistyczną. Jej nazwa – Węgierska Partia Pracujących, WPP.

W wyniku różnego rodzaju manipulacji, nacisków i zastraszania członkowie WPP podczas głosowania zdobyli w parlamencie 70 miejsc z 409. To wystarczyło, żeby uznać partię za głównego zwycięzcę.

Pozostałe partie trzeba było zdelegalizować. I bardzo dobrze. Przecież nie miały jedynej słusznej doktryny. A komu są takie partie potrzebne?

Działaczy wszystkich niesłusznych partii trzeba było osadzić w więzieniach. Również samą WPP trzeba było nieustannie i dokładnie czyścić. Czystka to nie tylko wyrzucenie z szeregów partii, ale jeszcze kara więzienia, często dożywotnia, a nawet krawat na szyję ze stryczka.

Na czele jedynej słusznej partii stanął jedynie słuszny przywódca towarzysz Rákosi, chroniony przez chłopaków o gorących sercach z tajnej policji ÁVH, której poziom brutalności imponował nawet radzieckim nauczycielom z MGB.

Towarzysz Rákosi, który niepodzielnie rządził Węgrami, oficjalnie był „najlepszym uczniem towarzysza Stalina".

O drugim artykule traktatu pokojowego, który gwarantował wolność słowa, druku, zgromadzeń, praktyk religijnych i poglądów politycznych, nikt na Węgrzech nie wspominał – aby ocalić własną skórę...

5

Ale towarzysz Stalin odszedł do lepszego ze światów i nadeszły nowe czasy. Towarzysza Rákosiego na przemian wyrzucano ze szczytów i znowu przyjmowano, po powrocie zabrano mu władzę, a na jego miejsce mianowano takiego samego przestępcę, towarzysza Gerő.

W tym czasie na terenie Węgier znajdował się radziecki Korpus Specjalny, którym dowodził generał porucznik P. Łaszczenko. W skład Korpusu Specjalnego wchodziły:

- 2. Dywizja Zmechanizowana Gwardii,
- 17. Dywizja Zmechanizowana Gwardii,
- 177. Dywizja Lotnictwa Bombowego Gwardii,
- 195. Dywizja Lotnictwa Myśliwskiego Gwardii,
- 20. pułk pontonowo-mostowy.

Dla zabezpieczenia szlaków komunikacyjnych do Austrii tych sił, delikatnie mówiąc, było zbyt dużo. Każda dywizja zmechanizowana miała po osiem pułków (jeden ciężkiej artylerii samobieżnej, pancerny, trzy zmechanizowane z własnymi batalionami czołgów, dwa artylerii, jeden artylerii przeciwlotniczej), nie licząc samodzielnych batalionów.

Obecność lotnictwa myśliwskiego można jakoś uzasadnić. Ale po co tam dywizja lotnictwa bombowego? Broniła jakiejś drogi do Austrii?

6

Kryzys polityczny na Węgrzech wybuchł między innymi dlatego, że dla towarzyszy Chruszczowa i Żukowa kluczowym zadaniem było wyzwolenie Europy z okowów kapitalizmu. Z punktu widzenia wojennej geografii Chruszczowowi i Żukowowi opłacało się rozbić wspólny front państw Europy Zachodniej ze wschodu na zachód przeszkodą w postaci dwóch neutralnych państw.

Właśnie dlatego dyplomacja radziecka forsowała pomysł funkcjonowania Austrii jako państwa neutralnego. Towarzysze radzieccy osiągnęli swój cel. 15 maja 1955 roku w Wiedniu przedstawiciele Związku Radzieckiego, USA, Wielkiej Brytanii i Francji podpisali traktat państwowy z Austrią. Austria stała się państwem neutralnym, które razem ze Szwajcarią podzieliło wspólny front Europy Zachodniej na dwie części.

Jeżeli Siły Zbrojne ZSRR* rozpoczną działania przeciwko Niemcom Zachodnim, przerzucenie nawet setki myśliwców z Włoch, Grecji, Turcji czy lotniskowców na Morzu Śródziem-

* Armia Radziecka – oficjalna nazwa (od 1946 roku) głównej części Sił Zbrojnych ZSRR. W jej skład wchodziły Strategiczne Wojska Rakietowe, Wojska Lądowe, Wojska Obrony Powietrznej, Siły Powietrzne oraz inne rodzaje wojsk, z wyjątkiem Marynarki Wojen-

nym będzie trudne. Natomiast gdy Siły Zbrojne ZSRR rozpoczną działania w basenie Morza Śródziemnego, to burżuje będą mieli problem z przerzuceniem tam rezerw z RFN, Belgii, Holandii. Dlatego Chruszczow i Żukow bardzo skorzystaliby z tego, że Austria jest państwem neutralnym.

Wtedy jednak, niczym gwóźdź w bucie, pojawiała się pewna niedogodność wynikająca z artykułu 22 traktatu pokojowego z Węgrami, podpisanego osiem lat wcześniej między innymi również przez Związek Radziecki. Zgodnie z tym artykułem oddziały Armii Czerwonej znajdowały się na Węgrzech tylko po to, żeby zabezpieczać szlaki komunikacyjne do Austrii. Ponieważ Austria stawała się krajem neutralnym, wycofywano z niej wszystkie obce oddziały wojskowe i Armia Radziecka nie musiała już ochraniać komunikacji z Austrią. Tak więc Armia Radziecka nie miała już nic do roboty na Węgrzech.

Co robić? Jak utrzymać wojska radzieckie na Węgrzech wbrew traktatowi pokojowemu podpisanemu również przez rząd towarzysza Stalina?

Znaleziono wyjście. U nas potrafią. Jak chcą.

Traktat z Austrią podpisano 15 maja 1955 roku. A dzień wcześniej, 14 maja 1955 roku, podpisano Układ Warszawski między Związkiem Radzieckim i zależnymi od niego państwami Europy Środkowej. Powstały Zjednoczone Siły Zbrojne z marszałkiem Związku Radzieckiego Koniewem na czele.

To wszystko. Trochę sprytu.

Przed 14 maja 1955 roku jednostki Armii Radzieckiej znajdowały się na Węgrzech na mocy układu pokojowego podpisanego w Paryżu, żeby ochraniać szlaki komunikacyjne z Austrią. Od 14 maja 1955 roku te same jednostki Armii Radzieckiej stacjonowały na Węgrzech zgodnie z Układem Warszawskim, żeby bronić Węgier przed atakiem wrogów.

---

nej, wojsk ochrony pogranicza i wojsk wewnętrznych (*Sowietskaja wojennaja encykłopiedija*, Wojenizdat, Moskwa 1979, t. 7, s. 411). Tu i dalej to pojęcie jest używane w szerszym znaczeniu, jak czyniono to wcześniej, gdy pod widmem Armii Radzieckiej rozumiano nie tylko główną część Sił Zbrojnych państwa (jak wyżej), ale całe Siły Zbrojne (przyp. red. wyd. rosyjskiego).

Włączenie Węgier w skład członków Układu Warszawskiego oraz rozmieszczenie jednostek Armii Radzieckiej na terytorium Węgier zgodnie z tym układem było po prostu złamaniem pokoju paryskiego.

Przed kim przywódcy Węgier, którzy podpisali Układ Warszawski, zamierzali się bronić? Węgry nie miały wspólnej granicy z żadnym z państw NATO, jedynie mały kawałek granicy z neutralną Austrią. Nie tak dawno Austria i Węgry były częściami jednego państwa. Nie miały powodów, żeby ze sobą walczyć.

Istniała jeszcze wspólna granica z Jugosławią. Ale Jugosławia też nie miała powodów, żeby atakować Węgry. Plus granice z Czechosłowacją, Rumunią i Związkiem Radzieckim. Myślę, że przywódcy Węgier niezbyt bali się najazdu Czechów i Rumunów. Tak więc Węgry nie miały się kogo obawiać.

Oprócz Związku Radzieckiego.

7

Spójrzmy teraz na sytuację na placu Stalina w Budapeszcie.

Austria była częścią Trzeciej Rzeszy. W Austrii urodził się Hitler. Teraz Austria uzyskuje niepodległość, staje się państwem neutralnym, z jej terytorium zostają wycofane wszystkie obce wojska.

Węgry nie były częścią Trzeciej Rzeszy, a jedynie sojusznikiem Niemiec podczas II wojny światowej. Ale nie wiadomo dlaczego z ich terytorium nikt nie wycofuje obcych wojsk. I nikt nie zamierza zrobić z nich państwa neutralnego.

Każdy normalny człowiek zadałby pytanie: Dlaczego? Dlaczego Węgry nie mogą się stać państwem neutralnym tak jak Austria?

Z tym pytaniem studenci szli do siedziby węgierskiego radia.

Budynku radiostacji pilnowały oddziały tajnej policji ÁVH. Wywiązała się walka uzbrojonych strażników z bezbronnym tłumem. Żeby zdobyć broń, manifestanci zdobyli szturmem koszary batalionu budowlanego. Po czym obie strony toczyły walkę jak równy z równym.

Moment kluczowy

W Związku Radzieckim pokazywano nam na zdjęciach, jak lud węgierski masakrował czekistów. Wieszano ich za nogi na drzewach i zabijano metalowymi prętami, polewano ich kwasem, przybijano do podłogi gwoździami, oblewano benzyną i podpalano. Lud tłumnie gromadził się przy pomniku Lenina, palił portrety przywódców i literaturę marksistowską. Kiedy patrzyliśmy na te potworne zdjęcia, zaciskaliśmy pięści, a nasze serca wypełniał gniew.

Ale nikt nam nie wytłumaczył, dlaczego naród węgierski żywi taką niechęć do czekistów. Zamiast tego wbijano nam do głów prostą myśl: Historia nie ma trybu przypuszczającego. Co się stało, to się nie odstanie. Dlatego nie skupiajmy się na przeszłości.

Pierwsza część stwierdzenia jest bezdyskusyjna: przeszłości nie da się cofnąć. Ale dlaczego mamy jej nie zgłębiać, wyciągając wnioski na przyszłość?

Po rozegranej partii szachów setki i tysiące ekspertów oraz miłośników tej gry analizują błędy arcymistrzów. Po tym, jak nauczyciel sprawdzi dyktando, pokreśli czerwonym atramentem zeszyty i wystawi oceny, uczniowie pracują nad błędami. Po zakończeniu dnia dowódca pułku lotniczego przeprowadza jego podsumowanie.

Po tym, jak na poligonie tockim bombowiec Tu-4 zrzucił bombę atomową i przez epicentrum wybuchu oddziały wyszły na przestrzeń operacyjną, marszałek Związku Radzieckiego Żukow zebrał generałów i przeprowadził analizę ćwiczeń: ty działałeś prawidłowo, a ty musisz następnym razem skorygować takie a takie błędy.

Nasz kraj od stu lat spada w przepaść. Czy ktoś nam przeszkadza przeprowadzić analizę naszych działań? Czy nie zaprzepaściliśmy historycznej szansy, w przeciwieństwie do obywateli innych państw, kiedy wybaczyliśmy katom ich przestępstwa i pozostawiliśmy w ich przytulnych biurach?

Przeszłości nie da się cofnąć. Ale zastanawiam się, jak potoczyłaby się nasza historia, gdyby nasz naród w krytycznym momencie działał bardziej zdecydowanie.

Rozdział 3

1

Radzieccy towarzysze wiedzieli, że sytuacja na Węgrzech jest napięta do granic możliwości. Meldował o tym do Moskwy ambasador radziecki Jurij Władimirowicz Andropow.

I nie tylko on. Na terenie Węgier działali towarzysze z KGB i GRU, wszystko widzieli na własne oczy, wysyłali do Moskwy meldunki. Meldunki stawały się coraz bardziej niepokojące, zwłaszcza że również w Polsce w każdej chwili mogło dojść do wybuchu.

Dowódcy Korpusu Specjalnego generałowi porucznikowi Łaszczence już w czerwcu 1956 roku Żukow polecił opracować plan udzielenia pomocy międzynarodowej bratniemu ludowi Węgier oraz zaprowadzenia, gdyby zaszła taka potrzeba, porządku w cudzym domu. Plan pacyfikacji otrzymał kryptonim „Wołna" (Fala). 20 lipca 1956 roku Żukow zatwierdził ten plan.

23 października 1956 roku, w tym samym dniu, kiedy posąg Stalina przełamał się wzdłuż linii butów i huknął o bruk, minister obrony ZSRR marszałek Związku Radzieckiego Żukow z Moskwy rozkazał dowódcy Korpusu Specjalnego Łaszczence postawić korpus w stan gotowości bojowej i wprowadzić w życie plan „Wołna".

17. Dywizja Zmechanizowana znajdowała się na granicy z Austrią. Jej zadanie – ochrona granicy.

2. Dywizja Zmechanizowana Gwardii ruszyła na Budapeszt.

Zgodnie z planem „Wołna" do wzmocnienia Korpusu Specjalnego skierowano na Węgry jedną dywizję wojsk radzieckich stacjonujących w Rumunii, 33. Dywizję Zmechanizowaną Gwardii, oraz dwie dywizje z Karpackiego OW, 11. Dywizję Zmechanizowaną Gwardii i 128. Dywizję Strzelecką Gwardii. Dowódcy tych trzech dywizji otrzymali rozkaz, żeby w razie potrzeby przebić się siłą przez granicę, stosując wszelkie posiadane środki.

24 października o godzinie 2 w nocy pierwsze czołgi 2. Dywizji Zmechanizowanej Gwardii wjechały na ulice Budapesztu.

O godzinie 2.15 czołowe oddziały 11. Dywizji Zmechanizowanej Gwardii, łamiąc szlabany graniczne, przekroczyły granicę radziecko-węgierską.

O godzinie 6 rano główne siły 33. Dywizji Zmechanizowanej Gwardii wkroczyły na terytorium Węgier.

Tej samej nocy na lotnisku Tököl wylądował 108. pułk spadochronowo-desantowy Gwardii 7. Dywizji Powietrznodesantowej Gwardii Nadbałtyckiego OW. Wkrótce przetransportowano tu jeszcze dwa pułki spadochroniarzy 31. Dywizji Powietrznodesantowej Gwardii Kijowskiego OW.

Wzmocniono ochronę lotniska. Przeniosły się tu punkt dowodzenia Korpusu Specjalnego oraz ambasada Związku Radzieckiego. Tököl stał się czymś w rodzaju Wersalu podczas tłumienia Komuny Paryskiej.

Przed świtem siły 2. Dywizji Zmechanizowanej Gwardii Korpusu Specjalnego zdobyły budynki parlamentu i Komitetu Centralnego WPP, banku państwowego, poczty, telegrafu, redakcji gazety partyjnej oraz innych szczególnie ważnych obiektów.

Akcją pacyfikacyjną kierował dowódca Zjednoczonych Sił Zbrojnych Państw Stron Układu Warszawskiego marszałek Związku Radzieckiego Koniew. Jego punkt dowodzenia początkowo urządzono w Berehowie na terytorium radzieckim, ale później przeniesiono na Węgry, do miasta Szolnok. Ogólny nadzór nad operacją pacyfikacyjną sprawował minister obrony ZSRR, trzykrotny Bohater Związku Radzieckiego, marszałek Związku Radzieckiego Żukow.

Łącznie w składzie Korpusu Specjalnego, który już znajdował się na Węgrzech, dwóch dywizjach zmechanizowanych i jednej dywizji strzeleckiej, które przerzucono na Węgry z terytorium ZSRR i Rumunii, znajdowało się:

- 1130 czołgów i dział samobieżnych, w tym IS-3, ISU-152, T-34-85, T-44, T-54, SU-100, PT-76;
- 380 transporterów opancerzonych BTR-40, BTR-50P, BTR-152;
- 615 armat i moździerzy;
- 185 armat przeciwlotniczych;
- 159 myśliwców MiG-15 i MiG-17;
- 122 bombowców Ił-28;
- 3830 samochodów.

Pojawienie się towarzyszy radzieckich, których nikt (jeszcze) nie prosił o ingerencję w wewnętrzne sprawy niepodległego państwa, zostało przywitane ogniem. Nadciągające oddziały radzieckie z marszu ruszały do walki.

Czołg w mieście, niczym wilk w klatce, jest wyjątkowo bezbronny. Czołg nie jest stworzony do walki w mieście. Czołg potrzebuje przestrzeni. Żukow w 1945 roku stracił niepotrzebnie w Berlinie dwie armie pancerne. Wybitny dowódca nie wyciągnął wniosków z wojennych lekcji. Zgodnie z jego planem czołgi znowu wdarły się do wielkiego miasta. Płonęły w Budapeszcie równie mocno jak w Berlinie.

Gdy tylko ogień docierał do pocisków, potworna eksplozja urywała wieżę. Wieża T-54 waży osiem i pół tony. Wieża IS-3 – prawie dwanaście. Przy detonacji zapasu amunicji wieża frunie jak gorąca patelnia rzucona przez rozwścieczoną babę przez całą kuchnię.

2

24 października na lotnisko w Tököl w trzech różnych samolotach w asyście myśliwców przybyli towarzysze Mikojan, Susłow i Sierow.

Mikojan – członek Prezydium KC KPZR, pierwszy zastępca przewodniczącego Rady Ministrów ZSRR.

Susłow – członek Prezydium KC KPZR, sekretarz KC KPZR.

Sierow – Bohater Związku Radzieckiego, generał armii, przewodniczący KGB.

Tego samego dnia przewodniczącym Rady Ministrów Węgier został Imre Nagy.

25 października doszło do starcia wojsk radzieckich i demonstrantów na placu przed parlamentem, podczas którego zginęło kilkadziesiąt osób i setki zostało rannych.

Tegoż dnia towarzysze Mikojan i Susłow poinformowali KC KPZR:

> W pobliżu siedziby KC WPP na oczach towarzysza Sierowa wywiązała się wymiana ognia między naszymi czołgistami a kompanią żołnierzy węgierskich, którzy przybyli jako wsparcie ochrony budynku KC. Czołgiści podejrzewali, że przybyli są rebeliantami. W potyczce zginęło 10 ludzi z węgierskiej kompanii, a jeden został ciężko ranny. Stało się to w czasie naszego wspólnego posiedzenia z towarzyszami węgierskimi w siedzibie KC, przy czym strzelec z naszego czołgu puścił serię z kaemu w okna sali obrad. Zaczął się sypać tynk, co wywołało panikę wśród węgierskich przywódców.

Według raportu wystraszyli się tylko towarzysze węgierscy, a towarzysze Mikojan i Susłow nawet nie drgnęli.

26 października walki toczyły się w Budapeszcie i w całym kraju.

27 października towarzysza Gerő zastąpił na stanowisku pierwszego sekretarza KC WPP towarzysz János Kádár.

Kádár był zwolennikiem wycofania wojsk radzieckich z Węgier.

3

28 października premier rządu Imre Nagy podpisał dekret o rozwiązaniu tajnej policji ÁVH. Ogłoszono zawieszenie broni. Marszałek Związku Radzieckiego Koniew wydał oddziałom radzieckim rozkaz opuszczenia Budapesztu i innych miast.

Rewolucja zwyciężyła!

29 października 1956 roku oddziały Korpusu Specjalnego opuściły Budapeszt.

29 października 1956 roku wybuchł kryzys sueski. Za-

mknięto Kanał Sueski. W rejonie kanału rozpoczęła się wojna. Kanał Sueski to ropa dla Europy. Ceny ropy poszybowały w górę. Europa drgnęła.

A towarzysze Chruszczow i Żukow byli zachwyceni. Cała uwaga Europy i świata skupiła się na wojnie w rejonie Kanału Sueskiego. Kto teraz będzie myślał o Węgrzech?

30 października premier węgierskiego rządu Imre Nagy ogłosił przywrócenie systemu wielopartyjnego i rozpisanie wyborów.

1 listopada Imre Nagy poinformował o wycofaniu się Węgier z Układu Warszawskiego.

Tymczasem ambasador Związku Radzieckiego na Węgrzech towarzysz Jurij Władimirowicz Andropow zaprosił pierwszego sekretarza Węgierskiej Partii Pracujących towarzysza Kádára na lotnisko Tököl na rozmowy w sprawie przyszłości ruchu komunistycznego na Węgrzech. Towarzysz Kádár przybył na rozmowy. Grzecznie wepchnięto go do samolotu i wywieziono do Związku Radzieckiego. Spotkał się z nim towarzysz Chruszczow, obiecał bratnią pomoc międzynarodową ludowi węgierskiemu. Tylko towarzysz Kádár musiałby o tę pomoc poprosić.

Towarzysz Kádár opierał się, a towarzysze radzieccy nalegali, żeby poprosił.

Przekonywać u nas potrafią.

Przekonali. W Związku Radzieckim utworzono legalny dwuosobowy rząd Węgier w składzie: János Kádár i Ferenc Münnich. I oto legalny węgierski rząd zwrócił się do rządu Związku Radzieckiego z prośbą o pomoc.

Otrzymawszy prośbę o pomoc, radzieccy towarzysze obiecali, że się zastanowią. 3 listopada zaproszono ministra obrony Węgier generała majora Pála Malétera oraz jego najbliższych współpracowników na rozmowy na lotnisku Tököl w sprawie wycofania wojsk radzieckich. Podczas negocjacji osiągnięto porozumienie dotyczące korytarzy, którymi oddziały radzieckie opuszczą kraj. Minister obrony Węgier podniósł słuchawkę i polecił podwładnym w ministerstwie, żeby nie strzelać do wojsk radzieckich, które będą poruszać się ustalonymi trasami.

Po czym urządzono małą przyjacielską kolację. Wygłoszono

toasty, że mimo iż się rozstajemy, to wciąż będziemy przyjaciółmi. Wypito, zakąszono, polano jeszcze raz, przyszła pora na drugi toast, lecz w tym momencie na sali zjawił się Bohater Związku Radzieckiego, przewodniczący KGB, generał armii Sierow z grupą żołnierzy. Całe kierownictwo Ministerstwa Obrony Węgier zostało aresztowane.

W zasadzie parlamentariuszy prowadzących negocjacje zawsze puszcza się wolno. Nawet kanibale z Nowej Gwinei nie pożerają podobnych im kanibali z innego plemienia, którzy przyszli pertraktować. Ale my musimy wziąć pod uwagę złożoność sytuacji międzynarodowej. Powinniśmy zrozumieć, że mowa była o bratnim narodzie, który potrzebował pomocy. Czy towarzysze Chruszczow i Żukow mieli prawo tak po prostu wypuścić zagorzałych kontrrewolucjonistów, wrogów ludu węgierskiego i całego proletariatu światowego? No właśnie!

Dlatego ich nie wypuszczono.

I nie trzeba mówić o jakichś kanibalach z Nowej Gwinei, skoro ważyło się szczęście całej postępowej ludzkości.

4

3 listopada 1956 roku o godzinie 23.00 marszałek Związku Radzieckiego Żukow dał dowódcy Karpackiego OW generałowi armii Batowowi oraz dowódcy Korpusu Specjalnego generałowi porucznikowi Łaszczence sygnał „Grom444".

Zgodnie z otrzymanym sygnałem 4 listopada o godzinie 4.15 rozpoczęła się operacja „Wicher", która miała na celu stłumienie kontrrewolucji.

Na Węgrzech już znajdowały się cztery radzieckie dywizje zmechanizowane, dywizja strzelecka, dwie dywizje lotnicze oraz cztery pułki spadochroniarzy 7. i 31. Dywizji Powietrznodesantowej Gwardii. Wszystkie zgodnie z ustaleniami powinny się wycofać korytarzami, które wytyczono z węgierskim ministerstwem obrony. Wydano polecenie, żeby w tych korytarzach nie strzelać do wojsk radzieckich.

Dywizje radzieckie nie miały zamiaru się wycofać. Co więcej, na Węgry z Karpackiego Okręgu Wojskowego wprowadzono dwie armie – 8. Armię Zmechanizowaną pod dowództwem generała porucznika wojsk pancernych Babadżaniana oraz 38. Armię pod dowództwem generała porucznika Mamsurowa. Poruszały się korytarzami, w których nikt do nich nie strzelał.

Dunaj dzieli Węgry na dwie części.

38. Armia wzięła pod kontrolę granice z Austrią i Jugosławią oraz całą zachodnią część Węgier na prawym brzegu Dunaju.

8. Armia Zmechanizowana zaprowadzała porządek we wschodniej części Węgier na lewym brzegu Dunaju.

Zadanie Korpusu Specjalnego zostało znacznie zredukowane – tylko Budapeszt. Struktura Korpusu Specjalnego została radykalnie zmieniona.

17. Dywizja Zmechanizowana Gwardii znajdowała się na granicy z Austrią. Została wyłączona z Korpusu Specjalnego i wcielona do składu 38. Armii.

Dwie dywizje lotnicze również wyłączono ze składu Korpusu Specjalnego. W tej sytuacji nie były mu potrzebne. Pułk pontonowo-mostowy – tym bardziej. Wszystkie zostały podporządkowane bezpośrednio marszałkowi Koniewowi.

Tymczasem Korpus Specjalny oprócz 2. Dywizji Zmechanizowanej Gwardii otrzymał w ramach uzupełnienia:

- 7. Dywizję Powietrznodesantową Gwardii,
- 33. Dywizję Zmechanizowaną Gwardii, która przybyła z Rumunii,
- 128. Dywizję Strzelecką Gwardii z Karpackiego Okręgu Wojskowego

oraz pułki:

- 100. pułk pancerny z 31. Dywizji Pancernej,
- 97. pułk zmechanizowany z 27. Dywizji Zmechanizowanej,
- 128. pułk artylerii samobieżnej Gwardii, 135. pułk artylerii Gwardii, 145. pułk strzelecki Gwardii z 66. Dywizji Strzeleckiej Gwardii.

Wszystkie na rozkaz Żukowa ruszyły do walki.

Szturm Budapesztu był brutalny. Cztery dni walk przywodziły na myśl atak na Berlin w 1945 roku. Podobieństwo potęgował fakt, że Berlin też szturmowały oddziały Żukowa i Koniewa. Artyleria radziecka grzmociła bezlitośnie. Dopiero gdy skończyła, do natarcia ruszyły czołgi i działa samobieżne, osłaniane przez piechotę i transportery opancerzone z wielokalibrowymi karabinami maszynowymi.

W ostatniej chwili przed tym, jak kilkanaście pocisków kalibru 152 mm wpadło do budynku agencji informacyjnej, dyrektor agencji, przejmując rolę spikera, przekazał światu wiadomość, która kończyła się słowami „umieramy za Węgry i za Europę”.

5

Imre Nagy, premier węgierskiego rządu, schronił się w ambasadzie Jugosławii. Co z nim zrobić? Jest zbyt popularny wśród obywateli.

Wyrzucić z kraju! Ot co. I właśnie to mu zakomunikowano: Wynoś się do ukochanej Jugosławii! Nie potrzebujemy cię. Nie bój się, nikt nie zrobi ci krzywdy.

22 listopada po długich negocjacjach i udzieleniu gwarancji bezpieczeństwa Imre Nagy wyszedł z ambasady.

I został aresztowany.

Przetrzymywano go w oczekiwaniu na śmierć przez prawie dwa lata. Jego proces toczył się za zamkniętymi drzwiami i zaczął się nie od razu, a kiedy ucichły emocje. Nikt nie wiedział, że toczy się taki proces.

Premiera majora Pála Malétera oraz innych przywódców rewolucji powieszono. Ale nie tak, jak się wiesza w innych państwach Europy, nie na poprzeczkach. Tu technologia była bardziej zaawansowana. Potrzebny był tylko pionowy maszt i taboret. Stryczek przerzuca się przez szczyt słupa. Skazanego stawia się na taborecie albo czymś, co go zastąpi. Następnie z drugiej strony słupa naciąga się sznur, zaciskając w ten sposób pętlę. I wytrąca się taboret.

Zaletą tego sposobu jest to, że ciało nie zwisa i się nie kołysze.

Zawsze zdumiewała mnie łatwowierność przywódców rewolucji węgierskiej.

Sekretarz generalny pojechał na negocjacje z towarzyszem Andropowem. Minister obrony pojechał na rozmowy z generałem armii Malininem.

Premier rządu uwierzył w gwarancje nietykalności.

A były to osoby raczej mało godne zaufania.

Przecież nie jesteśmy kanibalami z Nowej Gwinei.

Moment kluczowy

Kanał Sueski to najkrótsza droga z Oceanu Indyjskiego do Morza Śródziemnego. Alternatywny szlak wokół Afryki jest dłuższy o 8 tysięcy kilometrów. Głębokość kanału wynosi 20 metrów, szerokość w niektórych miejscach – do 169 metrów, długość – 163 kilometry. Kanał zbudowali francuscy inżynierowie z inicjatywy Francuzów, według ich projektów, za francuskie pieniądze, i otworzyli dla żeglugi w 1869 roku.

Rząd Egiptu otrzymał 44 proc. wszystkich akcji, ale kiedy tonął w długach, odsprzedał swoją część Wielkiej Brytanii. W ten sposób kanał stał się francusko-brytyjski. W okresie, o którym mówimy, dostarczano ropę naftową do Europy głównie przez Kanał Sueski.

Chruszczow i Żukow postanowili przycisnąć Europę poprzez zakręcenie tego kurka.

Wielkim wodzem Egiptu był Gamal Abdel Naser, przyszły Bohater Związku Radzieckiego. Na wieść o otrzymaniu przez Nasera (w 1964 roku) najwyższego odznaczenia ZSRR naród radziecki zareagował kupletami i czastuszkami:

Leży w piasku i grzeje brzuch
Bohater Związku Radzieckiego,
Pół faszysta, pół eser,
Gamal Abdel na-wszystkich-Naser.

Właśnie jego Chruszczow i Żukow namawiali do zajęcia kanału. Że niby swoją część sprzedałeś, pieniądze roztrwoniłeś, więc teraz tego, co sprzedałeś, zażądaj z powrotem, a my poprzemy cię, damy broni, ile zechcesz, Nil przegrodzimy tamą za darmo albo za półdarmo.

Gamal zrobił, jak go uczono, i przywłaszczył sobie kanał. W odpowiedzi nastąpiło to, co propaganda radziecka określiła mianem angielsko-francusko-izraelskiej interwencji przeciwko wolnemu Egiptowi.

Szatańskim zbiegiem okoliczności wojna Izraela, Wielkiej Brytanii i Francji z Egiptem rozpoczęła się w tym samym dniu, w którym wojska radzieckie wyszły z Budapesztu oraz innych węgierskich miast i już miały na zawsze odejść do domu.

Rozdział 4

1

Za stłumienie rewolucji węgierskiej na radzieckich generałów spadła lawina nagród i wyróżnień. 26 listopada 1956 roku za wzorowe działania wywiadu wojskowego podczas operacji „Wołna" i „Wicher" naczelnik GRU generał porucznik Sztiemienko po raz drugi otrzymał awans na generała pułkownika.

Order Kutuzowa I klasy – a jest to trzecie pod względem znaczenia i wartości, za Orderami Zwycięstwa i Suworowa I klasy, odznaczenie wojskowe – otrzymało siedmiu generałów, w tym przewodniczący KGB, Bohater Związku Radzieckiego, generał armii Sierow, dowódca 38. Armii, Bohater Związku Radzieckiego, generał porucznik Mamsurow, dowódca 8. Armii Zmechanizowanej (od 1957 roku – 8. Armia Pancerna), Bohater Związku Radzieckiego, generał porucznik wojsk pancernych Babadżanian.

Order Bohdana Chmielnickiego I klasy (czwarte pod względem znaczenia i wartości odznaczenie wojskowe) otrzymało ośmiu generałów, w tym dowódca Karpackiego Okręgu Wojskowego, dwukrotny Bohater Związku Radzieckiego, generał armii Batow oraz generał porucznik Kitajew, generał do zadań specjalnych przy ministerstwie obrony ZSRR.

Dwukrotny Bohater Związku Radzieckiego, marszałek Związku Radzieckiego Koniew, kierujący akcją pacyfikacyjną, oraz dowódca Korpusu Specjalnego generał porucznik Łaszczenko otrzymali Order Lenina.

Ale najhojniej odznaczono członka Prezydium KC KPZR, ministra obrony, trzykrotnego Bohatera Związku Radzieckiego, marszałka Związku Radzieckiego Żukowa: został pierwszym w naszej historii czterokrotnym Bohaterem Związku Radzieckiego. Po nim takiego zaszczytu dostąpi tylko jeden wybitny dowódca – marszałek Związku Radzieckiego Leonid Iljicz Breżniew. Wszystkie cztery Złote Gwiazdy Breżniew otrzyma w czasie pokoju za czyny, których dokonał w służbowym gabinecie.

Tak się złożyło, że pierwszy radziecki order Żukow otrzymał za udział w operacjach pacyfikacyjnych przeciwko ludowi rosyjskiemu w guberni tambowskiej, a ostatni order na służbie (nie licząc otrzymanych na emeryturze) – również za operację pacyfikacyjną, tym razem przeciwko ludowi węgierskiemu.

Odznaczenie Żukowa czwartą Złotą Gwiazdą łamało wszelkie obowiązujące zasady. Żadne ustawy ani dekrety nie przewidywały takiego odznaczenia. Trzykrotny Bohater to ustalony prawnie szczyt. Chociaż to również jest wielką głupotą.

Rozumiem, kim jest bohater. Ale jak można zostać dwukrotnym bohaterem? Albo trzykrotnym? To coś w rodzaju dwukrotnego geniusza albo trzykrotnego świętego.

Marszałek Związku Radzieckiego Koniew kierował operacją pacyfikacyjną bezpośrednio na Węgrzech. Jemu nikt Złotej Gwiazdy nie dał. A marszałek Związku Radzieckiego Żukow sprawował ogólne dowództwo. Z Moskwy. Na Węgrzech nie pojawił się ani na dzień, godzinę czy nawet minutę. Więc w jaki sposób miało się objawić jego bohaterstwo?

Odznaczenie Żukowa, żeby niesława pacyfikatora nie przywarła do niego na dobre, upozorowano na uroczystość urodzinową. 1 grudnia 1956 roku Żukow skończył 60 lat. Tego dnia wręczono mu Złotą Gwiazdę i Order Lenina. Rzekomo jako prezent na urodziny. Ale wtedy wygląda to już całkiem śmiesznie. O co chodzi z tym bohaterstwem? Że do 60 roku życia się nie rozpił?

Àpropos Orderu Lenina. Kiedy nadawano po raz pierwszy tytuł bohatera, to wręczano Złotą Gwiazdę i Order Lenina (pierwsza Złota Gwiazda Żukowa miała numer 435, a towarzyszący jej Order Lenina – numer 6071). Jednak gdy nadawano kolejny tytuł bohatera, to wręczano tylko Złotą Gwiazdę, Order Lenina wówczas nie przysługiwał. Taki jest ustalony porządek. Tak było od zawsze, między innymi wtedy, gdy Żukow otrzymał drugą i trzecią Złotą Gwiazdę.

Aż tu nagle przy wręczaniu czwartej gwiazdy dołożono mu jeszcze Order Lenina, nie zważając na przyjęte zwyczaje. Kto dopuścił do tej skandalicznej sytuacji?

Zastanówmy się.

W naszym kraju władza należała do organu, który nazywał się Biuro Polityczne Komitetu Centralnego Komunistycznej Partii Związku Radzieckiego. W opisywanym przez nas okresie historycznym Politbiuro nazywało się Prezydium Komitetu Centralnego.

A kto zasiadał w Prezydium?

No właśnie. Po XX Zjeździe KPZR w Prezydium trzymały ster dwie osoby: Chruszczow i Żukow. Przy czym Żukow uparcie ciągnął do siebie kołderkę władzy. I sam siebie odznaczał.

2

Ćwiczenia wojskowe na poligonie tockim we wrześniu 1954 roku ujawniły słabe ogniwo doktryny wojennej Związku Radzieckiego. Żeby wyzwolić europejską klasę robotniczą, trzeba będzie przełamać front nieprzyjaciela. Ale nie da się przełamać go tak, jak to robiono w czasie II wojny światowej. Jeżeli przez kilka dni będziemy gromadzić na odcinkach przełamania po trzysta dział z odpowiednią ilością amunicji na każdy kilometr, to nieprzyjaciel bez wahania uderzy w to miejsce bronią jądrową. Dlatego jego obronę trzeba będzie przełamać bez koncentracji takich mas artylerii. Czyli tylko za pomocą uderzenia atomowego.

Jednak powolny, wyposażony w silniki tłokowe Tu-4, który przenosił ładunek atomowy, zupełnie nie nadawał się do takiego zadania. Najnowsze bombowce Tupolewa, Miasiszczewa, Iljuszyna i Jakowlewa – też nie. One miały inny problem – zbyt dużą prędkość. Uderzenia jądrowe w głąb terytorium przeciwnika nie były dla nich problemem. Ale jak przeprowadzić takie uderzenie na linię frontu, kiedy w pobliżu znajdują się własne oddziały?

Gdy bombowiec porusza się na dużej wysokości, celność zrzutu bomb jest niska. Ponadto taki samolot łatwo jest wykryć i zestrzelić. Jeżeli bombowiec zbliża się do celu z małą lub bardzo małą prędkością, to nieprzyjacielowi pozostaje zbyt mało czasu na to, żeby zareagować na jego obecność. Jednak również i samolot ma mało czasu na rozpoznanie, gdzie przebiega linia frontu, gdzie się kończą swoje oddziały i zaczynają obce.

Poza tym co się stanie, gdy tysiące czołgów i dział, dziesiątki tysięcy samochodów i setki tysięcy żołnierzy przygotowały się do natarcia, gdy operacja została rozpisana na minuty, a podczas zbliżania się do celu nosiciel bomby zostanie zestrzelony? Co robić w tym przypadku? Odwołać natarcie na tym odcinku, choć sąsiedzi ruszyli do ataku?

Ćwiczenia wojskowe na poligonie tockim jednoznacznie dowiodły, że lotnictwo nie nadaje się do przeprowadzenia ataku bronią jądrową na pierwszą linię obrony nieprzyjaciela. Trzeba było szukać innego rozwiązania.

Marszałek Związku Radzieckiego Żukow, objąwszy w lutym 1955 roku stanowisko ministra obrony ZSRR, polecił przygotować propozycje dotyczące rozwoju środków przenoszenia taktycznej broni jądrowej, dzięki której wojska będą mogły przeprowadzać uderzenia jądrowe z małej odległości.

Złożono kilka propozycji. Żukow wybrał trzy, które jego zdaniem dobrze rokowały. 8 listopada 1955 roku na wniosek Żukowa Rada Ministrów ZSRR podjęła decyzję o jednoczesnym rozpoczęciu prac nad trzema projektami.

Pierwszy projekt: stworzenie działa samobieżnego kalibru 406 mm i przystosowanego do niego pocisku atomowego. Budowano już takie armaty dla okręgów, istniało zaplecze technologiczne, przemysłowe i kadrowe. W 1938 roku założono stępkę okrętu liniowego *Sowietskij Sojuz*, który stał się czołowym okrętem w serii. Każdy liniowiec tego typu powinien był posiadać po trzy trzydziałowe wieże głównego kalibru.

Grubość czołowego pancerza takiej wieży – prawie pół metra. A dokładniej 495 milimetrów. Każda wieża ważyła 2364 tony. Wszystkie procesy przygotowywania i naprowadzania dział były maksymalnie zmechanizowane. Obsługa każdej wieży liczyła „tylko” 105 oficerów i marynarzy!

Każda lufa wraz z zamkiem ważyła 136,7 tony. Te działa strzelały pociskami ważącymi 1108 kg na odległość 45 kilometrów. Masa ładunku wynosiła 310 kg. Resurs lufy – 300 strzałów.

Przed atakiem Niemiec nie zwodowano żadnego liniowca typu *Sowietskij Sojuz*. Atak Hitlera pokrzyżował plany ich budowy. Po wojnie nieukończone okręty przekazano na złom. Podjęto decyzję o wykorzystaniu dział 406 mm w wojskach lądowych. Jako bazę do stworzenia samobieżnej lawety wykorzystano czołg T-10 M. Było jasne, że żadna laweta nie podniesie lufy ważącej prawie 137 ton, więc skrócono ją, masę pocisku zmniejszono dwukrotnie, ładunek zmniejszył się pięciokrotnie, resurs lufy – ośmiokrotnie. Pozwoliło to znacznie zmniejszyć masę nasady zamkowej, zamka i samej lufy. Konstrukcja była ładna i lekka – tylko 64 tony. Nadano jej oznaczenie 2A3. Armata ta mogła wystrzeliwać pociski ważące 570 kg na odległość 25 kilometrów.

3

Równolegle z pracami nad działem samobieżnym 2A3 kalibru 406 mm przebiegały prace nad drugim projektem: stworzeniem na tej samej podstawie moździerza samobieżnego 2B1 kalibru 420 mm. Ten moździerz mógł wystrzeliwać pociski jądrowe o masie 670 kg na odległość 25 kilometrów, pociski z dodatkowym napędem rakietowym – 50 kilometrów.

Moździerz w porównaniu z armatą posiadał niezaprzeczalne zalety. Masa bojowa – 55 ton. W Armii Radzieckiej ustanowiono standard wagowy – 60 ton. Tyle można załadować do czteroosiowego wagonu. Masę czołgów ciężkich oraz każdego innego sprzętu wojskowego warto utrzymać w tych granicach. Zgodnie z ograniczeniem masy do 60 ton budowano promy wojskowe oraz inne pojazdy bojowe. Samobieżne działo kalibru 406 mm przekroczyło ten limit wagowy, a moździerz sprostał standardom wagowym.

Gładka lufa moździerza była nieporównywalnie łatwiejsza w produkcji i miała znacznie większą żywotność. Duży kaliber i masa naboju, mniejsze obciążenia dynamiczne i termiczne w kanale lufy podczas strzału istotnie ułatwiały zadanie budowy pocisku jądrowego dla takiego działa, mimo że moździerz cechowała mniejsza celność.

Obie armaty miały wady wrodzone. Przede wszystkim gabaryty: długość ponad 20 metrów, wysokość 5,7 metra. Jak mogą się poruszać ulicami miast, nie zrywając przy tym linii wysokiego napięcia? Jak wcisną się pod most wiszący nad drogą, jak przejadą innym mostem, żeby się pod nimi nie zawalił?

Trzecim projektem było stworzenie armaty bezodrzutowej. Twórcy armaty bezodrzutowej kalibru 420 mm napotkali inne problemy, których nie udało się rozwiązać.

Testy i prace nad tymi monstrami jeszcze trwały, kiedy na horyzoncie pojawiła się wielka data – 40 rocznica Wielkiej Socjalistycznej Rewolucji Październikowej. Żukow polecił wyprodukować do tego czasu cztery działa i cztery moździerze samobieżne.

Dlaczego cztery? Żeby pokazać je na defiladzie 7 listopada 1957 roku. W ten sposób powstawało wrażenie, że są to działa produkowane seryjnie, a nie pojedyncze prototypy, że mamy czym przełamać front wroga. Drżyjcie, burżuje!

4

Były też inne problemy. Jeśli przełamiemy front, to na drodze naszych wyzwolicieli staną nie tylko oddziały ciemiężycieli ludu pracującego, ale również przeszkody naturalne. Przede wszystkim rzeki. Wśród nich – Ren.

Kompanie rozpoznawcze pułków zmechanizowanych i pancernych, bataliony rozpoznawcze dywizji zmechanizowanych i pancernych miały na uzbrojeniu czołgi pływające PT-46 oraz lekkie transportery opancerzone BTR-40.

PT-76 mógł sprostać wymaganiom przyszłej kampanii wyzwoleńczej w Europie. Pancerz chronił częściowo przed promieniowaniem, gąsienice pozwalały nie zwracać uwagi na okopy i rowy, przeszkody wodne czołg pływający miał za nic. A BTR-40 nie potrafił pływać, bez dodatkowej pomocy nie radził sobie z pokonaniem rowu i był nieosłonięty od góry.

Mieszkańcy Budapesztu palą portrety Stalina, listopad 1956 r.

Radzieckie czołgi T-34-85 ustawiają się w ważnym strategicznie miejscu w centrum Budapesztu, 5 listopada 1956 r.

Czołg T-54 po walkach w Budapeszcie

Ta 15-letnia Węgierka z pepeszą stała się jednym z symboli powstania węgierskiego z 1956 r.

Powstańcy zrzucają radziecką gwiazdę z siedziby gazety „Népszava"

Bojownicy przed porzuconym radzieckim czołgiem, Budapeszt, listopad 1956 r.

Roztrzaskana głowa Stalina po zniszczeniu pomnika przez mieszkańców Budapesztu

Z pomnika Stalina pośrodku Budapesztu zostały na cokole tylko buty.

Młodzi funkcjonariusze ÁVH (Államvédelmi Hatóság), czyli Urzędu Bezpieczeństwa Państwa, obezwładnieni przez mieszkańców Budapesztu, 31 października 1956 r.

Mieszkańcy Budapesztu otaczają radziecki czołg, październik 1956 r.

Oficer Armii Radzieckiej, sięgając po pistolet, zmierza ze złowrogą miną ku wykonującemu to zdjęcie brytyjskiemu fotografowi Jackowi Estenowi, Budapeszt, 12 listopada 1956 r.

Zastąpić BTR-40 miał BRDM*. BRDM w przeciwieństwie do BTR-40 posiadał pancerny dach, a to, jak dowiodły doświadczenia węgierskie, nie była wyłącznie ozdoba. Oprócz czterech kół dużej średnicy BRDM miał dodatkowo jeszcze cztery chowane do środka niewielkie koła. Po ich wysunięciu BRDM mógł na polu walki swobodnie pokonywać rowy, poza tym potrafił pływać.

Pododdziały zmechanizowane dywizji pancernych miały na uzbrojeniu pływający gąsienicowy transporter opancerzony BTR-50P, zbudowany na bazie czołgu PT-76. Te pojazdy też nie bały się Renu. W dywizjach zmechanizowanych BTR-152 miał zastąpić pływający kołowy czteroosiowy transporter opancerzony BTR-60P.

Ale jak sobie poradzić z czołgami? Mosty pontonowe są wyjątkowo niepewne, szczególnie w czasie wojny atomowej. Czołg rozpoznania może być pływający, bo nie ma zbyt ciężkiego pancerza. Ale czołg bojowy można zmienić w pływający tylko dzięki doczepieniu mu wielkich pontonów ze wszystkich stron i zamontowaniu silnika zaburtowego ze śrubą. Wszystko to jest do zrobienia, jeżeli mówimy o setce czołgów. A my mamy ich więcej niż setkę. I więcej niż tysiąc. Związek Radziecki ma osiem armii pancernych i tuzin armii ogólnowojskowych, nie mniej obficie wyposażonych w czołgi. I wszystkie będą musiały forsować przeszkody wodne. Dlatego doczepiane pontony nie rozwiązywały problemu i czołgi mogły sforsować przeszkody wodne tylko po ich dnie.

Zdecydowano, że dla czołgów T-54 trzeba stworzyć specjalny sprzęt umożliwiający im pokonywanie przeszkód pod wodą.

5

Ale głównym zagrożeniem dla Związku Radzieckiego nie byli podstępni wrogowie. Było nim nasze własne dążenie do uszczęśliwienia całego świata, do wyzwolenia ludu pracującego spod kapitalistycznego ucisku.

---

* BRDM (Bronirowannaja razwiedywatielno-dozornaja maszyna) – opancerzony pojazd rozpoznawczo-patrolowy (przyp. tłum.).

Tłumaczę. Jeżeli nadarzy się okazja, weźcie do ręki spadochron, uważnie przyjrzyjcie się szwom, dotknijcie linek, uprzęży, czaszy. Przecież to jest prawdziwe cudo! Uszyły je biegłe w tym fachu dziewczyny. Nie wiem, jak to jest obecnie, ale w tamtych czasach wszystko robili ręcznie najwyższej klasy specjaliści z materiałów najlepszego gatunku. W każdej fabryce urzędował przedstawiciel ministerstwa obrony, odpowiedzialny za dostawy dla wojska, z pagonami podpułkownika i całym zespołem ludzi. Osobiście sprawdzał każdy ścieg, ponieważ odpowiadał głową za jakość przyjmowanego towaru.

Szwaczkom płacono niezłe pieniądze. A także brygadziście. Szefowi zmiany. Dyrektorowi. Przedstawicielowi ministerstwa. Oraz wszystkim, którzy produkowali linki, materiał do szycia czasz, bardzo mocne nici i całą resztę niezbędną do sporządzenia spadochronu.

A w tym czasie Związek Radziecki miał dwa razy więcej dywizji powietrznodesantowych niż cała reszta świata razem wzięta. W tych dywizjach odbywali służbę (trzyletnią) najlepsi żołnierze, którzy sami niczego nie produkowali. Których oderwano od maszyn i kombajnów. Którym trzeba było dać buty i ubrania, dobrze nakarmić, uzbroić, wyposażyć między innymi w spadochrony. Ponadto oficerom tych wojsk płacono bardzo duże pieniądze.

Na utrzymanie wojsk powietrznodesantowych zupełnie niepotrzebnych do obrony kraju wydatkowano kolosalne kwoty. Wszystkich, którzy zaopatrywali wojska desantowe w broń, amunicję, paliwo, mundury, sprzęt i całą resztę niezbędnych rzeczy, trzeba było karmić, wszystkim trzeba było zapłacić.

Ale wojska desantowe to nie wszystko. Siedzieli gdzieś wybitni konstruktorzy i projektowali działo samobieżne 406 mm, nienadające się do niczego innego oprócz przełamania frontu nieprzyjaciela. Tym towarzyszom również płacono wielkie pieniądze. A inni towarzysze tworzyli pocisk atomowy do działa. I też dostawali za to pieniądze.

Fabryka dostawała zamówienie na małą serię, zatrzymywała już działającą linię produkcyjną, budowała kilka egzemplarzy nowej broni. W tej fabryce też był przedstawiciel armii. On również wnikliwie sprawdzał produkowany towar. Także dostawał pieniądze.

Hutnicy produkowali stal pancerną dla naszych czołgów. Na całym świecie było tylko osiem armii pancernych. Wszystkie osiem – nasze! Hutnikom płacono pieniądze. I jeszcze wielu, wielu innych ludzi odlewało lufy dział, tworzyło dodatkowe koła przy podwoziu BRDM, testowało rakiety i przetwarzało pluton dla kolejnej bomby atomowej.

W kraju mieszkało 200 milionów obywateli. Dla normalnego rozwoju państwa liczebność armii w czasie pokoju, łącznie z wojskami wewnętrznymi MSW, wojskami ochrony pogranicza KGB oraz pozostałymi oddziałami militarnymi, nie mogła przekraczać dwóch milionów żołnierzy. U nas za czasów Chruszczowa i Żukowa oraz innych towarzyszy jej liczebność była 2–2,5 razy większa, nie licząc wojsk wewnętrznych i ochrony pogranicza.

Ponadto w naszą broń uzbroiliśmy pół świata.

Kraj pracował na produkcję broni. Górnicy wykonywali z nadwyżką plany, żeby wydobyć dla kraju więcej węgla. Węgla używano do produkcji koksu. Koks wykorzystywano do produkcji stali. Stal – do budowy czołgów.

Entuzjaści budowali gigantyczne tamy zagradzające wielkie rzeki, żeby wytworzyć więcej energii elektrycznej. Energia była potrzebna do produkcji aluminium. Aluminium to samoloty bojowe, rakiety, silniki czołgowe.

Głównym produktem końcowym w każdym łańcuchu produkcyjnym była broń. Artykuły dla obywateli – tylko produkt uboczny pracy zakładów zbrojeniowych.

Ale za swoją pracę wszyscy, którzy brali udział w procesie produkcji broni, otrzymywali pieniądze. A sklepy świeciły pustkami – przecież niepotrzebne wam w domu moździerz samobieżny kalibru 420 mm i amunicja atomowa do niego.

Przywódcy Związku Radzieckiego drukowali pieniądze i płacili robotnikom, inżynierom, przedstawicielom armii, dyrektorom, ministrom, sekretarzom partii i strażnikom, którzy ochraniali zakłady zbrojeniowe i pilnowali więźniów wykonujących najcięższe, najbardziej brudne i niebezpieczne prace. Płacono mało, ale artykułów w sklepach było jeszcze mniej. Z roku na rok pieniędzy w obiegu było coraz więcej, a towarów nie przybywało.

Znaczna przewaga podaży pieniądza nad ilością masy towarowej nigdy nie przyniosła nic dobrego żadnemu władcy. Dlatego przywódcy musieli pieniądze, które płacili obywatelom, jakoś zabrać z powrotem.

6

Znaleziono proste i niezawodne rozwiązanie problemu. Przede wszystkim – sprzedawać obywatelom jak najwięcej wódki. Produkcja wódki kosztuje niewiele kopiejek, a sprzedaje się ją za ruble. I trzeba było utrzymać monopol na produkcję wódki. Tylko państwo (czyli jego przywódcy) miało prawo parać się tym wyjątkowo dochodowym biznesem. Jeśli ktoś sam spróbuje pędzić bimber, to go trzeba zamknąć w więzieniu.

Drugim rozwiązaniem była inflacja. Zapytajmy: Po co to zagraniczne określenie? Dlaczego tego procesu nie nazwać zwykłym rosyjskim słowem? A dlatego, że dosłowne tłumaczenie brzmi zbyt szczerze: inflacja to oszustwo. W dosłownym tego słowa znaczeniu. To oszukiwanie obywateli. Na przykład przekopaliście mi ogródek i umówiliśmy się, że dostaniecie za to butelkę wódki, a ja tę wódkę ochrzciłem wodą. Na tym właśnie polega inflacja. Na tym właśnie polega oszustwo. Butelka jak butelka. Wygląda jak każda inna. Tylko moc alkoholu nie taka.

Podobnie jest z pieniędzmi. Przywódcy płacą obywatelom niby w tych samych rublach. Tylko że ich „moc" jest inna niż rok wcześniej.

Trzecia sztuczka – pożyczka. Przywódcy płacą obywatelom produkującym broń, a później pożyczają od nich pieniądze. Obligacje pożyczki państwowej emitowano co roku. Rozprowadzano je za towarzysza Stalina przymusowo, za Chruszczowa – w bardziej delikatnej, dobrowolno-obowiązkowej formie.

Tak więc państwo wypuściło obligacje, a później, uciekając się do próśb i gróźb, rozdało je obywatelom i otrzymało w zamian pieniądze. Trzyprocentowa pożyczka. W teorii oznaczało to, że pożyczywszy od obywatela sto rubli, państwo musiało mu zwrócić za rok sto trzy ruble.

No, ale tak robią burżuje. U nas spłata zadłużenia państwowego odbywała się na zasadach loterii. Raz lub kilka razy do roku w gazetach na całe strony publikowano tysiące numerów: obligacje o takich numerach miały być wykupione. Jeśli byłeś posiadaczem obligacji z takim numerem, przychodziłeś do okienka w kasie, okazywałeś obligacje, dajmy na to, o wartości stu rubli i zwracano tobie jej nominalną wartość w gotówce – sto rubli.

Nikt nie wie, kiedy konkretna obligacja zostanie spłacona. Jak wypadnie. Jedna być może za rok, druga – za dziesięć lat, trzecia – za dwadzieścia. Sztuczka polegała na tym, że człowiek zapłacił sto rubli i jeżeli za rok obligacja została spłacona, dostawał z powrotem swoje sto rubli. Ale będą to już nieco osłabione przez inflację pieniądze. A gdy obligacja będzie spłacona za 20 lat, to zdolność nabywcza tych samych stu rubli staje się znikoma.

A co z trzema procentami zysku? Gdzie one są? Tu też o wszystkim pomyślano. Trzy procent odsetek rocznych wypłacano nie każdemu indywidualnie, a tylko temu, kto miał szczęście. Co roku część obligacji spłacano, a niewielką ich część losowano według zasad loterii. Za sturublową obligację można było wygrać tysiąc rubli i nawet dziesięć tysięcy.

Ale proszę się nie martwić: ukochane państwo o siebie zadbało i swoich obywateli nie rozpieszczało wygranymi. Mówiono, że te trzy procent idą na wypłaty dla tych, którzy wygrali. Kto chciał w to wierzyć, ten wierzył. Kto wierzyć nie chciał, nie mógł tego sprawdzić.

W ten sposób państwo coraz bardziej zapożyczało się u obywateli i w końcu wpakowało się w poważne długi. Na początku 1957 roku dług wewnętrzny państwa wynosił 259,6 miliarda rubli, a środków do jego spłaty nie było. Przywódcy wpadli na pomysł: niech sami obywatele poproszą, żeby państwo nie zwracało im długu!

I od razu jak na zamówienie poleciały na Kreml listy od ludu pracującego i uchwały zebrań pracowniczych kolektywów, które apelowały, żeby nie zwracać obywatelom pożyczonych przez państwo pieniędzy – przynajmniej na razie.

Skoro lud prosił, partia komunistyczna nie mogła odmówić. Uzgodniono: spłatę długu zamrozimy na 25 lat, czyli do 1982 roku, a od 1982 roku zaczniemy spłacać po 13 miliardów rocznie i w ciągu 20 lat, czyli do 2002 roku, bez reszty rozliczymy się z ludem – nie płacąc, rzecz jasna, żadnych odsetek.

7

Ludziom, którzy w 1957 roku mieli 30 lat, Chruszczow obiecał, że zwróci ostatnie długi, kiedy skończą 75 lat. Sam Chruszczow będzie miał wtedy 108 lat.

I mało kto zwrócił uwagę na pewną sprzeczność w obietnicach. Program KPZR uchwalony na XXII Zjeździe kończył się słowami: „Partia uroczyście ogłasza: Obecne pokolenie ludzi radzieckich żyć będzie w komunizmie".

Partia komunistyczna obiecała zbudować komunizm w dwóch etapach.

Pierwszy: stworzenie bazy materialno-technicznej komunizmu do 1970 roku.

Drugi etap: pełny komunizm do 1980 roku.

Czyli do tego czasu kraj powinien zacząć żyć zgodnie z wielką zasadą: „od każdego według jego zdolności, każdemu według jego potrzeb". Krótko mówiąc, po 1980 roku każdy weźmie sobie tyle, ile potrzebuje. Pieniądze stracą rację bytu. Nie będzie ich.

Tak więc z jednej strony przywódcy oświadczyli, że do 1980 roku pieniądze w Związku Radzieckim znikną. Z drugiej strony uchwalili: Obywatele, od 1982 roku partia komunistyczna zacznie wam zwracać pieniądze. Rzecz jasna, bez zgromadzonych odsetek. A po 2000 roku, czyli w czasach bardzo zaawansowanego komunizmu, kiedy pieniędzy nie będzie w ogóle, oddamy wam ostatnie długi.

Rozdział 5

1

15 maja 1957 roku o godzinie 19.01 czasu moskiewskiego na poligonie państwowym Töretam po raz pierwszy w historii przeprowadzono próbę międzykontynentalnej rakiety balistycznej 8K71. Przez pierwsze 60 sekund lot rakiety przebiegał pomyślnie. W sześćdziesiątej pierwszej sekundzie zauważono ogień na jednym z bocznych bloków. W dziewięćdziesiątej ósmej sekundzie jeden blok boczny odpadł, rakieta straciła stabilność i w sto czwartej sekundzie została zestrzelona.

To było zwycięstwo.

Było jasne, że ta rakieta będzie latać.

2

Żukow przygotowywał Armię Radziecką do nowej wojny. 21 maja 1957 roku wysłał do KC KPZR raport z podsumowaniem ściśle tajnej konferencji, która odbyła się pod jego kierownictwem:

> Podczas konferencji omówiono takie kwestie, jak walka o panowanie w powietrzu na skalę strategiczną i operacyjną, prowadzenie operacji ofensywnych na dużej głębokości w warunkach masowego użycia broni atomowej, struktura systemu obrony przeciwlotniczej kraju w obecnych warunkach, prowadzenie operacji morskich na oddalonych szlakach komunikacyjnych nieprzyjaciela oraz eliminowanie jego obiektów nadbrzeżnych*.

---

* Gieorgij Żukow, *Stienogramma oktiabrskogo (1957 g.) plenuma CK KPSS i drugije dokumienty*, Mieżdunarodnyj fond „Diemokratija", Moskwa 2001, s. 115.

Według raportu Żukowa konferencja naukowa takiej wagi w Siłach Zbrojnych Związku Radzieckiego odbyła się po raz pierwszy. Jedno z czterech głównych zagadnień konferencji – wzmocnienie i rozwój systemu obrony przeciwlotniczej (OPL). Ludzie, którzy mają niewiele wspólnego z armią, po przeczytaniu tego zdania mogą odnieść wrażenie, że nasi stratedzy nie zajmowali się wyłącznie operacjami ofensywnymi i czasami zdarzało się im pomyśleć również o obronie.

Jednakże doskonalenie i rozwój systemu OPL bynajmniej nie jest dowodem na to, że w rozwoju armii koncentrowano się na obronie, i nie przekreśla przygotowań do kampanii wyzwoleńczej w Europie Zachodniej. Rozwój i doskonalenie systemu OPL są równie ważne niezależnie od tego, czy przygotowujemy się do ofensywy czy obrony. Jeżeli zaatakujemy, wróg będzie się bronił, dlatego trzeba osłonić własne miasta, fabryki, elektrownie, węzły kolejowe i mosty, porty i lotniska oraz oczywiście punkty dowodzenia, węzły łączności i zgrupowania nacierających wojsk podczas zadawania potężnych uderzeń.

Właśnie taki scenariusz omawiali stratedzy pod dowództwem Żukowa. Główne zagadnienie konferencji: prowadzenie działań zaczepnych na dużej głębokości w warunkach masowego użycia broni atomowej. Zapytajmy: Przeciwko komu? Nie przeciwko Japonii, Wielkiej Brytanii i USA – w tym przypadku chodziłoby o morskie operacje desantowe, a tu chodzi o jakiegoś nieprzyjaciela na kontynencie.

Żukow nie planował operacji przeciwko Chinom. W tym czasie na żądanie Żukowa Związek Radziecki, nie licząc się z kosztami, intensywnie zaopatrywał chińską armię w najnowocześniejszy radziecki sprzęt wojskowy, a chiński przemysł – w najbardziej zaawansowane radzieckie technologie produkcji broni.

Żukow nie przygotowywał tych operacji przeciwko Afganistanowi, Iranowi czy Turcji. Przeciwko tym państwom można prowadzić operacje ofensywne na dużej głębokości bez masowego użycia broni atomowej.

Działania ofensywne na dużej głębokości przy masowym użyciu broni atomowej można było prowadzić tylko przeciwko

Niemcom Zachodnim oraz ich sojusznikom na kontynencie – Belgii, Holandii, Luksemburgowi, Danii, Francji oraz stacjonującym tam wojskom USA. Masowe użycie broni atomowej w Europie Zachodniej było konieczne do zniszczenia punktów dowodzenia oraz strategicznych węzłów łączności, do stłumienia obrony przeciwlotniczej i lotnictwa na lotniskach, do przełamania potężnego frontu obrony oraz rozgromienia głównych zgrupowań wojsk nieprzyjaciela.

Jeszcze jedna ważna kwestia omawiana na konferencji – walka o strategiczne i operacyjne panowanie w powietrzu. Panowanie w powietrzu to niezbędny warunek do przeprowadzenia rozległych działań zaczepnych. Bez panowania lub co najmniej przewagi w powietrzu nie da się prowadzić ofensywy.

Właśnie dlatego w czasie II wojny światowej Niemcy po rozpoczęciu działań wojennych zawsze dążyły przede wszystkim do panowania w powietrzu. Było tak podczas napaści na Polskę, Danię, Norwegię, Francję, Belgię, Holandię, Jugosławię. Nie powiodła się próba zdobycia nieba nad Wyspami Brytyjskimi, przez co nie udał się atak na Wielką Brytanię.

Następny w kolejce był Związek Radziecki. Natarcie wojsk niemieckich w pierwszych miesiącach wojny było pasmem sukcesów między innymi dlatego, że generałowie hitlerowscy zdołali uzyskać i przez długi czas utrzymywać panowanie w powietrzu. W 1941 roku Stalin i Żukow sami przygotowywali podobną operację, ale Hitler ich ubiegł. A teraz, po kilkunastu latach, Żukow, zdobywszy władzę, znowu zamierzał zrobić to, na co Hitler nie pozwolił Stalinowi i Żukowowi latem 1941 roku.

Zadania marynarki wojennej w 1957 roku, podobnie jak przed niemiecką napaścią w 1941 roku, nie ograniczały się do obrony wojskowych baz morskich i komunikacji, obrony Lipawy, Tallina, Sewastopola, Odessy, Leningradu, Murmańska. Chodziło o prowadzenie operacji morskich na oddalonych szlakach komunikacyjnych nieprzyjaciela oraz zniszczenie jego obiektów nadbrzeżnych.

Kilkanaście lat wcześniej z winy Stalina i Żukowa kraj okazał się zupełnie nieprzygotowany do prowadzenia wojny obronnej, ponieważ Armia Czerwona była nastawiona na prowadzenie wyłącznie operacji ofensywnych. I oto Żukow, od XX Zjazdu

KPZR do końca życia, nie tylko obwiniał Stalina za nieprzygotowanie kraju i Armii Czerwonej, nie tylko nie widział w tym swojej winy, ale nadal przygotowywał kraj i Armię Radziecką wyłącznie do prowadzenia operacji zaczepnych. Ani za Stalina, ani po nim Żukow i jemu podobni stratedzy nie zajmowali się kwestiami odparcia najazdu nieprzyjaciela nawet w kategoriach czysto teoretycznych.

Główny cel Stalina – ustanowienie dyktatury komunistycznej na całym świecie, przede wszystkim w Europie.

Pytanie: Skoro Chruszczow i Żukow rzeczywiście odcięli się od dziedzictwa Stalina, od idei rewolucji światowej, to po co planowali przeprowadzać operacje ofensywne na dużej głębokości przy masowym użyciu broni atomowej? Po co chcieli prowadzić operacje na oddalonych szlakach nieprzyjaciela i niszczyć jego obiekty nadbrzeżne? Jeśli podstępni wrogowie spróbują podbić nasz kraj, to można przeprowadzić uderzenia jądrowe na dziesiątki ich miast i w ten sposób zniechęcić do kontynuowania wojny. Po co Armia Radziecka ma prowadzić operacje zaczepne, skoro wroga z łatwością da się pokonać i bez nich?

Do planu przyszłej wojny Żukow kazał wpisać założenie, że to Związek Radziecki ją zacznie*.

W 1939 roku plan ataku na Niemcy zasłaniano niczym listkiem figowym takim oto zapisem w nowym regulaminie polowym Armii Czerwonej (PU-39): „Jeżeli wróg narzuci nam wojnę, Robotniczo-Chłopska Armia Czerwona będzie najbardziej agresywną ze wszystkich najagresywniejszych dotąd armii".

Osiemnaście lat później minister obrony ZSRR Żukow domagał się, żeby do nowych planów podboju Europy wpisano wprost, bez owijania w bawełnę: my zaatakujemy pierwsi!

3

11 czerwca 1957 roku po trzech nieudanych próbach startu z drugiej 8K71 wylano paliwo, rakietę zdjęto z wyrzutni i po-

---

* Tamże, s. 300.

nownie umieszczono na pozycjach obsługi technicznej. Wydarzenie to miało duże znaczenie w walce o władzę pomiędzy elitami kremlowskimi.

W latach 50. rozwijanie broni strategicznej w Związku Radzieckim przypominało łapanie dwóch srok za ogon. Zbudowano broń jądrową, którą mogły dostarczyć do celu rakiety lub bombowce strategiczne. I rakiety, i bombowce miały swoje zalety i wady.

Groźba użycia broni jądrowej była czynnikiem powstrzymującym. Bombowce strategiczne wyglądały efektownie, można było je wysłać za ocean i pokazać ryczącą armadę tak wrogom, jak i sojusznikom, tak przekonanym o potędze tego mocarstwa, jak i wątpiącym. Można było maksymalnie spotęgować groźbę użycia broni jądrowej dzięki bombowcom: wysłać samoloty w kierunku granic wroga, ale w ostatniej chwili je zawrócić, przestraszyć go, ale nie dopuścić do ogólnoświatowej katastrofy.

Rakiety nie robiły tak spektakularnego wrażenia. Kilka sztuk można było zaprezentować na centralnym placu w stolicy, ale kto je zobaczy na własne oczy poza granicami kraju? Rakietami można straszyć wroga, ale gdy już polecą, to nie da się ich zawrócić (można je zniszczyć podczas lotu, ale takie straszenie wroga jest zbyt kosztowne i ryzykowne).

Natomiast rakiety nie muszą pokonywać systemu obrony powietrznej, a o obronie przeciwrakietowej marzyli wówczas tylko ludzie o bogatej fantazji.

Związek Radziecki nie był w stanie z powodzeniem rozwijać i rakiet, i bombowców strategicznych jednocześnie: na przeszkodzie stała słaba gospodarka socjalistyczna. Trzeba było podjąć decyzję: albo skoncentrować się na opracowaniu i produkcji rakiet, a bombowce odstawić na boczny tor, albo odwrotnie.

Zarówno rakiety, jak i bombowce miały swoich zwolenników i przeciwników. Byli oni w Sztabie Generalnym, w ministerstwach, które koordynowały produkcję broni, w Gosplanie, w Komitecie Centralnym KPZR i nawet wśród pierwszych osób w państwie. Na przykład Chruszczow był zaciekłym przeciwnikiem bombowców i równie zdecydowanym zwolennikiem rakiet. Żukow preferował bombowce strategiczne. Podczas ćwiczeń na poligonie tockim uderzenie atomowe można było przeprowadzić za pomocą znajdujących się na uzbrojeniu Armii Radzieckiej rakiet 8Ż38 (R-2), ale Żukow polecił, aby do transportowania rakiety wykorzystano przestarzały bombowiec Tu-4.

Latem 1957 roku Chruszczow musiał szybko pokazać towarzyszom z partii sukcesy w dziedzinie budowy rakiet. Kolejna nieudana próba 8K71 była ciosem, który mocno uderzył w zwolenników rakiet i przede wszystkim Chruszczowa*.

4

Do przeprowadzenia ofensywy na dużą głębokość potrzebna jest wspólna wola. Potrzebny jest prawdziwy przywódca, który mógłby skupić w rękach całą władzę i sprawować ją zgodnie z rozwojem sytuacji strategicznej. Żukow przygotowywał się do tej roli. W pojedynkę likwidował stanowiska Komitetu Centralnego.

Związkiem Radzieckim rządziła partia komunistyczna. Rządziła niepodzielnie. Wszystkich, którzy próbowali odebrać im władzę, komuniści błyskawicznie i bezlitośnie usuwali.

Sprawowanie tej władzy polegało na mianowaniu i odwoływaniu kierownictwa na wszystkich jej szczeblach. Mianowania i odwoływania odbywały się zgodnie z systemem, którego istotę wyrażało jedno określenie: nomenklatura.

---

* Za czasów Chruszczowa pojawił się trzeci „króliczek", którego trzeba było gonić: atomowe okręty podwodne wyposażone w rakiety. Problem polegał na tym, że działania atomowych okrętów podwodnych muszą osłaniać potężne grupy okrętów nawodnych – tak więc należy rozwijać marynarkę. Po obaleniu Chruszczowa wyścig zbrojeń rozwijał się we wszystkich trzech kierunkach: i naziemne rakiety, i bombowce strategiczne, i atomowe okręty podwodne z balistycznymi i skrzydlatymi pociskami rakietowymi. Do tego dodamy kampanie wyzwoleńcze (Węgry, Czechosłowacja, Afganistan) oraz permanentną rewolucję (Indonezja, Egipt, Syria, Wietnam, Kuba, Algieria, Angola, Chile i tak dalej). Skutki można było łatwo przewidzieć: Związek Radziecki rozpadł się pod ciężarem niewspółmiernych wydatków (przyp. aut.).

Nomenklatura składała się z czterech poziomów: rejonowego, obwodowego (krajowego), republikańskiego, centralnego. Z kolei szczebel centralny składał się z trzech pomniejszych szczebli:

1. nomenklatura KC KPZR;
2. nomenklatura Sekretariatu KC KPZR;
3. nomenklatura Biura Politycznego KC KPZR (od 1952 do 1966 roku – Prezydium KC KPZR).

Na każdym szczeblu, od rejonowego komitetu do Biura Politycznego, istniał wykaz stanowisk, które mogły być obsadzane tylko na mocy decyzji danego komitetu partii. I nie miało najmniejszego znaczenia, o jakich strukturach mowa – o prawosławnej Cerkwi czy związkach zawodowych, dobrowolnym stowarzyszeniu sportowym czy jednostce naukowej, dywizji pancernej czy redakcji pisma „Junost'". Wszyscy, którzy mieli choćby najmniejszy związek z kierowaniem państwem, znajdowali się w nomenklaturze różnego szczebla, często nawet o tym nie wiedząc.

Likwidując stanowiska partyjnych strażników, nawet i nie najwyższej rangi, ale należących mimo to do nomenklatury KC, Żukow dokonał zamachu na niepodzielną władzę partii komunistycznej i podjął próbę wyjścia spod jej kontroli.

Wcześniej coś takiego często robił Stalin. Ale on był sekretarzem generalnym Komitetu Centralnego partii komunistycznej. To był jego obowiązek i prawo – tworzyć i likwidować stanowiska, mianować kogoś na stanowisko lub go odwołać. Żukow nie miał takiego prawa, ponieważ pierwszym sekretarzem Komitetu Centralnego partii komunistycznej był ktoś inny. To stanowisko piastował Chruszczow.

Samowolnie likwidując stanowiska nomenklaturowe KC, Żukow odbierał władzę Chruszczowowi i kierowanej przez niego partii komunistycznej. Sam sobie nadając prawo likwidowania stanowisk nomenklatury KC KPZR, Żukow przekroczył granice swoich kompetencji. I zdecydowanie ruszył dalej.

Na szczeblu armii, flotylli, okręgów wojskowych, grup wojsk i flot dowódców kontrolowały rady wojenne. W skład takiej rady wchodzili sam dowódca oraz jeden albo dwóch członków, którzy zawsze stali za jego plecami – bez ich zgody dowódca nie miał prawa podejmować żadnych ważnych decyzji. Rady wojenne to obroża partii komunistycznej na szyi Armii Radzieckiej.

Żukow zażądał, aby rady wojenne przekwalifikować z organów nadzorujących w ograny doradcze i aby ich skład zatwierdzały nie decyzje KC KPZR, a rozkazy ministra obrony*. Innymi słowy, domagał się, żeby partia komunistyczna nie wyznaczała organów kontrolujących dowódców, żeby w ogóle nie było nad nimi żadnego nadzoru. Niech będą po prostu doradcy. I niech tych doradców wyznacza nie partia komunistyczna, a minister obrony, czyli Żukow.

Czyli Żukow dążył do tego, żeby Armię Radziecką podporządkować nie partii komunistycznej, a jemu samemu. I żeby wojska KGB i MSW przekazano w skład Armii Radzieckiej – zatem pod kontrolę Żukowa.

Ale i tego było mu mało. W październiku 1952 roku XIX Zjazd KPZR przyjął nowy statut partii, zgodnie z którym każdy komunista miał prawo zwrócić się do wszelkich organów partyjnych z Komitetem Centralnym włącznie. Wśród oficerów było wielu komunistów (inaczej nie mogliby awansować); komunistami byli praktycznie wszyscy generałowie.

Żukow zaprowadził w Armii Radzieckiej własne porządki. Wbrew statutowi KPZR zabronił komunistom służącym w armii i marynarce wojennej zwracać się do KC KPZR. Od tego momentu wobec nich nie miały zastosowania prawa, które gwarantował statut KPZR**.

Ale nawet na tym Żukow nie poprzestał. Zabronił naczelnikowi Głównego Zarządu Politycznego Armii Radzieckiej generałowi pułkownikowi A. Żełtowowi informować Komitet Centralny o wszystkim, co dzieje się w Siłach Zbrojnych***.

Główny Zarząd Polityczny Armii Radzieckiej**** to najwyż-

---

* Tamże, s. 445.

** Tamże, s. 446.

*** Tamże, s. 244.

**** Zarząd Polityczny Armii Czerwonej, pozostając centralnym organem wojskowo-politycznym zajmującym się pracą partyjną w siłach zbrojnych RFSRR i ZSRR, wielokrotnie zmieniał nazwę. W laszy polityczny nadzorca. Główny Zarząd Polityczny był jednocześnie jednym z zarządów Komitetu Centralnego.

Tak więc Żukow praktycznie zabronił jednemu z Komitetu Centralnego wykonywać swoje funkcje kontrolne. Tym samym I sekretarz KC KPZR towarzysz Chruszczow stracił kontrolę nad jednym z wydziałów KC.

Zarządzanie kadrami to jedyne narzędzie władzy, które znajdowało się w rękach partii komunistycznej. Odbierzcie partii komunistycznej prawo rozdzielania kierowniczych stanowisk, a straci ona władzę.

Właśnie tak postępował Żukow. Odsuwał od władzy Chruszczowa oraz pozostałych przywódców.

5

Ale i pierwszego sekretarza poniosło. 13 i 19 maja 1957 roku na spotkaniu z działaczami kultury Chruszczow, używając dosadnych, wręcz wulgarnych słów, nauczał inżynierów ludzkich dusz, jak powinni pisać wiersze i książki, malować obrazy czy kręcić filmy. Rok wcześniej na XX Zjeździe KPZR Chruszczow zdemaskował kult Stalina. Całemu aparatowi ideologicznemu państwa zalecono pracować w duchu referatu towarzysza Chruszczowa. Twórcy bardzo się starali.

Chruszczow chciał, żeby oczerniali tylko Stalina, ale nie podważali naszego rodzimego, zbudowanego przez Stalina systemu gospodarczego i politycznego. Jednak było to niemożliwe. Stosując się do wskazówek Chruszczowa, demaskując kult Stalina, bojownicy frontu ideologicznego bezwiednie podważali najgłębsze fundamenty ideologii.

Chruszczow się denerwował, dzielił pisarzy i artystów na lakierujących rzeczywistość i oczerniających ją. Pierwsi, jego zda-

---

tach 1946–1950 nosił nazwę Głównego Zarządu Politycznego Sił Zbrojnych ZSRR (GPU WS SSSR), w okresie od 1950 r. do 1953 r. został podzielony na Główny Zarząd Polityczny Armii Radzieckiej (GPU SA) oraz Główny Zarząd Polityczny Floty Wojenno-Morskiej (GPU WMF). Od 1953 r. do 1958 r. – Główny Zarząd Polityczny Ministerstwa Obrony ZSRR (GPU MO SSSR) (przyp. red. wyd. rosyjskiego).

niem, upiększali rzeczywistość, drudzy ją wypaczali, zniekształcali, ukazywali w karykaturalnym świetle. A trzeba było znaleźć złoty środek.

Nikomu nie udało się go odnaleźć – dlatego że go nie było. Środka nie mogło być. Rzeczywistość była karykaturalna. Państwo aspirujące do roli supermocarstwa nie mogło nakarmić własnych obywateli, dać im ubrań, butów czy mieszkań. Każde słowo prawdy było oskarżeniem biurokratycznego systemu zarządzania państwem.

Już w czerwcu 1941 roku sztandarowy model socrealizmu wprowadził ulubiony reżyser Stalina Iwan Aleksandrowicz Pyrjew. Model nosił tytuł *Świniarka i pastuch*.

Za to wybitne osiągnięcie naszej postępowej sztuki filmowej Pyrjew natychmiast został odznaczony Nagrodą Stalinowską. W ciągu niespełna dziesięciu lat zdobył on sześć takich wyróżnień, dorównując tym samym Konstantinowi Simonowowi, który był w czołówce wszystkich list stalinowskich laureatów.

W arcydziele Pyrjewa świniarka z eleganckim manikiurem i modną fryzurą, śpiewając tkliwe piosenki na sterylnie czystej fermie, wykonywała z nadwyżką plan, a dagestański pastuch pasł owce w ośnieżonych górach. Jako przodowników pracy świniarkę i pastucha wysłano na wystawę do Moskwy, gdzie się spotkali. I zaśpiewali w duecie. W tamtym filmie było wszystko – i radość z pracy, i przyjaźń narodów, i przedterminowe wykonanie planów, i nawet innowacje (wymyślenie nowego koryta dla świń).

Po wojnie Pyrjew prześcignął samego siebie, tworząc nowe superarcydzieło realizmu socjalistycznego pod tytułem *Wesoły jarmark*. Film był w kolorze. Już tylko to dodawało mu szczególnej świeżości. Ta sama świniarka została teraz przewodniczącą kołchozu. Kołchoźnicy (w jedwabnych czerwonych koszulach) śpiewali i tańczyli, w przerwach między śpiewaniem i tańcami przekraczali plany, życie wyglądało jak niekończące się święto, stoły uginały się pod ciężarem jedzenia, ale nikt z bohaterów nie zaglądał do butelki ani w dzień powszedni, ani w święta.

Film stał się nowym wzorcem realizmu socjalistycznego: ukazywał rzeczywistość nie taką, jaka ona była, a taką, jaką powinna być. Odstąpienie od tego wzorca ukazywało ułomność systemu. W żadnym radzieckim filmie nigdy nie pokazano kolejki po kiełbasę. Nie pokazano też kolejek po garnki, buty, naftę.

Mistrzowie starali się, jak mogli, unikając tematów, które mogłyby zostać opacznie zinterpretowane, ale wszelkie odstępstwa od modelu *Świniarki* i *Wesołego Jarmarku* były traktowane przez kierownictwo jako obraza naszego najbardziej postępowego ustroju na świecie – niezależnie od wysiłków, z dużym prawdopodobieństwem zostaliby oskarżeni albo o lakierowanie rzeczywistości, albo o jej oczernianie. Od Chruszczowa dostało się jednym i drugim. Ale i tego było mu mało, bo podczas spotkań z działaczami kultury opowiadał osłupiałym laureatom Nagród Stalinowskich o szczegółach zakulisowych walk kremlowskich przywódców.

Było to niewyobrażalne naruszenie etyki nomenklatury państwowej. W swoim kręgu możesz mówić o wszystkim, póki ci nie urwą języka razem z głową. Ale nie waż się prać brudów na zewnątrz!

Chruszczow wyciągał na światło dzienne brudy Kremla i prał je na potęgę: ja tak myślę, ale są, rozumiesz, wśród naszych przywódców tacy, którzy uważają inaczej!

22 maja 1957 roku na spotkaniu z kierownictwem przemysłu rolnego Chruszczow wyznaczył główne zadanie gospodarcze Związku Radzieckiego: w ciągu najbliższych 2–3 lat doścignąć i prześcignąć Stany Zjednoczone w produkcji mięsa, mleka i masła na mieszkańca.

Słowa Chruszczowa natychmiast podchwyciła cała radziecka propaganda i tysiące razy powtórzyła je na całym świecie. Obywatele odpowiedzieli na to lawiną dowcipów i nieprzyzwoitych piosenek.

Łatwo jest dać zadanie: doścignąć i prześcignąć. Ale jak? To zadanie stawiał już Lenin – zresztą jeszcze we wrześniu 1917 roku, przed zdobyciem władzy przez bolszewików. Po czym przez cały czas próbowaliśmy kogoś dogonić i przegonić.

Zadanie doścignięcia Ameryki do 1960 roku Chruszczow postawił przed obywatelami, nie zapytawszy nikogo o radę, nie poinformowawszy o tym towarzyszy kierujących z nim państwem i partią. Stało się to ostatnią kroplą. Nieudany projekt zagospodarowania dziewiczych ziem, upadek autorytetu partii komunistycznej i organów represyjnych na XX Zjeździe KPZR, zachwianie się socjalizmu na Węgrzech, w Polsce, Czechosłowacji, Bułgarii, Rumunii i NRD, szaleńcze, niczym nieuzasadnione projekty dorównania USA, wywleczenie kremlowskich kłótni na widok publiczny – wszystkie te sprawy niczym beczki prochu lądowały w jednej piwnicy.

Brakowało tylko iskry, żeby pod Chruszczowem wybuchł naraz ten cały proch.

Moment kluczowy

Żeby się nie pogubić w komunistycznej hierarchii, pozwolę sobie jeszcze raz króciutko nakreślić ówczesną strukturę władzy w kraju.

W opisywanym okresie Związek Radziecki składał się z 15 republik. Największa z nich, Rosyjska, miała w składzie 16 republik autonomicznych, 6 krajów (regionów) i 52 obwody. Republiki autonomiczne, kraje i obwody podzielono na rejony.

Druga pod względem wielkości Ukraińska Republika liczyła 26 obwodów.

Kazachska – 16.

Uzbecka – 9.

Białoruska – 7.

Kirgiska – 5.

Turkmeńska – 4.

Małe republiki – Gruzińska, Tadżycka, Azerbejdżańska, Litewska, Mołdawska, Łotewska, Armeńska, Estońska – nie miały w składzie obwodów i od razu zostały podzielone na rejony.

Na każdym szczeblu zarządzali państwem sekretarze partii.

Rejonami kierowały rejonowe komitety partii. W rejonowym komitecie (rejkomie) było kilka wydziałów kierujących ideologią, przemysłem, transportem, rolnictwem i tak dalej. Na czele komitetu rejonowego stało 3–4 sekretarzy. Każdy z nich kierował jednym lub kilkoma oddziałami. Pierwszy sekretarz rejkomu był zwierzchnikiem pozostałych sekretarzy.

Podobnie było w obwodach. Obwodem kierował obwodowy komitet partii. Składał się z wydziałów. Jednym lub kilkoma wydziałami kierował sekretarz. Nimi zarządzał pierwszy sekretarz komitetu obwodowego.

W krajach – komitety i sekretarze krajowi.

W republikach – republikańscy.

A nad nimi – Komitet Centralny. Komitet Centralny w różnych okresach liczył od 6 do 27 wydziałów. Wydziały w różnych okresach łączyły się i dzieliły, zmieniały się ich nazwy. Zwróćmy uwagę nie na nazwy, a na istotę.

Jednak najważniejszymi wydziałami zawsze były:

- wydział wojskowy (czyli Główny Zarząd Polityczny Armii Radzieckiej i Marynarki Wojennej);
- wydział ewidencji i zarządzania kadrami, który mianował i odwoływał wszystkich dygnitarzy kraju: generałów, admirałów, marszałków, ambasadorów, ministrów i ich zastępców, sekretarzy komitetów partii od rejonowych do republikańskich, rektorów uniwersytetów, hierarchów cerkiewnych i tak dalej;
- wydział międzynarodowy, który kierował polityką zagraniczną państwa;
- wydział ideologii, który tworzył właściwą, jedynie słuszną linię partii;
- wydział agitacji i propagandy (Agitprop);
- inne wydziały, które sprawowały nadzór nad praktycznie wszystkimi aspektami życia w kraju.

W wydziałach KC pracowały setki wysokiej rangi urzędników, rekrutowanych spośród finansistów, inżynierów, wojskowych, dziennikarzy, czekistów, dyplomatów i tak dalej – czyli spośród ludzi posiadających jakąś konkretną wiedzę przydatną do kierowania poszczególnymi obszarami działalności.

Na czele wydziałów stali kierownicy. Kierownik wydziału miał kolosalną władzę. Ich działania koordynowali sekretarze KC, każdemu z nich podlegał jeden lub kilka wydziałów. Na czele wszystkich sekretarzy stał sekretarz generalny, którego od 1953 do 1966 roku nazywano I sekretarzem KC KPZR. Proste, nieprawdaż?

Oprócz tego istniały też partyjne tytuły – coś w rodzaju tytułów barona, hrabiego, księcia. Tytułów było pięć. Wymienimy je w kolejności wzrastania ich wagi w hierarchii władzy:

- członek Centralnej Komisji Rewizyjnej,
- zastępca członka Komitetu Centralnego,
- członek Komitetu Centralnego,
- zastępca członka Biura Politycznego (Prezydium) KC,
- członek Biura Politycznego (Prezydium) KC.

Tytuły nie były dziedziczne ani dożywotnie. Miały charakter tymczasowy. Dwa ostatnie tytuły nadawano tylko tym, którzy byli w randze członka KC.

Tytuły nadawano tak. Wielka szycha (na przykład pierwszy sekretarz bardzo ważnego i bogatego komitetu obwodowego, dowódca okręgu wojskowego, dyplomata wysokiego szczebla, kierownik wydziału KC) za swoje zasługi nagle otrzymywała tytuł członka CKR. Na przykład nadzwyczajny i pełnomocny ambasador ZSRR, stały przedstawiciel Związku Radzieckiego przy Europejskim Biurze ONZ Zoja Wasiliewna Mironowa została pewnego dnia członkiem CKR. CKR to partyjny sąd. Dygnitarzy nie może sądzić zwykły sąd, żeby nie prać kremlowskich brudów na zewnątrz. Ich sprawami w tajemnicy zajmowała się CKR, nikogo o nich nie informując.

Następny szczebel w hierarchii – zastępca członka KC. Któryś z towarzyszy kierujących ważnym komitetem obwodowym czy regionalnym (na przykład w Kujbyszewie) albo okręgiem wojskowym (na przykład na Dalekim Wschodzie) udowodnił swoją pracą, że radzi sobie z obowiązkami, i wówczas można mu było nadać taki tytuł. W partyjnym żargonie nazywało się to „wybrać".

Jeszcze wyżej – członek KC. Tym tytułem wyróżniano pierwszych sekretarzy republik związkowych, niektórych regionów i obwodów, wybranych ministrów, najważniejszych czekistów, wybitnych ideologów i wysoko postawionych wojskowych.

Zgodnie ze statutem partii co najmniej raz na trzy miesiące w Moskwie zbierało się plenum KC, na które przyjeżdżali członkowie KC, kandydaci na członków KC i członkowie CKR. Plenum zajmowało się najważniejszymi zagadnieniami związanymi z funkcjonowaniem państwa oraz światowego ruchu komunistycznego.

W 1957 roku w składzie KC KPZR było 126 członków, 117 zastępców i 62 członków CKR.

Spośród członków KC KPZR plenum wybierało Biuro Polityczne, które w omawianym przez nas okresie nosiło nazwę Prezydium KC KPZR; w 1957 roku należało do niego 11 członków i 7 zastępców. Biuro Polityczne (Prezydium) odbywało spotkania raz w tygodniu. W razie potrzeby mogło się zebrać w każdej chwili.

Rozdział 6

1

18 czerwca 1957 roku. Kremlowska stołówka, specjalna sala dla członków Biura Politycznego. W 1952 roku Biuro Polityczne zostało przemianowane na Prezydium Komitetu Centralnego KPZR, ale stara nazwa sali została.

Czysto, że aż lśni. Czyściej nawet niż w oborze w filmie Iwana Pyrjewa, opowiadającym o szczęśliwym życiu w kołchozie.

Kończył się obiad. Na sali pozostało siedmiu z jedenastu członków Prezydium KC KPZR – towarzysze Bułganin, Woroszyłow, Kaganowicz, Malenkow, Mołotow, Saburow, Pierwuchin – oraz trzech z siedmiu zastępców członków Prezydium KC KPZR – towarzysze Breżniew, Furcewa i Szepiłow.

Doszło do rozmowy. O Chruszczowie.

Słowo po słowie – i od razu padła decyzja: Po co to przeciągać? Wezwiemy Chruszcza i go odwołamy. Wszyscy w komplecie? Nie wszyscy. Ale jest większość.

Jak go wezwać, żeby nie spłoszyć? Po prostu: wkrótce członkowie Prezydium Komitetu Centralnego mieli pojechać do Leningradu. 16 maja 1953 roku Leningradowi stuknęło 250 lat. Nikt o tym wtedy nie wspomniał. Zbyt późno sobie przypomniano. Dlatego postanowiono uczcić jubileusz cztery lata później – 21 czerwca 1957 roku.

Co to za różnica: świętować w maju czy w czerwcu, tego samego roku czy cztery lata później? Przywódcy stwierdzili: to nie ma żadnego znaczenia. Tylko trzeba było ustalić, który z kremlowskich przywódców z jakim audytorium się spotka i o czym będzie mówił.

Zadzwonili do Chruszczowa: Nikito Siergiejewiczu, wpadnij na chwilę, trzeba pogadać o Leningradzie.

W oczekiwaniu na Chruszczowa Malenkow zaproponował: Zdejmujemy Chruszcza ze stanowiska i robimy go ministrem rolnictwa, Mołotowa – przywódcą partii komunistycznej.

Mołotow: A Malenkowa – premierem rządu.

Towarzysz Kaganowicz zasugerował, żeby marszałka Związku Radzieckiego Bułganina wyznaczyć na przewodniczącego KGB, a Bułganin zaproponował, żeby towarzysz Kaganowicz został sekretarzem KC odpowiedzialnym za kontrolę nad Siłami Zbrojnymi, przemysłem zbrojeniowym i polityką zagraniczną.

Zgodzili się na to, przeszli do sali obrad. W drzwiach pojawił się Chruszcz: Co z tym Leningradem?

Towarzysz Malenkow wyjaśnił, że ogólnie rzecz biorąc, kwestia Leningradu została załatwiona. Pozostaje rozwiązać sprawę funkcji I sekretarza KC KPZR. Bo przecież statut KPZR nie przewiduje takiego stanowiska – tak samo jak wcześniejszego stanowiska sekretarza generalnego. Dlatego Prezydium Komitetu Centralnego KPZR postanowiło znieść stanowisko I sekretarza Komitetu Centralnego KPZR jako niezgodne ze statutem partii.

Powtarzał się już raz przerabiany scenariusz. W 1922 roku utworzono stanowisko sekretarza generalnego Komitetu Centralnego. Objął je Stalin. Ale do statutu partii nie wprowadzono stosownych zmian. W październiku 1952 roku uchwalono nowy statut, w którym też nie było mowy o takim stanowisku. Nowy statut wprowadzono po to, żeby odsunąć Stalina od władzy: No popatrz, partia komunistyczna przegłosowała nowy statut, w którym twojego stanowiska, towarzyszu Stalin, nie przewidziano. A sio!

Po śmierci Stalina pojawiło się stanowisko I sekretarza Komitetu Centralnego i 13 września 1953 roku zajął je Chruszczow. Jednak do statutu znowu nie wprowadzono żadnych zmian. Czyli Chruszczow piastował stanowisko nieprzewidziane w statucie. 18 czerwca 1957 roku przywódcy zdecydowali: znosimy to stanowisko i w ten sposób odsuwamy towarzysza Chruszczowa od kierowania partią i państwem.

Chruszczow oponował: A kim wy w ogóle jesteście? Na I sekretarza wyznaczyło mnie plenum KC i tylko plenum może mnie odwołać. Zwołujcie plenum, zbierajcie wszystkich 126 członków KC, 117 zastępców i 62 członków CKR, niech oni decydują.

Ale i na to przygotowano odpowiedź: Na stanowisko I sekretarza KC, towarzyszu Chruszczow, mianowaliśmy ciebie my, członkowie Prezydium KC. A plenum, tych trzystu dygnitarzy niższego szczebla, jedynie potulnie zatwierdziło naszą decyzję. My ciebie mianowaliśmy, my ciebie odwołamy.

W tym momencie na sali pojawił się towarzysz Mikojan. Spośród dziewięciu członków Prezydium KC KPZR siedmiu jest przeciwko Chruszczowowi, dwoje – za nim: sam Chruszczow i po chwili wahania – Mikojan.

Zastępcy członków Prezydium KC KPZR mieli prawo głosu doradczego, ale nie decydującego. To znaczy: wszyscy słuchają, wyrażają opinie, ale nie biorą udziału w głosowaniu. Wtedy na sali byli obecni tylko trzej zastępcy. Ich zdania były podzielone.

Szepiłow – przeciwko Chruszczowowi. Breżniew i Furcewa to protegowani Chruszczowa. Jeśli usuną Chruszczowa – ich też wyrzucą. Zrozumiałe, że oni są za Chruszczowem.

Żukow też należał do ekipy Chruszczowa, ale był nieobecny. Przebywał w Sołniecznogorsku, gdzie grupa generałów pracowała nad dokumentami dotyczącymi kolejnych ćwiczeń wojskowych z użyciem broni jądrowej.

Obecność Żukowa na posiedzeniu Prezydium KC KPZR nie była niezbędna. Żukow był raptem zastępcą członka Prezydium. Miał prawo do wyrażania swoich opinii, ale nie mógł głosować.

2

Tymczasem Mołotow, Malenkow i Kaganowicz narzucili ton dyskusji, nie szczędzili Chruszczowowi ostrych słów, wypominając mu wszystkie głupstwa popełnione przez ostatnie cztery lata.

Był to niewybaczalny błąd.

Zastępca członka Prezydium towarzysz Szepiłow, który nie miał prawa głosu, wrzeszczał: No to głosujcie, głosujcie, cholera by was wzięła!

Powinni szybko zagłosować, zatwierdzić decyzję o odwołaniu Chruszczowa, skończyć dyskusję i przejść do zdecydowanych działań.

Po pierwsze, zamknąć Chruszczowa w pomieszczeniu bez dostępu do telefonu. Przynajmniej na dobę.

Po drugie, Mikojana, Breżniewa i Furcewą, którzy poparli Chruszczowa, zamknąć razem z nim.

Po trzecie, pod byle pretekstem wezwać na Kreml przewodniczącego KGB, generała armii Sierowa, i też go zamknąć. Nawet na kilka godzin.

Nowy przewodniczący KGB, marszałek Związku Radzieckiego Bułganin, powinien natychmiast wymienić ochronę na Kremlu, w budynkach KC i na placu Starym, w rządowych węzłach łączności, zapewnić łączność swoim ludziom, odłączyć kanały łączności rządowej we wszystkich instytucjach, w których Chruszczow umieścił swoich protegowanych.

Po czym należało wezwać ludzi Chruszczowa na zebranie na Kreml. Zebranie może dotyczyć czegokolwiek, musi tylko trwać przez wiele godzin i do późna w nocy, a najlepiej do bladego świtu. W tym czasie trzeba było poinformować swoich ludzi o nominacjach na nowe stanowiska w ministerstwach i zażądać od nich niezwłocznego przejęcia obowiązków.

I najważniejsze: nowy sekretarz KC do spraw obrony i polityki zagranicznej towarzysz Kaganowicz powinien błyskawicznie udać się do Ministerstwa Obrony, wymienić tam ochronę i polecić, aby nie wpuszczano do ministerstwa Żukowa, którego stanowisko w danej kwestii nie było jasne.

Dopiero później można było zwołać plenum Komitetu Centralnego i poinformować jego członków, że towarzysz Chruszczow nie sprostał obowiązkom I sekretarza, że takiego stanowiska nie przewiduje statut KPZR, gdyż zostało zlikwidowane decyzją Prezydium KC, i że towarzysz Chruszczow zostaje przeniesiony na mniej odpowiedzialne stanowisko ministra rolnictwa.

Czy ktoś by oponował?

I właśnie tam, na sesji plenarnej, trzeba było poinformować

Chruszczowa o wszystkim, co się nazbierało na niego przez te lata.

Ale Mołotowa, Malenkowa i Kaganowicza poniosło. Zdjęli Chruszczowa i zaczęli mu wypominać potknięcia, głupstwa i błędy. Woroszyłow, Bułganin, Pierwuchin i Saburow nie byli gorsi. Nikita zdążył nabroić – więc było pole do popisu.

Chruszczow słabo się odgryzał.

Podczas przerwy Jekatierina Aleksiejewna Furcewa, zastępca członka Prezydium KC, sekretarza KC KPZR, wymknęła się z sali, niepostrzeżenie wpadła do swojego gabinetu i zadzwoniła do sekretariatu Żukowa w Ministerstwie Obrony: Gdzie on jest?

Otrzymała odpowiedź: W Sołniecznogorsku.

Powołując się na sprawy Komitetu Centralnego, Furcewa poleciła niezwłocznie ją połączyć. Połączono.

Zdążyła krzyknąć do słuchawki: Żora, wyrzucili Nikitkę! Ratuj!

3

– Ty, towarzyszu Chruszczow, pojechałeś do Finlandii i tam z fińskim prezydentem siedziałeś goły w fińskiej łaźni! Kto to widział, żeby mąż stanu reprezentował kraj z gołą dupą!

– A ty, towarzyszu Mołotow, piłeś szampana z Ribbentropem, uścisnąłeś rączkę Hitlerowi. Lepiej siedzieć z gołą dupą z przyjaciółmi niż lizać dupę Hitlerowi!

Kłótnia dalej toczyła się w podobnym stylu. Więcej nie będę opowiadał, gdyż przywódcy przeważnie używali słów powszechnie uznawanych za wulgarne.

4

Żukow zaczął działać tak, jak powinni byli postąpić członkowie Prezydium KC, zdecydowawszy się na usunięcie Chruszczowa.

Najpierw z Sołniecznogorska zadzwonił do przewodniczącego KGB Sierowa: Waniu, jak będą wzywali cię na Kreml, nie jedź! Zamknij się u siebie! Nikogo do siebie nie wpuszczaj!

Nie pozwól wymienić ochrony Kremla! Miej na oku węzły łączności rządowej! Powyłączaj telefony wszystkich, którzy według twoich akt poparli Mołotowa, Malenkowa, Kaganowicza!

Drugi telefon do marszałka Koniewa: Waniu, weź listę członków KC, obdzwoń wszystkich, niech jadą do Moskwy! W moim imieniu poleć dowódcom okręgów wojskowych i flot oddać do dyspozycji członków KC najszybsze samoloty. Niech lądują na lotnisku Centralnym!

Trzeci telefon do naczelnika GRU generała pułkownika Sztiemienki: Sieriożo, leć na lotnisko Centralne! Przylecą członkowie Komitetu Centralnego, naświetl im sprawę!

W czasie gdy Żukow dzwonił do swoich trzech towarzyszy bojowych, generał porucznik Kitajew, generał do zadań specjalnych przy ministrze obrony ZSRR, połączył się z dowódcą Moskiewskiego Okręgu Wojskowego marszałkiem Związku Radzieckiego Moskalenką i przekazał mu rozkaz ministra obrony.

Po pierwsze, ogłosić alarm bojowy (bez wyprowadzania z garnizonów) dla 2. Tamańskiej Dywizji Gwardii odznaczonej orderami Suworowa i Kutuzowa*.

Po drugie, wszystkich marszałków, generałów i admirałów przebywających w Moskwie lub jej pobliżu postawić w stan gotowości, uzbroić, zebrać w Ministerstwie Obrony, przyszykować do niezwłocznego wykonania rozkazów ministra obrony ZSRR.

Po trzecie, postawić w stan gotowości bojowej i uzbroić słuchaczy akademii wojskowych, wystawić warty oficerskie na moskiewskim lotnisku Centralnym, w hotelu Moskwa, gdzie zostaną rozlokowani przybywający członkowie i kandydaci na członków KC, zablokować cały ruch na placach i ulicach w pobliżu Kremla, rozmieścić tam uzbrojone patrole oficerskie.

Po czwarte, zablokować cały ruch pomiędzy Sołniecznogorskiem i Bramą Borowicką Kremla.

---

* Od grudnia 1953 r. do listopada 1964 r. 23. Dywizja Zmotoryzowana Gwardii (przyp. H.K.).

5

Drogę ze Sołniecznogorska do Kremla Żukow i Kitajew pokonali z prędkością meteorytu.

Zastępcy członków Prezydium Komitetu Centralnego nie mają na posiedzeniach prawa decydującego głosu. Ale jeden z zastępców, o nazwisku Żukow, który wtargnął na salę obrad, choć nieoficjalnie, miał jednak decydujący głos.

Głos Żukowa był ważniejszy od głosów wszystkich członków Prezydium razem wziętych. Żukow był marszałkiem Związku Radzieckiego, ministrem obrony ZSRR. W jego rękach była Armia Radziecka.

Żukow wpadł na salę i oświadczył: Kochani towarzysze, chcecie Nikitę Siergiejewicza odsunąć od władzy, ale Armia Radziecka nie poprze waszej decyzji. Jeżeli trzeba będzie ściągnąć tu 200 czołgów, żeby sprawę załatwić, zrobię to.

Żukow jeszcze dodał, że czołgi wykonują tylko jego rozkazy i nikogo innego.

Oświadczenie Żukowa nie zostało stosownie zrozumiane i zinterpretowane nawet pół wieku później.

W istocie to oświadczenie było niczym innym jak w p r o w a d z e n i e m d y k t a t u r y w o j s k o w e j w Z w i ą z k u R a d z i e c k i m.

Sens oświadczenia Żukowa był następujący: Wy tu, koledzy, obradujecie, udajecie przywódców, nazywacie siebie najwyższą władzą. Ale armia wam nie podlega! Armia słucha tylko mnie! Kwestia tego, kto będzie rządził krajem, nie zostanie rozstrzygnięta na Kremlu, a w Ministerstwie Obrony. I decydować o tym nie będziecie wy, drodzy towarzysze, a ja.

6

Oceńmy sytuację. Nazwijmy rzeczy po imieniu. Już starożytni Chińczycy wiedzieli: poprawnie nazwać to dobrze zrozumieć.

Tak więc jak nazwiemy wydarzenia, do których doszło w tych dniach w stolicy naszej Wielkiej Ojczyzny?

Słusznie: przewrót wojskowy.

Zgódźmy się: nie było czołgów na ulicach, nie było strzelaniny, nie polała się krew. Ale wszyscy obecni doskonale rozumieli: opór nie ma sensu. Jeżeli będzie trzeba, pojawią się czołgi, zacznie się strzelanina, poleje się krew.

Wyobraźmy sobie tę sytuację w jakimkolwiek innym kraju: zebrali się najważniejsi przedstawiciele władzy, przemysłu i finansjery, ważą się losy najwyższej władzy. Aż tu nagle wielka wojskowa szycha mówi im: Kim w ogóle jesteście? To nie wasza sprawa. O najwyższej władzy decyduje armia – czyli ja jako jej zwierzchnik.

Sytuacja na Kremlu 18 czerwca 1957 roku była następująca: albo władze na Kremlu kontrolują armię, albo armia kontroluje władze na Kremlu. Innych wariantów być nie mogło.

Żukow otwarcie i bezpardonowo zakomunikował kremlowskim przywódcom, że w państwie zwanym Związkiem Socjalistycznych Republik Radzieckich wprowadza się tę drugą opcję. Pierwsza zostaje zniesiona. Właśnie teraz. Przez szanownego towarzysza Gieorgija Konstantinowicza Żukowa.

7

18 czerwca 1957 roku posiedzenie Prezydium Komitetu Centralnego zakończyło się dość wcześnie – o godzinie 8 wieczorem. Chruszczowowi zależało na tym, żeby grać na zwłokę. Musiał zyskać przynajmniej jedną noc. Katia Furcewa zaproponowała, żeby posiedzenie przenieść na jutro. Przywódcy wrzeszczeli na siebie nawzajem od samego obiadu. Wyczerpanie energii nerwowej daje się we znaki bardziej niż wyczerpanie energii fizycznej. Zmęczeni i znużeni byli wszyscy. Dlatego się zgodzili.

Był to jeszcze jeden karygodny błąd Mołotowa, Malenkowa i Kaganowicza. Powinni byli sprawę przegłosować i usunąć Chruszczowa. Przez cały czas nalegał na to Szepiłow: Zagłosujmy w końcu!

Nikt go nie posłuchał. Wszyscy się rozeszli.

Chruszczow od razu pognał do szarego budynku Komitetu Centralnego KPZR na placu Starym, puszczając oko do towarzyszy: zbieramy się u mnie.

W gabinecie Chruszczowa było ich pięcioro: sam Nikita, Breżniew, Mikojan, Żukow, Furcewa.

Żukow zameldował: „U mnie wszystko gotowe! Ja ich aresztuję!”*.

Mikojan się zgodził, ale dodał, że z tej broni należy skorzystać tylko w ostateczności. Możemy przeprowadzić wszystko, zachowując pozory. Trzeba spiskowców podzielić. Najbardziej zawziętych odseparować od niezdecydowanych. Najbardziej zagorzałych nieprzyjaciół ogłosić podżegaczami i bezlitośnie usunąć. Pozostałych uznać za oszukanych. Nie stawiać ich pod ścianą, dać szansę na odwrót. Ponadto wszystkich, którzy wypowiedzieli się przeciwko Chruszczowowi – wziąć pod obserwację.

Zadzwonili do przewodniczącego KGB generała armii Sierowa. Ten zameldował, że wszystko jest pod kontrolą, spiskowcy są na podsłuchu. Ale ci towarzysze nie rozmawiają przez telefon. Prowadzą spotkania w daczy Mołotowa. W alejkach parku.

W tym momencie w okna gabinetu Chruszczowa uderzyły pierwsze wielkie krople deszczu. Rozpętała się burza, która zmieniła się w całonocną ulewę.

Moment kluczowy

Groźbą użycia wojska zastępca członka Prezydium KC KPZR Żukow obalił większość politycznego kierownictwa kraju. Podobnie Bonaparte rozpędził znienawidzone przez niego władze za pomocą żołnierzy Gwardii czy tylko groźby sprowadzenia ich na salę obrad w celu rozwiązania problemu.

W każdym państwie oprócz naszego działania Żukowa nazwano by zamachem stanu. Czyż nie tak? Kandydat na przywódcę usunął ze szczytów władzy większość przywódców. Jak inaczej nazwać te działania?

Ale u nas tego nie nazywają zamachem. U nas znaleziono pokrętne określenie. Jak się okazuje, przeciwko Chruszczowowi wystąpiła nie większość kierownictwa kraju, a jedynie „większość arytmetyczna”. Dlatego Żukow obalił nie większość kierownictwa, a tylko arytmetyczną większość kierownictwa.

---

* „Krasnaja Zwiezda”, 26 października 2002.

Od tego czasu to określenie poszło w świat. A uczeni towarzysze publikują w pismach naukowych artykuły broniące Żukowa. W tych tekstach pojawia się to dziwaczne określenie. Przykład: W. Naumow, *„Dieło" marszała G.K. Żukowa*, „Nowaja i Nowiejszaja Istorija"*, 2000, nr 6, s. 79.

Zaskoczymy poważnych historyków pytaniem: Towarzysze uczeni, a czy oprócz większości arytmetycznej jest jeszcze jakaś inna? Geometryczna? Albo trygonometryczna?

Dramatis personae

JEKATIERINA ALEKSIEJEWNA FURCEWA. Alias – Katarzyna Trzecia. Alias (wśród współobywateli) – Katiusza Nienasycona.

Urodzona 7 grudnia 1910 roku. Pochodzenie proletariackie. Pracować zaczęła jak wiele milionów w naszym kraju w tamtych czasach – jako bardzo młoda dziewczyna w fabryce. W wieku 14 lat zapisała się do Komsomołu – Komunistycznego Związku Młodzieży.

Od 1930 roku zaangażowana w pracę komsomolską. W tym samym roku wstąpiła do partii komunistycznej. Skończyła studia. Inżynier chemik. Była sekretarzem partii na swojej uczelni. Po zakończeniu studiów pracowała w aparacie partyjnym.

W 1942 roku mianowana (w kręgach partyjnych używano grzecznego określenia „wybrana") II, a następnie I sekretarzem komitetu partii jednego z najbardziej prestiżowych rejonów Moskwy – Frunzeńskiego. W tym samym roku nawiązała znajomość z Chruszczowem i na zawsze pozostała w jego ekipie, mimo że w 1942 roku Chruszczow nie był gospodarzem Moskwy.

W 1950 roku Furcewa została II sekretarzem Moskiewskiego Miejskiego Komitetu partii. W październiku 1952 roku podczas antystalinowskiego XIX Zjazdu KPZR weszła w skład

---

* Rosyjski periodyk naukowy założony przez Rosyjską Akademię Nauk oraz Instytut Historii Powszechnej RAN (przyp. red. z wyd. rosyjskiego).

Komitetu Centralnego. Od 26 marca 1954 roku – I sekretarz Moskiewskiego Miejskiego Komitetu KPZR. W czasie kolejnego, już jawnie antystalinowskiego XX Zjazdu KPZR – zastępca członka Prezydium i sekretarz KC KPZR.

Podczas II wojny światowej poznała Nikołaja Firiubina, który również zajmował stanowisko jednego z sekretarzy Moskiewskiego Miejskiego Komitetu partii. W 1953 roku Nikołaj Pawłowicz Firiubin został skierowany do pracy dyplomatycznej. W latach 1954–1955 był nadzwyczajnym i pełnomocnym ambasadorem ZSRR w Czechosłowacji, od 1955 roku – nadzwyczajnym i pełnomocnym ambasadorem ZSRR w Jugosławii.

Firiubin i Furcewa pobrali się w 1956 roku. Dla każdego z nich było to drugie małżeństwo.

Rozdział 7

1

19 czerwca 1957 roku Prezydium Komitetu Centralnego obradowało w pełnym składzie. Towarzysze Susłow i Kiriczenko, członkowie nieobecni pierwszego dnia, zrozumieli, która strona ma przewagę, i bez wahania poparli Chruszczowa. Tak samo zachowali się nieobecni pierwszego dnia obrad zastępcy członków Prezydium KC KPZR – Kozłow, Muchitdinow, Szwiernik.

Podczas gdy Prezydium Komitetu Centralnego wśród krzyków i obelg decydowało, czy Chruszczow zostanie przywódcą Związku Radzieckiego, do Moskwy w trybie pilnym zjeżdżał się cały Komitet Centralny.

Niektórzy członkowie KC mieszkali i pracowali w Moskwie albo w jej okolicach. Miejscem ich zebrań był Kreml. Tu ich spotykał i „udzielał wskazówek" sekretarz KC KPZR generał porucznik Leonid Iljicz Breżniew. Towarzysz Breżniew poinformował członków KC, że grupa funkcjonariuszy wystąpiła przeciwko naszemu drogiemu Nikicie Sergiejewiczowi. Na samej górze – rozłam. Wszystko, drodzy towarzysze, zależy od waszej decyzji. Podejmijcie taką decyzję, jaką podpowiada wam sumienie komunisty. Ale towarzysz Żukow prosił, żeby przekazać, że Armia Radziecka jest po stronie towarzysza Chruszczowa, innych decyzji armia nie będzie tolerować i nie przyjmie. Nawiasem mówiąc, również przewodniczący KGB towarzysz Sierow prosił o przekazanie takiego stanowiska.

Członków i zastępców członków KC, którzy mieszkali i pracowali daleko od Moskwy, samolotami wojskowymi w trybie pilnym transportowano na moskiewskie lotnisko Centralne – na Chodynkę. Ci, którzy pracowali niezbyt daleko, lecieli sobie w komfortowych warunkach samolotami należącymi do dowódców okręgów wojskowych i flot – wówczas były to pasażerskie samoloty Ił-14 w wersji „salonka". Ci, którzy rządzili na dalekiej prowincji, przylecieli mniej komfortowymi odrzutowymi bombowcami Ił-28.

Na Chodynce spotykał ich naczelnik GRU generał pułkownik Sztiemienko i każdemu osobiście tłumaczył: głosować tak, jak podpowiada sumienie komunisty. Ale towarzysz Żukow prosił, żeby przekazać... Z lotniska Centralnego przywódców wieziono na Kreml, gdzie spotykał ich towarzysz Breżniew i powtarzał: głosować tak, jak podpowiada sumienie komunisty!

Członkowie i zastępcy członków KC właściwie zrozumieli słowa naczelnika GRU generała pułkownika Sztiemienki, powtórzone jeszcze raz dla całkowitej jasności przez generała porucznika Breżniewa. Nawet bez tych rozmów rozumieli wszystko doskonale. Skoro członka KC w odległym Władywostoku czy Chabarowsku ktoś budzi w środku nocy i niczego nie tłumacząc ani o nic nie pytając, wiezie na lotnisko wojskowe, pakuje w futro, doczepia do tyłka spadochron, wsadza do kabiny strzelca pokładowego bombowca Ił-28 (ponieważ w bombowcu nie ma innych miejsc dla pasażerów), oznacza to, że dana wycieczka nie jest sprzeczna z interesami Sił Zbrojnych.

Ił-28 to bombowiec taktyczny, czyli nie strategiczny. Zasięg w jedną stronę – nieco ponad dwa tysiące kilometrów. Dlatego śpieszących się do Moskwy członków i zastępców członków KC na lotniskach wojskowych przekazywano sobie jak sztafetę. Na jednym lotnisku wsiedli – a na kolejnym czekają już nowy bombowiec i wypoczęta załoga. Do Moskwy – dwie, trzy, a czasem i cztery przesiadki. Czuło się, że jakaś wielka szycha ryknęła na lotniczych dowódców, postraszyła strasznymi konsekwencjami w przypadku niedostarczenia dostawy potrzebnych ludzi do Moskwy. Dlatego wszystko chodziło precyzyjnie jak zegarek Pawła Burego na nadgarstku ministra obrony.

A kogo popiera nasza wspaniała Armia Radziecka (czyli towarzysz Żukow)? Właśnie: towarzysz Żukow popiera towarzysza Chruszczowa. Poza tym armia zapewnia ochronę członkom KC. Czasy są niespokojne, a życie każdego członka KC cenne. Przecież są to słudzy narodu! Różne rzeczy mogą się im przytrafić! Dlatego trzeba ich chronić. Zatem każdy dostał osobistą ochronę!

A przecież ochrona wyznaczona przez Siły Zbrojne w każdej chwili mogła się zmienić w eskortę. Tego nie trzeba było nikomu tłumaczyć. Sami zrozumieli. Dlatego instrukcji naczelnika GRU generała pułkownika Sztiemienki i sekretarza KC generała porucznika Breżniewa członkowie i zastępcy członków Komitetu Centralnego wysłuchiwali wyjątkowo uważnie, przyjmowali je z głębokim zrozumieniem i nawet wdzięcznością: dziękujemy, kochani, że wytłumaczyliście co i jak.

2

Posiedzenie Prezydium KC KPZR przeciągnęło się do 19, do 20 i do 21 czerwca. 11 członków i 7 zastępców członków Prezydium KC wrzeszczało, demaskowało i oskarżało siebie nawzajem. Każdy zebrał na pozostałych kompromitujące materiały, które zmieściłby solidny czteroosiowy wagon. I przywódcy zawzięcie okładali się tymi druzgocącymi sensacjami.

A na korytarzach zebrały się dwie setki przywódców nieco mniejszego kalibru, którzy zjechali się tu ze wszystkich krańców naszej wielkiej ojczyzny. Byli to członkowie Komitetu Centralnego, zastępcy członków KC, członkowie Centralnej Komisji Rewizyjnej. Odpowiednio umotywowani przekonującymi instrukcjami generałów Sztiemienki i Breżniewa domagali się, żeby wpuszczono ich na posiedzenie Prezydium Komitetu Centralnego.

Mołotow, Malenkow, Kaganowicz i Szepiłow, który do nich dołączył, nic z tego nie rozumieli. Jak to? Na sali obradują najważniejsi, a jacyś tam pomniejsi działacze czegoś się domagają! Za towarzysza Stalina nie było takiego cyrku!

Spośród członków KC, których liczba na korytarzach władzy wciąż rosła, wybrano delegację. W jej skład weszli głównodowodzący Zjednoczonych Sił Zbrojnych Układu Warszawskiego, pierwszy zastępca ministra obrony ZSRR, marszałek Związku Radzieckiego Koniew, pierwszy zastępca ministra spraw zagranicznych Patoliczew, I sekretarz moskiewskiego komitetu KPZR Kapitonow. Delegacja zażądała, żeby przywódcy zakończyli spór, a swoje różnice zdań przedstawili Komitetowi Centralnemu.

Szale wagi powoli, ale konsekwentnie przechylały się na korzyść Chruszczowa. Pierwszy na jego stronę przeszedł marszałek Związku Radzieckiego Woroszyłow, następnie – marszałek Związku Radzieckiego Bułganin. Za nimi – towarzysze Pierwuchin i Saburow. Tak Chruszczow uzyskał większość w Prezydium KC; to pozwoliło mu napisać następujący dokument:

> Nr P99/25 21 czerwca 1957 r.
>
> Ściśle tajne.
>
> Do członków KC KPZR, zastępców członków KC KPZR, członków Centralnej Komisji Rewizyjnej.
>
> W dniu 22 czerwca br. na godz. 2 po południu zwołać plenum KC KPZR w sprawie wewnątrzpartyjnej.
>
> Sekretarz KC*

---

* *Mołotow, Malenkow, Kaganowicz. 1957. Stienogramma ijun'skogo plenuma CK KPSS i drugije dokumienty*, s. 23. W Związku Radzieckim wysokiej rangi przywódcy (w tym przypadku Chruszczow) często podpisywali dokumenty, podając tylko nazwę wysokiego stanowiska bez nazwiska albo tylko nazwisko bez podania stanowiska, albo niepełną nazwę stanowiska. Kiedy Chruszczow był I sekretarzem KC, podpisywał się jako „sekretarz KC"; właśnie tak często postępował Stalin [na tej podstawie niektórzy badacze wyciągają błędny wniosek o tym, że Stalin był sekretarzem generalnym KC WKP(b) do 1934 roku, a później po prostu sekretarzem KC, mimo że w najważniejszych dokumentach – na przykład w rozporządzeniu Rady Komisarzy Ludowych ZSRR i KC WKP(b) „O Stawce Naczelnego Dowództwa ZSRR", nr 1724–733ss z 23 czerwca 1941 r. – Stalin podał swój pełny tytuł: przewodniczący Rady Komisarzy Ludowych ZSRR, sekretarz generalny KC WKP(b)] (przyp. aut.).

3

Plenum KC trwało w sumie od 22 do 29 czerwca 1957 roku. Skończyło się klęską tych, którzy ośmielili się wystąpić przeciwko Chruszczowowi. Było to najdłuższe plenum Komitetu Centralnego partii komunistycznej w całej jej historii.

Mołotowowi, Malenkowowi, Kaganowiczowi oraz Szepiłowowi, który do nich dołączył, przypięto łatkę grupy antypartyjnej.

Ton nadawał Żukow. Pierwszy wygłosił długie przemówienie. Jego myśl przewodnia była następująca:

> Na XX Zjeździe partii, jak wiadomo, w imieniu Prezydium KC towarzysz Chruszczow poinformował o masowych bezprawnych represjach i egzekucjach, które były skutkiem nadużycia władzy ze strony Stalina. Ale wówczas, towarzysze, z wiadomych powodów nie wymieniono Malenkowa, Kaganowicza, Mołotowowa jako głównych sprawców aresztowań i egzekucji partyjnej i radzieckiej kadry*.

Stenogram plenum KC KPZR, które rozpoczęło się 22 czerwca 1957 roku, został opublikowany. Są to 843 strony drobnego druku. Jeżeli przeczytamy nadającą ton przemowę Żukowa, a później liczne wystąpienia pozostałych towarzyszy, to czeka nas nie lada zaskoczenie.

Na pierwszy rzut oka wszystko niby jest dobrze: Żukow przemawiał pierwszy, piętnował i demaskował grupę antypartyjną. I wszyscy pozostali uczestnicy przez cały tydzień piętnowali i demaskowali grupę antypartyjną.

To jest podobieństwo.

A oto różnica: Żukow w swym demaskatorskim zapale kładł nacisk na to, że Mołotow, Malenkow i Kaganowicz są krwawymi oprawcami. Pozostali uczestnicy plenum, nie przebierając w słowach, potępiali Mołotowa, Malenkowa, Kaganowicza oraz Szepiłowa, wypomnieli im mnóstwo uchybień i błędów, ale podczas debaty nad masowymi egzekucjami wy-

---

* Tamże, s. 37.

kazywali niewytłumaczalną na pierwszy rzut oka powściągliwość i wyrozumiałość.

Dlaczego?

Dlatego że towarzysz Stalin nie był głupcem. Nie stosował terroru sam. Odpowiedzialność za zbrodnie ponosiła wraz z nim cała partia komunistyczna. W każdym rejonie, obwodzie, kraju i w każdej republice utworzono tak zwane „trójki". W skład „trójki" wchodzili rejonowy, obwodowy, krajowy czy republikański sekretarz partii, naczelnik terenowego wydziału albo zarządu NKWD oraz prokurator. „Trójka" otrzymywała plan: liczbę wrogów, których należało rozstrzelać albo osadzić w więzieniu.

„Trójka" skazywała na rozstrzelanie albo długotrwały pobyt w obozie, nie wzywając na przesłuchania ani nie zagłębiając się w akta. Według listy. Takie życie strasznie podobało się sekretarzom partii i wszyscy prosili towarzysza Stalina o zwiększenie norm. A towarzysz Stalin nie skąpił i normy zwiększał.

W czerwcu 1957 roku dwie i pół setki tych sekretarzy zebrało się podczas plenum KC partii. Wiele lat temu byli mało znaczącymi sekretarzynami rejonów i obwodów. Teraz wspięli się na rządowe szczyty. Wspięli się dlatego, że byli oddani wielkiej sprawie Stalina. Wszystkich ich wychował i inspirował towarzysz Stalin. Wszyscy otrzymywali wskazówki od sekretarza generalnego Komitetu Centralnego, sami stali się po jakimś czasie członkami Komitetu Centralnego.

Na sali obrad siedzieli nie tylko najbardziej gorliwi wykonawcy rozkazów Stalina, ale i najprzebieglejsi. Ci, którzy byli mniej sprytni, już dawno polegli pod proletariacką kosą. A ci przeżyli. Jakoś niezbyt im się chciało oskarżać braci po fachu, towarzyszy Mołotowa, Malenkowa i Kaganowicza, o nadmierny zapał przy wykonywaniu poleceń Komitetu Centralnego.

4

Drugi pod względem okrucieństwa w 1937 roku spośród wszystkich przywódców regionalnych był były pasterz i palacz z ukończonymi dwiema klasami szkoły podstawowej, zastępca członka

Biura Politycznego, gospodarz Syberii, towarzysz Robert Indrikowicz Ejche. Wykazywał wręcz niewiarygodny entuzjazm w sprawie eksterminacji wrogów. Nieustannie i uparcie prosił towarzysza Stalina o zwiększenie limitów na egzekucje. Ciągle było mu mało. Ze łzami w oczach błagał o więcej.

Robert Indrikowicz nie był zbyt lotny, więc wkrótce sam trafił pod tramwaj historii. 29 kwietnia 1938 roku został aresztowany, przez prawie dwa lat torturowano go w areszcie śledczym, 2 lutego 1940 roku skazano na karę śmierci i tego samego dnia dostał od dawna i uczciwie zasłużoną kulę w tył głowy.

W lutym 1956 roku na XX Zjeździe KPZR towarzysz Chruszczow nazwał Roberta Indrikowicza wiernym leninowcem i niewinną ofiarą krwawej stalinowskiej samowoli.

Sam Nikita przewyższał Roberta Indrikowicza w krwiożerczości. Wśród przywódców republikańskich był numerem jeden w wykonywaniu planów eksterminacji wrogów. Ale był sprytny.

5

W lutym 1956 roku na XX Zjeździe KPZR Chruszczow oskarżył Stalina o masowe represje. Posunięcie to było ryzykowne i jak pokazała historia, samobójcze dla całego systemu socjalistycznego. Tok myślenia Chruszczowa był następujący: Stalin to zbrodniarz, a my wszyscy, przywódcy pomniejszej rangi, jesteśmy czyściutcy, jesteśmy wiernymi leninowcami, przecież o niczym nie wiedzieliśmy!

W czerwcu 1957 roku Chruszczow oskarżył Mołotowa, Malenkowa i Kaganowicza o wiele grzechów, ale masowych egzekucji nie akcentował, ponieważ sam miał wiele na sumieniu. A Żukow nagle przypomniał, że nie tylko Stalin ponosi winę za terror, ale jeszcze Mołotow, Malenkow i Kaganowicz.

Nic gorszego nie można było wymyślić. Każdy partyjny przywódca nie mógł się nie zastanowić: A co Żukow wywinie jutro? Ma w ręku realną władzę wojskową. Dziś Żukow przypomniał, że za masowe mordy odpowiadają Mołotow, Malenkow i Kaganowicz. Kogo wymieni jutro?

A przecież wszyscy obecni na plenum KC w czerwcu 1957 roku byli wychowankami Stalina, każdego Stalin wybierał osobiście. Każdy wykazał się przed Stalinem. Każdy ma na rękach krew.

Za sprawą tych słów Żukow w jednej chwili ze WSZYSTKICH członków Komitetu Centralnego i WSZYSTKICH zastępców zrobił swoich wrogów. Każdy drżał o swój los: przecież on może wymienić również mnie.

Z przemówienia Żukowa Chruszczow mógł wyciągnąć jasny i logiczny wniosek: Rok temu Mołotowa, Kaganowicza i Malenkowa, towarzyszy Stalina, nie nazwano zbrodniarzami, ale teraz Żukow im wszystko wypomniał. Dziś Żukow nie nazwał Chruszczowa zbrodniarzem, chociaż Chruszczow jest takim samym towarzyszem Stalina, jak pozostali z otoczenia wodza, a co się stanie, jeżeli jutro Żukow zmieni zdanie?

Żukow nie mógł się powstrzymać:

> Towarzysz Chruszczow, jak każdy z nas, ma wady i popełnił pewne błędy w pracy, o których sam z całą właściwą mu szczerością i uczciwością opowiedział Prezydium. Jednak, towarzysze, błędy Chruszczowa, powiedziałbym, nie dają nam podstaw, aby oskarżać go choćby o najmniejsze odchylenie od linii partii.

Żukow nie zastanowił się nawet nad tym, że właśnie uderzył w Chruszczowa, swego jedynego sojusznika w walce o władzę. Wyglądało to tak, że wszyscy tkwią w gównie, tylko Gieorgij Konstantinowicz to jedyny prawy. Swoje za uszami mają wszyscy, z Chruszczowem na czele, ale czyściutki Żukow na razie mu wspaniałomyślnie wybacza.

6

Debaty od czasu do czasu zmieniały się z histerycznej rodzinnej awantury w prawdziwe przesłuchanie jeńców, konsekwentne i rzeczowe.

> Żukow: Porozmawiajmy o odpowiedzialności za zbrodnie, za egzekucje. To jest najważniejsza kwestia.

Kaganowicz: Jeżeli członkowie Prezydium życzą sobie, żebym inne kwestie odłożył.

Żukow: Powiedz, dlaczego wysłałeś na tamten świat 300 kolejarzy.

Kaganowicz: Zadane pytanie jest kwestią polityczną.

Żukow: I karną.

Kaganowicz: Należy je rozpatrywać nie z punktu widzenia roku 1957, a z punktu widzenia lat 1937–1938.

Żukow: Ty, bracie, odpowiadaj wprost: Rozstrzeliwałeś członków KC, to też nasi wrogowie?

Kaganowicz: Ponoszę odpowiedzialność polityczną.

Żukow: I karną.

Kaganowicz zwraca się do Chruszczowa: A czy wy nie podpisywaliście papierów na egzekucje na Ukrainie?

Żukow: 300 kolejarzy*.

Żukow zmierzał do tego, żeby Kaganowicz, który skazał na rozstrzelanie 300 kolejarzy, został pociągnięty do odpowiedzialności karnej. Żeby zamiast krwawych oprawców Mołotowa, Malenkowa i Kaganowicza na szczycie zasiadał dobry, szlachetny i sprawiedliwy Chruszczow. Tymczasem „Nikita Chruszczow, przeciwnik kultu Stalina, stojący za czasów Stalina właśnie na czele moskiewskiej miejskiej i obwodowej organizacji WKP(b), jako jeden z pierwszych terenowych sekretarzy partii zwrócił się do Biura Politycznego z prośbą o zgodę na masowe aresztowanie, a następnie rozstrzelanie lub wysiedlenie „elementów antyradzieckich" na mocy decyzji „trójek". Na lipcowych (1937 r.) listach Chruszczowa znalazło się ponad 41 tysięcy osób"**.

Przebiegły Chruszczow zaraz po otrzymaniu stanowiska pierwszego sekretarza KC KPZR we wrześniu 1953 roku zadbał o to, żeby dokładnie usunąć ślady swojej aktywnej działalności w czasach, gdy pozostawał wiernym uczniem i towarzyszem wielkiego Stalina. Ale nawet po czystce w archiwach można coś odnaleźć. Dziś wiemy na pewno, że tylko w obwodzie moskiewskim w czerwcu 1937 roku ofiarami Chruszczo-

* Tamże, s. 67.

** „Krasnaja Zwiezda", 17 maja 2003.

wa padło ponad 39 tysięcy osób*. Na dodatek Nikita nie był posłusznym wykonawcą, a wręcz entuzjastycznym inicjatorem czystek. O tym Żukow nie wspomniał.

7

Żukow brał udział w spisku przeciwko Stalinowi – w przeciwnym razie nie wróciłby z uralskiej zsyłki do Moskwy kilka tygodni przed śmiercią Stalina i od razu po niej nie zostałby pierwszym zastępcą ministra obrony.

Żukow brał udział w spisku przeciwko Berii i osobiście go aresztował.

Żukow w czerwcu 1957 roku stanął na czele spisku przeciwko kolektywnemu kierowaniu państwem i partią komunistyczną, przeciwko większości w Prezydium KC KPZR.

Obrońcy Żukowa udowadniają, że przeciwko Chruszczowowi Żukow na pewno nic nie planował i nie mógł planować.

Nie będziemy się spierać. Uwierzymy w to.

Ale w takim przypadku Żukow jest łajdakiem. Oskarżał Kaganowicza o to, że ten skazał na rozstrzelanie 300 kolejarzy, ale bronił Chruszczowa, który skazał na śmierć i więzienie bez żadnego procesu dziesiątki tysięcy osób.

Moment kluczowy

W przemówieniu, które nadawało ton całemu plenum Komitetu Centralnego, Żukow oświadczył:

> Należy powiedzieć, że winni są również inni dawni członkowie Biura Politycznego. Towarzysze, myślę, że wiecie, o kim mowa, ale wiecie też, że ci towarzysze uczciwą pracą i szcze-

---

* Pierwszą decyzją tak zwanej „trójki" obwodu moskiewskiego w składzie Redens, Masłow i Chruszczow [ten skład i ta decyzja zostały zatwierdzone uchwałą Biura Politycznego KC WKP(b) z 10 lipca 1937 r.] było skazanie na śmierć 6500 osób, zesłanie do odległych rejonów kraju – 32 805 osób (*Mołotow, Malenkow, Kaganowicz. 1957. Stienogramma ijuńskogo plenuma CK KPSS i drugije dokumienty*, s. 747).

rością zasłużyli na zaufanie Komitetu Centralnego partii, i jestem przekonany, że i w przyszłości będziemy ich z powodu otwartości i szczerej skruchy uznawać za przywódców*.

Plenum odpowiedziało gromkimi brawami. A Żukow zaproponował, żeby ci niewymienieni z nazwiska „inni towarzysze" przyznali się do win:

> Tu, na plenum, nie ukrywając niczego, powinni powiedzieć wszystko, a my później zastanowimy się, co z nimi zrobić.

Właśnie na tym swego czasu skręcił kark Robespierre. Swoich towarzyszy wysyłał na gilotynę w pojedynkę albo całymi grupami, a tchórzliwa większość wybrańców ludu odpowiadała okrzykami zadowolenia. Każdy drżał o własną skórę i kiedy okazywało się, że niebezpieczeństwo minęło, triumfował i krzyczał ze szczęścia.

Pewnego razu Robespierre ogłosił: Wykryłem w naszym gronie jeszcze kilku wrogów ludu, których już dawno należało skrócić o głowę, jutro to zrobimy, ale na razie nie wymieniam ich nazwisk. Oczywiście każdy taką uwagę wziął do siebie i dlatego do wszystkich jeszcze nieściętych głów jednocześnie wpadła na pierwszy rzut oka paradoksalna myśl: A dlaczego samemu Robespierre'owi nie ściąć głowy?

Tak też postanowiono.

Żukow wybrał tę samą drogę: tych wyrzucam, ale pozostali też są winni, nie wymieniam nazwisk, bo sami, towarzysze, je znacie, ale niech będzie – dziś wybaczam, niech jeszcze pobędą przywódcami, a potem zobaczymy.

Żukow nie zdawał sobie sprawy, że od tego momentu wszyscy obecni na plenum KC KPZR – a to dwie i pół setki doświadczonych bojowników – stali się jego śmiertelnymi wrogami.

Ich burzliwe oklaski były tylko przejawem instynktu stadnego, oznaką strachu.

Lecz właśnie ten strach połączył ich wszystkich w dążeniu do pozbycia się Żukowa.

---

* Tamże, s. 41.

Rozdział 8

1

Plenum trwało. Partyjni działacze pragnęli jak najszybciej wyrazić swoje gorące poparcie dla zwycięskiego Chruszczowa. Miesiąc wcześniej Chruszczow publicznie, nie przebierając w słowach, lżył radzieckich pisarzy i innych twórców kultury. Oto przemówienie członka Centralnej Komisji Rewizyjnej, głównego redaktora „Litieraturnoj Gaziety", pisarza Koczetowa:

> Wielkie znaczenie miała bolszewicka, partyjna mowa towarzysza Chruszczowa. Ucieszyliśmy się z niej, dla nas było to święto. Przedtem było po prostu straszne mętniactwo*.

Przed Chruszczowem pisarzy lekko upomniał zastępca członka Prezydium KC towarzysz Szepiłow. Później to samo powiedział Chruszczow, tylko w gwarze ludowej. Teraz się okazało, że przemówienie Szepiłowa było strasznym mętniactwem, a Chruszczowa – balsamem dla pisarskich dusz.

Członek Centralnej Komisji Rewizyjnej, sześciokrotny laureat Nagrody Stalinowskiej Konstantin Simonow, zdając sobie sprawę, że jego pozycja w partii jest zbyt niska i że nie dostąpi zaszczytu posmakowania zwycięstwa, przysłał Chruszczowowi kartkę. Chruszczow przeczytał ją na plenum KC:

> Towarzysz Chruszczow krytykował niektórych z nas, w tym również mnie, obcesowo, ale za tą obcesowością kryły się du-

---

* Tamże, s. 410.

sza i serce, miłość do literatury, troska o nią i zaufanie do nas. Ja i, wiem to, inni towarzysze wyszli z tego spotkania z zapałem do pracy, z wiarą we własne siły i wdzięcznością wobec towarzysza Chruszczowa za jego bezpośrednie, ostre, ale pełne troski słowa*.

Czyli pan nas bije i jesteśmy mu za to wdzięczni. Bije to znaczy kocha.

2

W czasie kłótni oskarżono Żukowa, że on sam też jest katem, własnoręcznie podpisywał wyroki. Na co wielki dowódca jakoby hardo odparł: „Szukajcie! Nie znajdziecie tam mojego podpisu!".

Wielbiciele Żukowa zbyt często powtarzają te słowa, które od dawna znalazły się we wszystkich traktatach o Żukowie jako dowód jego uczciwości i nieuczestniczenia w masowych egzekucjach.

A mnie zainteresował pewien szczegół: Ktoś oskarżył Żukowa... Kto?

Postanowiłem odszukać oskarżyciela. Ale moje poszukiwania zakończyły się niczym.

Wtedy zacząłem szukać tego, kto pierwszy opowiedział tę historię. I nagle okazało się, że praźródłem jest Konstantin Simonow, zastępca sekretarza generalnego Związku Pisarzy ZSRR, Bohater Pracy Socjalistycznej, laureat Nagrody Leninowskiej i sześciu Nagród Stalinowskich, jeden z głównych apologetów geniuszu Żukowa. Simonow opisał tę scenę w artykule *Do biografii G.K. Żukowa*. Żadne źródła nie potwierdzają jego opowieści.

Stenogram plenum (*Mołotow, Malenkow, Kaganowicz. 1957. Stienogramma ijuń'skogo plenuma CK KPSS i drugije dokumienty*, s. 68–69) również jej nie potwierdza.

A było to tak.

Żukow ciągle nie mógł zapomnieć o trzystu kolejarzach,

---

* Tamże, s. 67.

pod decyzją o rozstrzelaniu których widniał podpis Kaganowicza.

> Kaganowicz: A wy, towarzyszu Żukow, jako komdyw nie podpisywaliście?
>
> Żukow: Ani jednej osoby nie skazałem na rozstrzelanie, towarzyszu Kaganowicz.
>
> Kaganowicz: Trudno to sprawdzić.
>
> Żukow: Proszę sprawdzić.
>
> Kaganowicz: Czyżbyście nie pochwalali polityki KC, polityki walki z wrogami?
>
> Żukow: Walkę z wrogami, ale nie egzekucje.

Odpowiedź Żukowa: Popierałem politykę walki z wrogami, ale praktykę egzekucji – już nie.

Chciałbym wiedzieć, jak to się konkretnie wyrażało. Nie inaczej jak w czerwcu 1937 roku komdyw Żukow na partyjnym zebraniu wstał i z właściwą sobie szczerością oświadczył: Towarzysze, jestem przeciwko rozstrzeliwaniu wrogów, w tej kwestii nie popieram polityki naszej drogiej partii komunistycznej.

Tak więc nie trzeba dowodów na to, że Żukow walczył z wrogami. Sam powiedział o tym Kaganowiczowi na plenum KC KPZR. Ale dowodów na to, że podczas walki z wrogami rzekomo był przeciwnikiem egzekucji, Żukow niestety nie przedstawił.

Rozumiejąc, że dyskusja potoczyła się niewłaściwym torem, Chruszczow położył jej kres: „Wszyscy popieraliśmy". Żukow się nie odezwał. Nic nie powiedział po tej uwadze Chruszczowa.

Ale już w pozostałych sprawach wybitny strateg się wypowiadał. Żukow piętnował, oskarżał i demaskował, komentował, przerywał mówcom. Żukow rozkoszował się władzą. Czasami mówił takie rzeczy, których lepiej było nie poruszać.

Przemawia Szepiłow. Żukow na to:

> Może powiesz, gdzie spotykałeś się z Kaganowiczem. Wczoraj w czasie deszczu Kaganowicz stał z tobą pod parasolem w lesie.

Żukow do wszystkich oskarżonych zwracał się jak śledczy z NKWD: Bracie, ty się nie wymiguj i nie kręć!

Ale nie chodzi tu o chamskie zachowanie. Już dawno zostaliśmy do niego przyzwyczajeni. Swoimi pytaniami Żukow demaskował nie tyle spiskujących przeciwko Chruszczowowi, ile samego siebie. Stanowczy ton przesłuchania prowadzonego przez Żukowa ukazywał jego obeznanie w sprawach, w których najlepiej byłoby nikomu nie pokazywać swojej wiedzy.

Chodzi o to, że rok wcześniej na XX Zjeździe Chruszczow potępił kult Stalina i ogłosił: Odtąd nie będzie u nas dyktatury jednego człowieka, będzie kierownictwo kolektywne. 11 członków Prezydium Komitetu Centralnego KPZR to właśnie wspomniane kierownictwo kolektywne. To ci, którzy rządzili Związkiem Radzieckim. Towarzysze ci mieszkali w daczach, a dacze stały w bajkowych lasach, malowniczych parkach, na brzegach czystych rzek i przezroczystych jezior. Te lasy, parki, jeziora i rzeki były ochraniane tak jak nic innego na tym świecie.

18 czerwca 1957 roku pierwsze starcie w Prezydium KC KPZR zakończyło się remisem. Grupa, która popierała Chruszczowa, późnym wieczorem zebrała się w budynku KC na placu Starym. Tu zwolennicy Chruszczowa mogli porozmawiać otwarcie, nie obawiając się o to, że będą podsłuchiwani, gdyż zespół budynków KC znajdował się pod czujną ochroną KGB, a przewodniczący KGB generał armii Sierow był po stronie Chruszczowa.

Oczywiście przeciwnicy też gdzieś się spotykali. Rzecz jasna, nie rozmawiali w pomieszczeniach, gdzie mógł być podsłuch, a na alejkach parku.

Tej nocy nad Moskwą przeszły niespotykanie silne ulewne deszcze. Przeciwnicy Chruszczowa naradzali się pod parasolami. Żukow im przyłożył: To jest spisek! Zdemaskowałem was!

Lecz Żukow zdemaskował samego siebie. Nikt nie zaoponował, nikt nie zadał mu kontrpytania. Dlatego że wszyscy byli śmiertelnie przerażeni. Dlatego że wszystko było jasne i bez pytań.

Tak więc przeciwnicy Chruszczowa naradzali się w alejkach parku w deszczu w nocy. Ale przecież park też był pod stałą ochroną. Skoro Żukow zna takie szczegóły, to znaczy, że najważniejsi przywódcy w państwie byli inwigilowani.

Przez kogo? Kiedy? W jakim celu?

Wariant pierwszy: Żukow sam, za pomocą GRU, które było całkowicie mu podporządkowane, wziął pod kontrolę członków najwyższego kierownictwa Związku Radzieckiego. Obowiązki ministra obrony ZSRR marszałka Związku Radzieckiego Żukowa polegały na tym, żeby bronić kraju przed wrogami z zewnątrz. Zamiast tego, choć był tylko zastępcą członka Prezydium KC KPZR, prowadził inwigilację członków Prezydium.

Jeżeli nie jest to spisek przeciwko najwyższemu kierownictwu kraju, to co?

Wariant drugi: Członków Prezydium KC KPZR szpiegowali funkcjonariusze KGB, ci, którzy zajmowali się ochroną rezydencji rządowych. Czyli ochrona najwyższego kierownictwa kraju w rzeczywistości nie była ochroną, a strażą. Ochrona rządu nie tyle dbała o bezpieczeństwo przywódców, ile pilnowała ich i meldowała o wszystkim swojemu zwierzchnikowi Sierowowi, który przekazywał te informacje Żukowowi.

Na jakiej podstawie Sierow przekazywał te dane Żukowowi? KGB nie podlegało armii. Komitet Bezpieczeństwa Państwowego przy Radzie Ministrów podlegał przewodniczącemu Rady Ministrów ZSRR. Wówczas przewodniczącym Rady Ministrów ZSRR był marszałek Związku Radzieckiego Nikołaj Aleksandrowicz Bułganin.

Jeżeli przewodniczący KGB, który ma obowiązek dbać o bezpieczeństwo państwa w ogóle i bezpieczeństwo przywódców państwa w szczególności, zamiast tego inwigilował tych, komu oficjalnie podlegał, jeżeli, łamiąc prawo i zasady, przekazywał uzyskane informacje Żukowowi, czyli osobie trzeciej, której służbowo nawet nie podlegał, to jak należy zakwalifikować taką sytuację?

Mimo to nie nazwę tego spiskiem Żukowa–Sierowa. Niech ktoś znajdzie inne określenie.

3

Przywódcy partyjni zgodnie wyrażali głęboką wdzięczność swojemu zbawcy Chruszczowowi. Członek KC, I sekretarz Moskiewskiego Miejskiego Komitetu KPZR towarzysz I. Kapitonow powiedział:

> Nie mamy czołgów. Są w niezawodnych i pewnych rękach Gieorgija Konstantinowicza Żukowa. (Oklaski). I on wie, jak kierować tymi czołgami*.

Innymi słowy Kapitonow przyznaje: Nie my, członkowie Komitetu Centralnego, kierujemy państwem i jego armią. Nie w naszych rękach spoczywają władza i siła. Władza znajduje się w rękach wielkiego Gieorgija Konstantinowicza. A on już wie, jak tej władzy używać i co z nią zrobić. Przez długie lata!

4

Marszałek Związku Radzieckiego Żukow, opierając się na potędze armii, obalił większość kierownictwa politycznego Związku Radzieckiego, podporządkował sobie marszałków Związku Radzieckiego Woroszyłowa i Bułganina, doprowadził do ugody dwie i pół setki członków i zastępców członków Komitetu Centralnego partii komunistycznej.

W ten sposób zwyciężył Chruszczow.

Mołotow, Malenkow, Kaganowicz i Szepiłow zostali usunięci ze szczytów władzy.

Bułganin, Woroszyłow, Pierwuchin i Saburow pozostawali jeszcze na swoich wysokich stanowiskach, ale ich czas dobiegał końca. Wkrótce zostaną wyrzuceni jeden po drugim.

Wyrzucenie wszystkich naraz wyglądałoby źle. Byłoby jasne, że mniejszość w Prezydium KC przejęła siłą władzę, obalając większość.

Na ostatnim posiedzeniu plenum 29 czerwca 1957 roku do Prezydium KC KPZR został wybrany towarzysz Żukow.

---

* Tamże, s. 223.

Zamiast wyrzuconych Mołotowa, Malenkowa, Kaganowicza i Szepiłowa do Prezydium weszła cała sfora wiernych chruszczowowców, w tym Leonid Iljicz Breżniew, Jekatierina Aleksiejewna Furcewa i Froł Romanowicz Kozłow.

5

W ostatnich latach w naszym kraju i poza jego granicami pojawiło się wyjątkowo dużo naukowców w nowej dziedzinie nauk historycznych – żukowoznawstwie. Badają oni życie i niezwykłe przygody marszałka Związku Radzieckiego Gieorgija Konstantinowicza Żukowa.

I właśnie owi uczeni towarzysze jak jeden mąż przekonują nas, że w 1957 roku Żukow rzekomo nie szykował żadnego zamachu stanu, a tym bardziej go nie przeprowadzał. Żukow, według zapewnień tych, którzy głęboko analizują jego życiorys, na posiedzeniu Prezydium Komitetu Centralnego partii komunistycznej po prostu w emocjach rzucił jakieś słowa na wiatr, a kremlowscy durnie wystraszyli się na śmierć i oskarżyli Marszałka Zwycięstwa o bonapartyzm.

Sprawdźmy to. Postawmy kropki nad „i".

Tak więc przez cztery dni, od 18 do 21 czerwca 1957 roku, w Moskwie odbywało się wyjątkowo napięte posiedzenie najwyższego kierownictwa kraju. Obradowało 11 osób z prawem głosu decydującego i 7 osób z prawem głosu doradczego.

Dyskutowano o odwołaniu Chruszczowa. Spośród tych, którzy mieli prawo decydować, pierwszego dnia przeciwko Chruszczowowi wypowiedzieli się WSZYSCY!

Następnego dnia, kiedy Prezydium KC KPZR obradowało w pełnym składzie, ale stało się jasne, że niezgadzających się mogą wystrzelać, 7 osób było przeciwko Chruszczowowi, 3 osoby – za nim.

Kiedy padło pytanie, czy Chruszczow jest godzien kierować krajem, zgodnie z zasadami przyzwoitości powinien on był wyjść i nie wtrącać się do głosowania.

Ale Chruszczow głosował za zaufaniem do samego siebie: jestem godzien rządzić! Nawet jeżeli weźmiemy pod uwagę ten nielegalny głos, to większość i tak była przeciwko Chruszczowowi.

Aż do procedury demokratycznej wtrącił się Żukow, który nie miał nawet prawa głosu decydującego.

Żukow oświadczył, że od tej pory Armia Radziecka nie podlega najwyższej władzy kremlowskiej.

Żukow oświadczył, że odtąd władze na Kremlu będą podporządkowane władzom wojskowym.

Żukow oświadczył, że on, nie mając prawa głosu i opierając się na potędze armii, przepędza ze szczytów władzy większość kierownictwa kraju.

Żukow oświadczył, że w tym momencie wybiera Chruszczowa.

Żukow oświadczył, że od tej pory krajem będzie rządził ten, którego on raczy wskazać.

Najwyższe kremlowskie władze poddały się i podporządkowały, gdyż zagrożenie było poważne i realne. Gdyby kremlowscy przywódcy nie posłuchali Żukowa, zmiażdżyłyby ich czołgi 2. Tamańskiej Dywizji Strzeleckiej Gwardii odznaczonej Orderami Suworowa i Kutuzowa. 215 czołgów T-54 i 112 transporterów opancerzonych BTR-50P w tym przypadku by wystarczyło.

6

Z każdego punktu widzenia działania Żukowa można ocenić jednoznacznie. Bez dwóch zdań.

To przewrót pałacowy.

To pucz wojskowy.

To zamach stanu.

Dlatego zwycięzca Chruszczow jest tylko marionetką Żukowa.

Na kremlowskim zebraniu oprócz Żukowa było jeszcze dwóch marszałków.

Marszałek Związku Radzieckiego Nikołaj Aleksandrowicz Bułganin miał prawo decydującego głosu. Był przeciwko Chruszczowowi.

Marszałek Związku Radzieckiego Klimient Jefriemowicz Woroszyłow miał prawo decydującego głosu. Był przeciwko Chruszczowowi.

Marszałek Związku Radzieckiego Gieorgij Konstantinowicz Żukow nie miał prawa decydującego głosu. Swoimi działaniami zapewnił Chruszczowowi panowanie nad krajem.

Zatem nie był to zwykły pucz wojskowy, ponieważ wojskowi, którzy mieli decydujący głos, byli przeciwko Chruszczowowi. Rozgromienie i usunięcie całej grupy najwyższych przywódców w państwie oraz wygłoszone podczas walki oświadczenia były niczym innym jak proklamowaniem osobistej dyktatury Żukowa, tymczasowo ukrywającej się za obszernymi pełnomocnictwami jego protegowanego – Chruszczowa.

Żukow usunął ze szczytów władzy najwyższych kremlowskich przywódców i powierzył rządy temu, kogo wybrał sam.

Podczas gdy Żukow groził przywódcom kraju użyciem siły, na jego polecenie generałowie i admirałowie, którzy dowodzili okręgami wojskowymi i flotami, z całego kraju samolotami wojskowymi zwozili na Kreml członków Komitetu Centralnego.

Spośród 309 członków KC, zastępców członków KC oraz członków Centralnej Komisji Rewizyjnej na Kreml dostarczono 266 osób. Od 22 do 29 czerwca odbywało się plenum Komitetu Centralnego. Zgromadzeni na Kremlu przywódcy partyjni przez osiem dni z rzędu zgodnie potępiali tych, których wskazał Żukow.

Osiem dni!

Spędzeni jak stado przywódcy przestali piętnować i obrażać tak zwaną „grupę antypartyjną” tylko dlatego, że otrzymali taki sygnał. W przeciwnym razie mogliby nawet przez miesiąc piętnować Mołotowa, Malenkowa, Kaganowicza i Szepiłowa.

Nikt z 266 osób nie powiedział ani jednego dobrego słowa w obronie wyrzucanych. Dlaczego? Dlatego że wszyscy zgadzali się z linią Żukowa?

Bynajmniej. Wszyscy byli śmiertelnie przerażeni. Minie trochę czasu i wszyscy powiedzą Żukowowi, co naprawdę myślą.

7

Władza komunistyczna istniała w dwóch formatach: dyktatura wielkiego przywódcy albo kierownictwo kolektywne.

Kierownictwo kolektywne pojawia się nie dlatego, że przywódcy są tacy dobrzy, a dlatego, że wielki przywódca toleruje tylko własnego syna jako następcę. Jeżeli nie ma w kierownictwie syna, to innych następców wielki przywódca nie zaakceptuje. Niszczy tego, który wyraźnie wyróżnia się na tle najbliższego otoczenia.

Dlatego po śmierci albo obaleniu wielkiego przywódcy niezależnie od woli pozostałych przywódców zaczyna się kierownictwo kolektywne, czyli epoka tymczasowej demokracji i osłabienia władzy centralnej. Pojawia się ta tymczasowa demokracja tylko dlatego, że żaden z pozostających u władzy towarzyszy byłego przywódcy nie może od razu podporządkować sobie pozostałych.

Po śmierci Lenina pojawiło się kierownictwo kolektywne: Trocki, Zinowiew, Kamieniew, Stalin, Bucharin. Później Stalin pozbył się pozostałych i został wielkim przywódcą.

Po śmierci Stalina pojawiło się kierownictwo kolektywne: Beria, Malenkow, Bułganin, Chruszczow. Na sam szczyt wdrapał się Chruszczow.

Po usunięciu Chruszczowa pojawiło się kierownictwo kolektywne: Kosygin, Podgorny, Breżniew. W tym momencie po raz pierwszy w historii ludzkości na jednym statku poleciało w kosmos trzech radzieckich kosmonautów naraz. Wystartowali za czasów wielkiego przywódcy Chruszczowa, a wylądowali za rządów kierownictwa kolektywnego, Kosygina, Podgornego i Breżniewa.

Przywódcy wspólnie witali na lotnisku kosmonautów, a ci nie rozumieli, komu z nich należy zameldować o wykonaniu zadania zleconego dla dobra Ojczyzny. Kolektywni przywódcy też tego nie wiedzieli. Żaden z nich nie wyrywał się do przodu, żaden nie chciał przed czasem ujawniać swoich kart.

Dlatego kosmonauci złożyli meldunek partii komunistycznej i rządowi radzieckiemu.

Po śmierci Breżniewa nie nastąpił czas nowego kolektywnego kierownictwa dlatego, że pod koniec rządów Leonid Iljicz wpadł w całkowity marazm i nie kierował krajem. Władzę jeszcze za życia marazmatyka Breżniewa przejął Andropow i to on stanął na czele państwa po Breżniewie.

Ale wróćmy do naszych baranów. Żukowowi przypisuje się różnego rodzaju zasługi i cnoty. Nawet takie:

> Tylko Żukow mógł bez żadnych obaw podkreślić niedopuszczalność jakichkolwiek odstępstw od zasad kierownictwa kolektywnego.

Oświadczył to poważny historyk W. Naumow (*„Dieło" marszała G.K. Żukowa*, op. cit., s. 84).

Może przypomnijmy poważnemu historykowi, że skupienie wszystkich narzędzi produkcji oraz całego majątku w rękach państwa wymaga scentralizowanego kierowania owymi narzędziami i majątkiem. Skupienie władzy to piramida. Piramida absolutnie naturalnie kończy się władzą jednostki. Dla dwójki, a tym bardziej dziesięciu, na szczycie nie ma miejsca.

Sytuacja, gdy na samym szczycie piramidy nie było nikogo, zrodziła się po śmierci Stalina nie dlatego, że tak chciał wielki demokrata Żukow. Kierownictwo kolektywne pojawia się w sposób naturalny na krótki czas po śmierci lub obaleniu władcy. Kierownictwo kolektywne to nie odwrót od socjalizmu, czyli totalitarnego panowania biurokracji. To jedynie chwilowa cisza przed szaleństwem absolutnej władzy nowego wielkiego wodza.

I oto zwolennicy Żukowa przypisują swojemu bohaterowi wybitne cechy. Jak się okazuje, tylko Żukow mógł obronić kolektywne kierownictwo i bez obaw podkreślić niedopuszczalność jakichkolwiek odstępstw od zadeklarowanych zasad kierownictwa kolektywnego. Te cechy przypisuje się człowiekowi, który osobiście zniszczył kierownictwo kolektywne powstałe po śmierci Stalina.

Swoimi działaniami i wypowiedziami Żukow obalił najwyższe władze w kraju. Otwarcie i jednoznacznie ogłosił się opiekunem kraju i jego przywódców – czyli obwieścił, że jest wodzem i dyktatorem Związku Radzieckiego. Rozumiał to każdy, kto wówczas należał do ścisłego kierownictwa kraju.

A żukowoznawcy mówią nam, że Żukow nie wyobrażał sobie siebie jako dyktatora i nie traktował swoich działań jako zamachu stanu.

Zgódźmy się z tą tezą.

Z tego wynika, że dwie i pół setki przywódców zebranych na plenum KC w czerwcu 1957 roku uznały wypowiedzi i działania Żukowa za proklamację dyktatury, a sam Żukow nie rozumiał, kim się ogłosił.

Jeżeli rzeczywiście tak było, to pozostaje nam tylko wątpić w możliwości intelektualne Marszałka Zwycięstwa.

Moment kluczowy

Na porannym posiedzeniu plenum Komitetu Centralnego, które odbyło się 25 czerwca 1957 roku, marszałek Związku Radzieckiego Koniew oskarżył Mołotowa o to, że „traktował nas, wojskowych, dowódców frontów, po pańsku, lekceważąco, zwracając się do nas ordynarnie".

Mołotow oczywiście nie był aniołem. Ale jego demaskator też był niezły. Iwan Stiepanowicz Koniew wobec podległych mu generałów miał, jak się mówiło w armii, „niepohamowaną rękę", czyli lubił obić im gęby.

Gdy tylko Koniew wspomniał, że Mołotow zwracał się do nas „ordynarnie", Żukow od razu dodał: „Nieraz groził rozstrzelaniem".

Kogoś innego takie zachowanie mogłoby oburzać, ale nie Żukowa. A tak postępował Marszałek Zwycięstwa:

> Rozkaz bojowy dla wojsk Frontu Leningradzkiego z 17.09.41
> (...) Za opuszczenie bez pisemnej zgody rady wojennej frontu i armii wskazanej rubieży wszyscy dowódcy, oficerowie polityczni i żołnierze będą natychmiast rozstrzeliwani. (...)
> Dowódca FL, Bohater Związku Radzieckiego, generał armii Żukow.
> Członek rady wojennej FL, sekretarz KC WKP(b) Żdanow.
> Szef sztabu FL, generał porucznik Chozin*.

A oto fragment szyfrogramu dowódcy Frontu Leningradzkiego generała armii Żukowa do Rady Wojennej 8. Armii z 22 września 1941 roku:

---

* „Wojenno-Istoriczeskij Żurnał" 1988, nr 11, s. 95.

Taka rada wojenna zasługuje na surową karę, z rozstrzelaniem włącznie. Żądam: Szczerbakow, Czuchnow, Kokoriew powinni udać się do 2. DLR, 11. DS, 10. DS i osobiście poprowadzić je do walki. Szewałdin i Kokoriew mają ostrzec dowódców wszystkich szczebli, że za samowolne opuszczenie Peterhofu zostaną rozstrzelani jak tchórze i zdrajcy*.

Generał major W. Szczerbakow – dowódca 8. Armii.

Komisarz dywizyjny I. Czuchnow – członek Rady Wojennej 8. Armii.

Generał porucznik T. Szewałdin – zastępca dowódcy 8. Armii.

Generał major P. Kokoriew – szef sztabu 8. Armii.

2. DLR to 2. Leningradzka Dywizja Strzelecka Ludowego Ruszenia, czyli 10 tysięcy niewyszkolonych, niezdolnych do służby wojskowej ludzi, ubranych we własną odzież cywilną, uzbrojonych w co popadło, w tym zdobyczne japońskie szable z czasów wojny rosyjsko-japońskiej i muzealne strzelby. W Moskwie sformowano 16 takich dywizji, w Leningradzie – 10 dywizji, poza tym samodzielne pułki i bataliony. Żukow polecił dowódcy 8. Armii, żeby biegł na czele jednej z takich dywizji i krzyczał „hurra", porywając za sobą żołnierzy na niemieckie pola minowe i pod gęsty ogień karabinowy. Nie będzie zwycięstwa – rozstrzela Żukow. Ot i cała tajemnica jego kunsztu wojskowego.

23 września 1941 roku Żukow wysłał do dowódców armii Frontu Leningradzkiego i Bałtyckiego szyfrogram nr 4976:

Wyjaśnić całemu składowi osobowemu, że rodziny tych, którzy poddali się wrogowi, zostaną rozstrzelane, a po powrocie z niewoli oni również zostaną rozstrzelani**.

Żaden z hitlerowskich feldmarszałków i generałów ani nawet sam Hitler nigdy nie wydali podobnego rozkazu.

Fragment szyfrogramu Żukowa do dowódcy 49. Armii generała porucznika I. Zacharkina z 12 października 1941 roku:

---

* „Wojenno-Istoriczeskij Żurnał" 1992, nr 6, s. 18.

** „Naczało" 1991, nr 3.

Przejść do kontrofensywy i odzyskać pozycje. W przeciwnym razie za samowolny odwrót z m. Kaługi nie tylko dowództwo oddziałów, ale również wy zostaniecie rozstrzelani*. (...)

8 listopada 1941 roku dowódca 43. Armii Frontu Zachodniego generał major K. Gołubiew zwrócił się do Stalina: służba pod dowództwem Żukowa jest niemożliwa.

Drugiego dnia po przyjeździe obiecał mnie rozstrzelać, trzeciego dnia oddać pod sąd, czwartego dnia groził, że rozstrzela mnie na oczach armii**.

To tylko niektóre dokumenty z okresu dwóch miesięcy, ale tak samo Żukow zachowywał się przez całą wojnę. A teraz próbuje się nas przekonać, że po wojnie Żukow po prostu pragnął przywrócić prawdę historyczną:

Za jeden z głównych problemów partii uważał on przezwyciężenie dziedzictwa kultu Stalina. Również w latach chruszczowowskiej niełaski marszałek pozostał wierny kursowi XX Zjazdu w sprawach destalinizacji, chciał opowiedzieć ludowi prawdę o „przywódcy wszech czasów", prawdę o wydarzeniach Wielkiej Wojny Ojczyźnianej, jak sam je widział***.

---

* A. Miercałow, L. Miercałowa, *Inoj Żukow*, Moskwa 1996, s. 66.
** „Izwiestija CK KPSS" 1991, nr 3, s. 220–221.
*** „Rodina" 2000, nr 10 (październik).

Rozdział 9

1

– Muszę się zobaczyć z towarzyszem Chruszczowem. Nikitą Siergiejewiczem.

– Kim jesteście?

– Major Bułanow.

– W jakiej sprawie?

– Ważnej.

– Jestem asystentem towarzysza Chruszczowa. Możecie zreferować swoją sprawę mnie.

– Nie mogę.

– Chociaż dajcie do zrozumienia.

– Nie dam.

– Dobrze. Umówię was na spotkanie. W październiku.

– Ale teraz mamy lipiec!

– Obecnie towarzysz Chruszczow jest zajęty. Potem wyjeżdża na urlop. A wrzesień jest całkiem wypełniony.

– Sprawa jest pilna.

– Szybciej się nie da. Tylko w październiku, towarzyszu majorze.

2

Historia ludzkości to łańcuch przypadkowych zdarzeń. Uczyliśmy się tego już w dzieciństwie: zabrakło gwoździa – odpadła podkowa, bez podkowy koń zaczął utykać, dowódca na utykającym koniu stał się łatwym celem, zastrzelono dowódcę i zaczęła uciekać armia. Wróg zdobywa miasto, nie oszczędza jeńców, bo w kuźni zabrakło gwoździa.

Albo inaczej: pewna zamyślona mama zapomniała zawiązać szalik na szyi syna, ten przeziębił się, zachorował i zmarł. I my nie wiemy, jakiego straciliśmy zbrodniarza, geniusza czy genialnego zbrodniarza. I nie będziemy wiedzieć, jak potoczyłaby się historia, gdyby jego szyję tego pochmurnego listopadowego dnia otulał szalik. A inna mama tego samego dnia swojemu synkowi na cienkiej szyjce troskliwie zawiązała gruby czerwony wełniany szalik. Syn nie zachorował i nie umarł. Wyrósł i stał się dorosłym mężczyzną. Na imię mu było Adolf. I historia ludzkości potoczyła się inną drogą. Po wybojach.

Tak się złożyło, że 3 lipca 1957 roku o godzinie 12.18 czasu moskiewskiego Nikita Siergiejewicz Chruszczow, pierwszy sekretarz Komitetu Centralnego Komunistycznej Partii Związku Radzieckiego, wyszedł z gabinetu akurat w momencie, kiedy jego asystent Grigorij Trofimowicz Szujski wypowiadał słowa „tylko w październiku, towarzyszu majorze".

Gdyby Nikita wyszedł z gabinetu minutę później, to nie usłyszałby słów asystenta i historia ludzkości potoczyłaby się innym torem.

Ale Chruszczow wyszedł akurat w tamtym momencie.

I usłyszał.

Chruszczow, nazywany przez najbliższych współpracowników i podwładnych w kierownictwie kraju Kulką i Łysym Członkiem, ożywił się:

– Kto to?

– Jakiś major.

– Nazwisko?

– Bułanow.

– Zostawił numer?

– Nie. Rzucił słuchawkę.

– Natychmiast dowiedz się, skąd dzwonił.

Grigorij Trofimowicz Szujski wykręcił trzy zera i od razu otrzymał odpowiedź: dzwoniono z budki telefonicznej numer 15884 przy wyjściu awaryjnym Dworca Kijowskiego w Moskwie, rozmowa krótka, wokół tłum, więc 326. Brygada Obserwacji Zewnętrznej 7 Zarządu KGB nie zdążyła opanować sytuacji.

– No tak... – Towarzysz Chruszczow ciężko opadł na fotel.

– Nikito Siergiejewiczu, pracujemy razem od wielu lat.

Wszystko robię dobrze, jeżeli rozumiem wasze rozkazy, polecenia, logikę. Teraz nie mogę zrozumieć. Co się stało? W czym problem? Proszę wytłumaczyć. Naprawię sytuację i następnym razem nie popełnię błędu.

– Zastanów się, wierny bojarze, po jaką cholerę jakiś tam major Bułanow ma żądać spotkania z pierwszym sekretarzem Komitetu Centralnego Komunistycznej Partii Związku Radzieckiego? I jak ten major Bułanow zdobył numer telefonu mojego najważniejszego współpracownika?

Towarzysz Grigorij Trofimowicz Szujski zamyślił się, podrapał w głowę. Trudno zaprzeczyć: dał ciała. Trzeba było wypytać majora, poprosić o telefon i adres.

– Krótko mówiąc: Grigoriju Trofimyczu, ty mi majora Bułanowa wydobądź spod ziemi. Ale żeby nikt – powtarzam, nikt – nie wiedział, że go szukałem.

3

Poszukiwania utrudniał fakt, że majorzy są nie tylko w Armii Radzieckiej, służą też w milicji, KGB, wojskach ochrony pogranicza KGB i wojskach MSW.

Jednak Trofimycz skupił się głównie na Ministerstwie Obrony. Ponieważ oficerowie innych resortów meldują się inaczej. Nie są tak po prostu majorami, ale majorami bezpieczeństwa państwowego, majorami milicji, majorami służby wewnętrznej.

W ten sposób do Głównego Zarządu do spraw Kadr Ministerstwa Obrony ZSRR zatelefonował referent z Prezydium Rady Najwyższej: poszukujemy bohaterów wojennych o nazwiskach Bieriestow, Bułanow, Wozniuk, Rylski, Smorodow. Sprawę nadzoruje osobiście towarzysz Woroszyłow, więc na poszukiwania macie dwie godziny.

Asystent towarzysza Chruszczowa Grigorij Trofimowicz Szujski wysłał pilne zapytania do KGB i MSW. I w tym przypadku w imieniu kogoś innego. Tu też nazwisko Bułanowa ukrył wśród innych nazwisk.

Od zakończenia wojny minęło dwanaście lat, dlatego z dużym prawdopodobieństwem można było przypuszczać, że major, który dzwonił do sekretariatu Chruszczowa, walczył na froncie. Dlatego poszukiwano go rzekomo jako bohatera, któremu nie wręczono odznaczenia.

Ale można było założyć, że nie walczył. Jeżeli do szkoły oficerskiej trafił pod sam koniec wojny czy nawet po jej zwycięskim zakończeniu, to akurat nadszedł czas, żeby został majorem.

Gdyby major nie walczył, to i na tę okoliczność przygotowano stosowny tryb poszukiwań.

4

Nikita Chruszczow spędził noc na Kremlu, rozkazawszy znacznie wzmocnić ochronę nie tylko tej twierdzy, ale i budynków Komitetu Centralnego na placu Starym. Szujskiemu kazał się budzić o każdej porze, gdy tylko coś się pojawi.

Grigorij Trofimowicz Szujski obudził pierwszego sekretarza KC o bladym świcie. O godzinie czwartej z minutami. Pojawił się w kremlowskim mieszkaniu Chruszczowa nieogolony, z przekrwionymi i podkrążonymi oczami. Zameldował, powstrzymując ziewanie:

– Major Jurij Siergiejewicz Bułanow, oficer do zleceń specjalnych generała porucznika Mamsurowa.

– A gdzie jest Mamsurow? Dowodzi 38. Armią?

– Dowodził. Do niedawna. Na wniosek ministra obrony ZSRR marszałka Związku Radzieckiego Żukowa generał porucznik Mamsurow został mianowany pierwszym zastępcą naczelnika Głównego Zarządu Rozpoznawczego Sztabu Generalnego.

– Zatwierdzony?

– Pod decyzją Prezydium Komitetu Centralnego jest wasz podpis, Nikito Siergiejewiczu.

– Teraz sobie przypominam. Mamy problem, Grigoriju Trofimyczu.

5

Majora Jurija Siergiejewicza Bułanowa zatrzymał na ulicy przypadkowy przechodzień w sfatygowanym brezentowym płaszczu, machnął szkarłatną legitymacją ze złotym godłem, poprosił o pójście z nim. Za rogiem czekała niepozorna szara pobieda.

Konstruktorzy radzieccy zaprojektowali ten samochód już w czasie wojny. Testy przeprowadzono w zwycięskim 1945 roku. Nadano mu dumne imię Rodina (Ojczyzna). I zaprezentowano towarzyszowi Stalinowi. Towarzysz Stalin obejrzał arcydzieło myśli konstruktorskiej i od niechcenia zapytał: Za ile będziecie rodinę sprzedawać?

Wówczas nadano samochodowi inną nazwę. Jeszcze raz pokazano go towarzyszowi Stalinowi. Towarzysz Stalin pochwalił: Pobieda (zwycięstwo), a niewielka.

6

Spotkania przywódców wysokiej rangi, jeżeli postronni nie musieli o nich wiedzieć, odbywały się u nas w daczach, za zielonymi parkanami, w sosnowych borach. Tych najważniejszych – w Srebrnym Borze.

Naród rosyjski potrafi nadawać ładne nazwy. Srebrny Bór! Ktoś miał tyle wyobraźni, że nazwał tak sosnowy zagajnik za szerokim kanałem w spokojnej okolicy na obrzeżach Moskwy. Byłoby jeszcze lepiej, gdyby to magiczne miejsce mianowano Złotym Borem.

Srebrny Bór! Tu zawsze jest pięknie. Szczególnie w lipcu: wiewiórki ścigają się po gałęziach drzew, ćwierkają radośnie ptaki nieznanego gatunku, brzęczy trzmiel, delektując się nektarem.

Najpierw towarzysz Chruszczow poinformował majora Bułanowa, że jego nieobecność w pracy nie zostanie zauważona: generał porucznik Mamsurow dzisiaj przez cały dzień będzie zajęty sprawami administracyjnymi w Komitecie Centralnym. Zadbano o to. Towarzysz Chruszczow zapytał majora o pracę, rodzinę i zdrowie, po czym przeszedł do rzeczy.

– Nikito Siergiejewiczu, wiem, że nie miałem prawa...

– Macie prawo. Zostało to zapisane w statucie KPZR, uchwalonym przez XIX Zjazd partii komunistycznej. Każdy komunista ma prawo zwrócić się do dowolnego organu partii, z Komitetem Centralnym włącznie. Jesteście komunistą.

Zwróciliście się do Komitetu Centralnego. Ja jestem pierwszym sekretarzem Komitetu Centralnego. Słucham więc, towarzyszu majorze.

– Nikito Siergiejewiczu, możecie mnie ukarać, oddać pod sąd, jeśli czymś zawiniłem, ale pozwólcie najpierw, że zadam pytanie.

– Słucham.

– Czy coś wiecie na temat CON? To Centrum Specjalnego Przeznaczenia GRU.

– Nie.

– Czy wiecie, kto jest naczelnikiem tego Centrum?

– Nie wiem.

– Jego naczelnikiem jest generał porucznik Mamsurow.

– Mamsurow jest pierwszym zastępcą naczelnika GRU.

– Dokładnie. Ale ma też równoległe stanowisko.

– Interesujące.

– O tym nikt nie powinien wiedzieć.

– To skąd wiecie?

– Przez przypadek.

– Można prosić o więcej szczegółów?

– Oczywiście. Od czego zacząć?

– Od początku.

– Rozumiem. Chodzi o to, że pełnię zaszczytne stanowisko – jestem oficerem do zleceń specjalnych generała porucznika Mamsurowa. Ale taki oficer czasami musi wykonywać podrzędne obowiązki adiutanta. Na pewno wiecie, na czym polegają te różnice.

– Wiem. Ale proszę mi jeszcze przypomnieć.

– Adiutant odbiera tajne dokumenty i mapy. Adiutant nosi za przełożonym teczkę. Adiutant siedzi przy telefonie, prowadzi dziennik korespondencji, temperuje ołówki. W warunkach polowych, gdzie nie ma kelnerów, polewa wodę ognistą do kolacji, kroi kiełbasę, zapewnia dziewczynki na noc, jeżeli dostanie takie polecenie. Proszę wybaczyć, Nikito Siergiejewiczu, mówię, jak jest, a nie jak być powinno.

– I właśnie tak trzeba.

– A oficer do zleceń specjalnych ma i wyższą rangę, i stopień, i obowiązki zupełnie inne. Powinien znać wszystkie jednostki, które podlegają jego przełożonemu, wszystkie słabe i silne strony tych jednostek, ich położenie, stan i zadania, które muszą wykonać. Oficer do zleceń specjalnych, choć to zabrzmi dziwnie, powinien orientować się w sytuacji lepiej niż jego dowódca. Jego oczami dowódca wysokiej rangi spogląda na pole walki. Na przykład jesienią ubiegłego roku na Węgrzech 66. Dywizja Strzelecka Gwardii zameldowała sztabowi 38. Armii, że 1. batalion 193. pułku strzeleckiego Gwardii zajął most kolejowy na Dunaju. Dowodzący armią generał porucznik Mamsurow natychmiast postanowił opanować sytuację. Ale sam nie miał ani możliwości, ani czasu, żeby się tam udać, a i 38. Armii nikt mu nie pozwolił zostawić. Wysyła mnie. Biorę trzy BTR-152. Na jednym karabin przeciwlotniczy ZPU-2, świetny do ostrzału górnych pięter długimi seriami z dwóch luf naraz, na dwóch pozostałych transporterach – pluton strzelecki. Jadę do mostu. Po drodze trafiamy pod ogień. Jeden żołnierz zginął, czterech rannych.

– Przedarliście się?

– Ależ tak. Zwymyślałem dowódcę batalionu, który bronił mostu. Mimo że on był podpułkownikiem, a ja – kapitanem. Obrona mostu słabiutka. Mówię do niego: Rozbiją cię, puszczą ciężarówkę z dynamitem na most i wysadzą. I cała 38. Armia zostanie na zachodnim brzegu Dunaju bez amunicji, jedzenia i paliwa. A to dlatego, że obronę obiektu, można powiedzieć strategicznego, prowadzisz, kombacie, w partacki sposób. Kop transzeje i okopy! Rób zasieki. Osłoń podejścia polami minowymi!

– Osłonił?

– Osłonił, Nikito Siergiejewiczu. To nie była jego wina. Nie dali mu ani min przeciwpiechotnych, ani drutu. I miał niewielu ludzi do obrony takiego obiektu. Pędzę z powrotem do punktu dowodzenia armii. Melduję dowódcy 38. Armii generałowi porucznikowi Mamsurowowi: Dowódca batalionu to równy chłop. Trzeba go jakoś odznaczyć. Nie jego wina, że obrona słaba. To dowódcę pułku trzeba nauczyć moresu. Dlaczego jeszcze jednego batalionu nie wyznaczył do obrony? Dlaczego nie wzmocnił czołgami? Jeden osłabiony batalion tego mostu nie utrzyma.

Minister spraw zagranicznych Wiaczesław Mołotow podczas wizyty w USA, 18 czerwca 1955 r.

Delegacja radziecka podczas konferencji genewskiej w 1955 r. W pierwszym rzędzie (od lewej): minister obrony marszałek Gieorgij Żukow, I sekretarz KC KPZR Nikita Chruszczow i premier Nikołaj Bułganin

Chruszczow i Żukow podczas konferencji genewskiej w 1955 r.

Bułganin i Chruszczow przy Cenotafie w Londynie, kwiecień 1956 r.

Generał Ronald Ivelaw-Chapman (RAF), Chruszczow i Żukow podczas pokazu lotniczego w Moskwie, 1956 r.

Chruszczow, Żukow i generał Nathan Farragut Twining (USAF) podczas pokazu lotniczego w Moskwie, 1956 r.

© Lisa Larsen / The LIFE Images Collection / Getty Images

Żukow podczas przyjęcia na cześć prezydenta Josipa Broz Tity, Moskwa, czerwiec 1956 r.

© Klaus Rose / Ullstein Bild / Getty Images

Uczestniczki Światowego Festiwalu Młodzieży i Studentów, na który przybyły 34 tysiące gości ze 131 krajów, Moskwa, 1957 r.

Delegacja amerykańska na otwarciu Światowego Festiwalu Młodzieży i Studentów w Moskwie, 28 lipca 1957 r.

„Naprzód, młodzieży świata, nas braterski połączył dziś marsz”. Światowy Festiwal Młodzieży i Studentów, Moskwa, 1957 r.

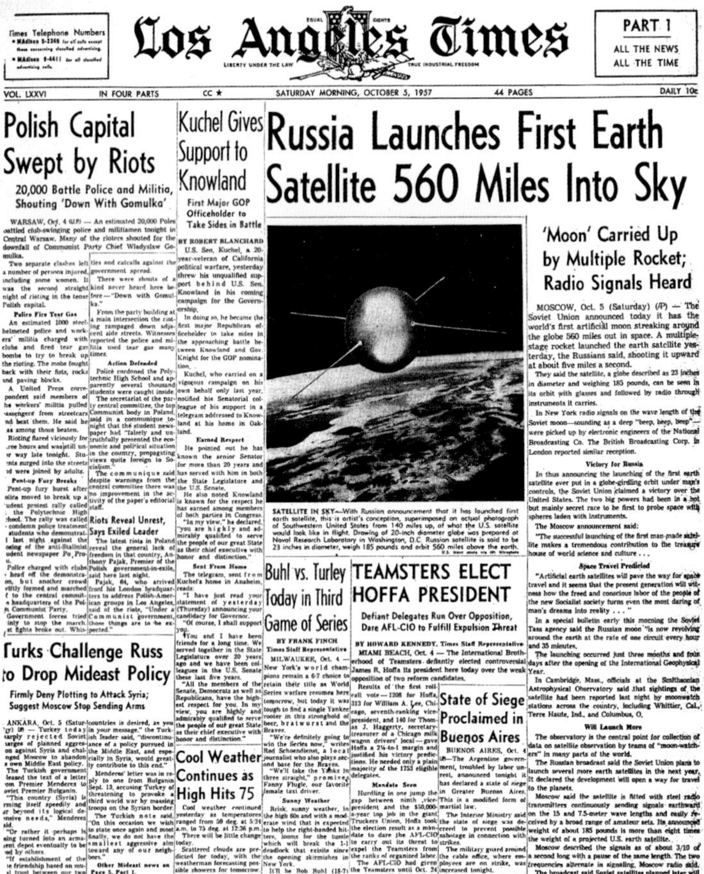

Times Telephone Numbers

Los Angeles Times

PART 1 ALL THE NEWS ALL THE TIME

VOL. LXXVI · IN FOUR PARTS · CC ★ · SATURDAY MORNING, OCTOBER 5, 1957 · 44 PAGES · DAILY 10c

Russia Launches First Earth Satellite 560 Miles Into Sky

'Moon' Carried Up by Multiple Rocket; Radio Signals Heard

MOSCOW, Oct. 5 (Saturday) (AP) — The Soviet Union announced today it has the world's first artificial moon streaking around the globe 560 miles out in space. A multiple-stage rocket launched the earth satellite yesterday, the Russians said, shooting it upward at about five miles a second.

They said the satellite, a globe described as 23 inches in diameter and weighing 185 pounds, can be seen in its orbit with glasses and followed by radio through instruments it carries.

In New York radio signals on the wave length of the Soviet moon—sounding as a deep "beep, beep, beep"—were picked up by electronic engineers of the National Broadcasting Co. The British Broadcasting Corp. in London reported similar reception.

SATELLITE IN SKY—With Russian announcement that it has launched first earth satellite, this is artist's conception, superimposed on actual photograph of Southwestern United States from 140 miles up, of what the U.S. satellite would look like in flight. Drawing of 20-inch diameter globe was prepared at Naval Research Laboratory in Washington, D.C. Russian satellite is said to be 23 inches in diameter, weigh 185 pounds and orbit 560 miles above the earth.

Polish Capital Swept by Riots

20,000 Battle Police and Militia, Shouting 'Down With Gomulka'

WARSAW, Oct. 4 (UP) — An estimated 20,000 Poles battled club-swinging police and militiamen tonight in Central Warsaw. Many of the rioters shouted for the downfall of Communist Party Chief Wladyslaw Gomulka.

Kuchel Gives Support to Knowland

First Major GOP Officeholder to Take Sides in Battle

Riots Reveal Unrest, Says Exiled Leader

Turks Challenge Russ to Drop Mideast Policy

Firmly Deny Plotting to Attack Syria; Suggest Moscow Stop Sending Arms

Buhl vs. Turley Today in Third Game of Series

TEAMSTERS ELECT HOFFA PRESIDENT

Defiant Delegates Run Over Opposition, Dare AFL-CIO to Fulfill Expulsion Threat

Cool Weather Continues as High Hits 75

State of Siege Proclaimed in Buenos Aires

Coty Bids Mollet Form New Cabinet in France

Nixon Secludes Self in Florida

Author Michener Among 13 on Ditched Plane

Three Men Swept to Deaths by Slide on Highway

THE WEATHER

INDEX OF FEATURES

Pittsburgh Defeats SC Trojans, 20-14

$35,000 CONTEST DETAILS INSIDE

THREE-SECOND VIEW

2 Whittier Watchers Briefly See Satellite

Pierwsza strona „Los Angeles Timesa" z 5 października 1957 roku z informacjami o starcie Sputnika 1 oraz o zamieszkach ulicznych w Warszawie

Sputnik 1 miał 58 cm średnicy i ważył 83,6 kg.

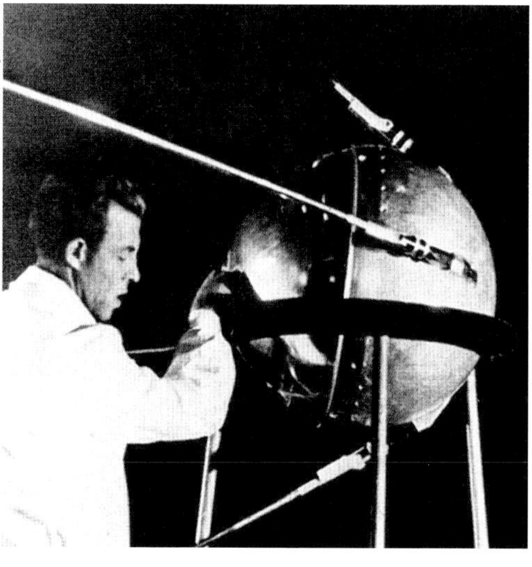

Sputnik 1

Rakieta nośna 8K71PS z pierwszym sztucznym satelitą na stanowisku startowym

Defilada z okazji 40 rocznicy Wielkiej Socjalistycznej Rewolucji Październikowej, Moskwa, 7 listopada 1957 r.

– Utrzymaliście most?

– Utrzymaliśmy, Nikito Siergiejewiczu. Ja tego kombata już po Węgrzech spotkałem. Ja dostałem za tamten most wcześniejsze szlify majora, a on – Order Aleksandra Newskiego. Na tę okoliczność wypiliśmy razem flaszkę spirytusu.

– Ale czasami musicie pracować jako adiutant?

– Tak, Nikito Siergiejewiczu. Trzy dni temu generał porucznik Mamsurow wysłał swojego adiutanta po coś do Tambowa, więc przejąłem wówczas jego obowiązki. Generał Mamsurow zapoznaje się z nowym stanowiskiem. Według naszych zwyczajów należy mu się, jak każdemu oficerowi i generałowi, dodatkowe świadczenie, czyli jeszcze jedna dodatkowa wypłata. I nie na koniec miesiąca, a od razu po stawieniu się w nowym miejscu służby. To zadanie dla adiutanta – odbierać pieniądze dowódcy w finansach. Przecież sam generał nie będzie się kisił w kolejce. Idę. Odbieram. Zanoszę kopertę do generała Mamsurowa. Potem trzeba wpłacić partyjne składki członkowskie. Generał odliczył co trzeba, podaje mi legitymację partyjną i pieniądze.

– Każdy komunista powinien osobiście wpłacać składki.

– No właśnie. Ale generał Mamsurow był zajęty. Zatem idę do komórki partyjnej GRU, płacę. Sekretarz nie przyjmuje pieniędzy. Mówi, że za dużo przyniosłem.

– Generał się pomylił?

– O to właśnie chodzi, Nikito Siergiejewiczu, że generał Mamsurow nigdy się nie myli.

– No to o co chodzi?

– Do tego zmierzam: o co chodzi? Nie fatygując generała, zaczynam szukać. Ekwiwalent, tak jak pensja, składa się z trzech części: należność za stopień wojskowy, za stanowisko i dodatek stażowy. Wychodzą mi totalne bzdury. Dobrze wiem, że generał zajmuje tylko jedno stanowisko – pierwszego zastępcy naczelnika GRU – a płacą mu jeszcze za jakieś inne.

– Jeżeli dobrze zrozumiałem, generał Mamsurow odebrał wypłatę za dwa stanowiska naraz. I jak uczciwy komunista sumiennie zapłacił składki od całej otrzymanej kwoty. Ale sekretarz komitetu partyjnego GRU nic nie wiedział o drugim stanowisku, więc nie przyjął pieniędzy. Uznał, że generał się pomylił i zapłacił za dużo.

– Właśnie.

– Poinformowaliście generała Mamsurowa, że nastąpiło jakieś nieporozumienie...

– Nie, Nikito Siergiejewiczu. Nic generałowi nie powiedziałem. Poszedłem do finansów, żeby sprawdzić, o co chodzi.

– I?

– I kasjer powiedział, że wszystko jest dobrze. 28 czerwca 1957 roku utworzono jednostkę wojskową 41339 i generał porucznik Mamsurow, niezależnie od stanowiska pierwszego zastępcy naczelnika GRU, został jej dowódcą, więc pieniądze wypłacono mu prawidłowo.

– A finansów ta sytuacja nie zastanowiła?

– Nie. Przez wydział finansowy GRU idą miliony. Dla nich kilka dodatkowych tysięcy jest kwotą niemal błahą. Dla finansów najważniejsze jest to, żeby bilans się zgadzał. Przybył nowy pierwszy zastępca naczelnika GRU, należą mu się pieniądze z takiego a takiego tytułu. Jeżeli w kolumnach liczb wszystko się zgadza co do rubla i kopiejki, finansów nic więcej nie interesuje. Każą im zapłacić za stanowisko pierwszego zastępcy – płacą. A gdy jeszcze każą im zapłacić za stanowisko dowódcy takiej a takiej jednostki wojskowej, nie ma problemu – płacą i za to.

– Dowiedzieliście się, co to za jednostka? Co się kryje pod tym numerem?

– Dowiedziałem się.

– Jak?

– Do obowiązków adiutanta należy odbieranie dokumentów dla przełożonego w wydziale informacji niejawnych, noszenie za nim teczki, a po pracy zwracanie dokumentów do wspomnianego wydziału. W związku z tym, że musiałem wykonywać mniej honorowe obowiązki adiutanta i doszło do czegoś takiego, skorzystałem z okazji i zajrzałem do ściśle tajnych dokumentów generała Mamsurowa. Gotów jestem ponieść za to najsurowszą karę przewidzianą w Kodeksie karnym.

– Jeżeli Kodeks karny będzie miał wobec kogoś zastosowanie, to nie wobec was, towarzyszu majorze. Kto podpisał rozkaz utworzenia tej jednostki wojskowej?

– Minister obrony, marszałek Związku Radzieckiego Żukow.

– Co to za jednostka?

– Jednostka wojskowa nr 41339, czyli Centrum Specjalnego Przeznaczenia GRU, to absolutnie niezwykła jednostka. Szkoli się tam dywersantów. W akademiach wojskowych oficerowie studiują trzy, cztery lata. W Akademii Wojskowej Sztabu Generalnego – jeszcze mniej. A tu czas szkolenia zwykłych szeregowców wynosi siedem lat. Dlaczego tyle? Zasadnicza służba wojskowa w Armii Radzieckiej trwa trzy lata, a u tamtych – siedem. W składzie osobowym są tylko żołnierze nadterminowi, a to egzotyka dla Armii Radzieckiej, nigdy czegoś takiego nie mieliśmy.

– A jacy są tam żołnierze?

– To dywersanci, sportowcy najwyższej klasy: zapaśnicy, sambiści, bokserzy, strzelcy, motocykliści, narciarze, spadochroniarze, pięcioboiści. Co najmniej dwa tysiące. U nas w wojsku szeregowy otrzymuje 30 rubli żołdu miesięcznie, a szeregowy CON – równo 24 razy więcej. Czyli jeden zarabia tyle, ile żołnierze całego plutonu. To nie wszystko. 720 rubli to tylko sam żołd. Żukow wprowadził całą kupę dodatków za staż, za kwalifikacje, za każdy dzień ćwiczeń polowych, za skoki ze spadochronem, za dostęp do tajnych dokumentów. Dodatki w sumie przewyższają żołd. Wychodzi na to, że szeregowcy zarabiają więcej od oficerów Armii Radzieckiej. Ponadto – świetne żarcie, najlepsze koszary, znakomite wyposażenie, mundury najwyższej jakości. O oficerach CON nawet nie mówię. Przydzielono im mieszkania z zasobów ministerstwa, pobory jakieś zupełnie niewyobrażalne. Sam Mamsurow jako naczelnik CON dostaje prawie tyle, ile zarabia jako zastępca naczelnika GRU.

– Gdzie mieści się to Centrum?

– Centrum jako takie nie istnieje. Żeby nie straszyć władz lokalnych i czujnych kompetentnych organów, niewielkie oddziały, plutony i kompanie rozlokowano w różnych garnizonach i obozach wojskowych: w Woroneżu, Tambowie, Tule. Ale na dobrą sprawę wszyscy znajdują się w odległości jednej nocnej podróży pociągiem do Moskwy. Jedna kompania jest w Ałabinie. Zamaskowana jako obóz drużyn sportowych okręgów wojskowych i flot.

– Zrobimy tak, towarzyszu majorze. Wyślę teraz człowieka do komitetu partii w GRU, poinformuje on sekretarza o powołaniu specjalnej jednostki wojskowej, która rzekomo powstała wskutek decyzji Komitetu Centralnego. O jej istnieniu nie powinien nikt wiedzieć. Mój człowiek zażąda od sekretarza, żeby przyjmował składki generała porucznika Mamsurowa bez żadnych pytań. Przypomni sekretarzowi o odpowiedzialności za zachowanie tajemnicy państwowej, wojskowej i partyjnej. Po czym udacie się do sekretarza i dacie mu pieniądze. Niech sekretarz przybije pieczątkę w legitymacji partyjnej Mamsurowa, żeby potwierdził, że składki zostały uregulowane. Zwrócicie legitymację generałowi jak gdyby nigdy nic: wręczył wam pieniądze, wy oddaliście je do partkomu. Przy tym nikt nie zadawał żadnych pytań. Mnie, towarzyszu majorze, nigdy nie spotkaliście i niczego mi nie opowiadaliście. Wszystko jasne?

– Wszystko.

– Dziękuję, towarzyszu majorze. Sprawdzimy to. Idźcie, nie martwcie się o swoją przyszłość. Zadbam o nią.

7

Major Bułanow, oficer do zleceń specjalnych pierwszego zastępcy naczelnika GRU, zupełnie przypadkowo dowiedział się o tym, że jego szef, generał porucznik Mamsurow, oprócz podstawowego miejsca pracy zajmuje dodatkowo ściśle tajne stanowisko naczelnika CON – Centrum Specjalnego Przeznaczenia GRU. Major uznał, że coś tu nie gra. I zameldował o tym Chruszczowowi.

Major, który miał dar analityczny i z natury, i z racji zajmowanego stanowiska, właściwie ocenił przypadkowo zdobytą informację. Mimo to po prostu nie mógł zrozumieć wagi tego zdarzenia ze względu na stosunkowo niewysokie miejsce w hierarchii służbowej.

W istocie odkrył, że minister obrony ZSRR, czterokrotny Bohater Związku Radzieckiego, marszałek Związku Radzieckiego Gieorgij Konstantinowicz Żukow, naczelnik GRU generał pułkownik Siergiej Matwiejewicz Sztiemienko oraz pierwszy zastępca naczelnika GRU, Bohater Związku Radzieckiego, generał porucznik Chadżi-Umar Mamsurow 28 czerwca 1957 roku przeprowadzili jeszcze jeden zamach stanu.

Chociaż jeszcze nikogo o tym nie poinformowali.

Moment kluczowy

Żukow był sługusem i chamem. Chamem przy tych, którzy byli chociażby o jedną gwiazdkę niżej. Sługusem przy tych, którzy byli wyżej.

Był sługusem i chamem jednocześnie, bez jakichkolwiek form pośrednich między tymi stanami.

Po wojnie wyszły na światło dzienne liczne przestępstwa Żukowa: bezprawne rozdawanie orderów, złodziejstwo, szabrownictwo. A za szabrownictwo artykuł 266 Kodeksu karnego RFSRR przewidywał surową karę, z karą śmierci włącznie.

Stalin był zadziwiająco łagodny. Nie rozstrzelał szabrownika Żukowa ani nawet nie wsadził do więzienia. Żukow został jedynie wyrzucony ze składu członków KC partii komunistycznej. Ale pojawiały się coraz to nowe szczegóły dotyczące jego działalności. Żukowowi groziło wyrzucenie z partii. A to oznaczało koniec kariery.

12 stycznia 1948 roku Żukow wysłał pełen skruchy list do członka Biura Politycznego i sekretarza KC Żdanowa, który na polecenie Stalina badał brudne sprawki zbrodniarza wojennego Żukowa. Żukow skomlał jak zbity pies, prosił, żeby nie wyrzucać go z partii, obiecywał poprawę. Stalina nazywał w liście albo po prostu wielkim, albo wielkim przywódcą. A siebie – sługą wielkiego Stalina („Wojenno-Istoriczeskij Archiw" 2007, nr 2, s. 57).

Zastanówmy się: komuniści walczą z wyzyskiem człowieka przez człowieka, o równość wszystkich ludzi na ziemi. A komunista Żukow pisze oficjalny list do najwyższych władz partii komunistycznej. Prosi, żeby pozostawiono go w szeregach komunistów, i dobrowolnie nazywa siebie sługą, czyli poddanym, innego człowieka.

Kult Stalina stworzyli bezwolni ludzie o elastycznych kręgosłupach, którzy, jak Żukow, otwarcie nazywali siebie poddanymi Stalina. Obalenie kultu Stalina było dla nich zapłatą za podłe zachowanie w przeszłości, za dobrowolne samoponiżanie.

Rozdział 10

1

Dowódca 38. Armii Karpackiego Okręgu Wojskowego nie należy do nomenklatury KC. To wyższy poziom. Dowódca armii to stanowisko nomenklatury Sekretariatu KC, czyli decyzji o jego nominacji czy odwołaniu nie podejmują jacyś tam szeregowi naczelnicy w szeregowych wydziałach KC. Oznacza to, że o losach dowódcy armii może decydować tylko ktoś spośród sekretarzy KC.

A zastępcy naczelnika GRU, tym bardziej pierwszy zastępca – to osoby jeszcze wyższych lotów. To nomenklatura Biura Politycznego, w czasach Chruszczowa nazywanego Prezydium Komitetu Centralnego. Tylko tam, na samej górze, zatwierdzano kandydatów na to stanowisko. O losach pierwszego zastępcy naczelnika GRU mogło decydować tylko Prezydium KC. I nikt inny.

To właśnie Prezydium KC na wniosek marszałka Związku Radzieckiego Żukowa mianowało dowódcę 38. Armii Karpackiego OW generała porucznika Mamsurowa na stanowisko pierwszego zastępcy naczelnika GRU. Tylko Prezydium KC miało prawo odwołać go z tego stanowiska, dodać albo zabrać mu jakieś obowiązki.

Major Bułanow, który był oficerem do zleceń specjalnych najpierw dowódcy 38. Armii, a później również pierwszego zastępcy naczelnika GRU, i miał dostęp do największych tajemnic, zupełnie przypadkowo dowiedział się o istnieniu Centrum Specjalnego Przeznaczenia GRU. I oburzył się, kiedy odkrył to kuriozum: szeregowcy z tego centrum otrzymywali tyle samo pieniędzy, ile otrzymują oficerowie z dużym stażem, dowodzący kompaniami i batalionami. Sierżanci CON, którzy dowodzą dziesięcioosobowymi drużynami, zarabiali tyle, ile zarabiają starzy pułkownicy kierujący pułkami, brygadami i nawet dywizjami, czyli tysiącami żołnierzy, sierżantów i oficerów.

CON GRU, cała ta niezwykła tajna organizacja, dokładnie zamaskowana i ukryta przed niepowołanymi, w tym również przed kierownictwem kraju, była swojego rodzaju szkołą dywersantów, z siedmioletnim programem szkoleniowym, ale też i gotową do podjęcia walki w każdej chwili. A dowodził tą szkołą sam pierwszy zastępca naczelnika GRU.

A to już nonsens i absurd: GRU podlegała ściśle tajna Wojskowa Akademia Dyplomatyczna. Przygotowywała oficerów wywiadu dla wydziałów i zarządów sztabów okręgów wojskowych, flot, grup wojsk i frontów, oficerów nielegałów i dyplomatycznych rezydentur GRU, analityków Służby Informacyjnej GRU. Wojskową Akademią Dyplomatyczną kierował ktoś w randze generała pułkownika. I nikomu nie przyszło do głowy, żeby postawić na czele Wojskowej Akademii Dyplomatycznej pierwszego zastępcę naczelnika GRU! To jest poniżej jego statusu. Ma dość własnych obowiązków.

Ale ktoś wpadł na pomysł, żeby generał porucznik Mamsurow, dla którego nawet stanowisko szefa Wojskowej Akademii Dyplomatycznej oznaczałoby degradację, kierował jakąś uczelnią szkolącą szeregowców i sierżantów!

Właśnie to zdziwiło majora Bułanowa. Dlatego zgłosił się do I sekretarza Komitetu Centralnego Komunistycznej Partii Związku Radzieckiego Nikity Siergiejewicza Chruszczowa.

Podsumujmy.

Po pierwsze, minister obrony ZSRR marszałek Związku Radzieckiego Żukow oraz naczelnik Głównego Zarządu Rozpoznawczego Sztabu Generalnego generał pułkownik Sztiemienko samowolnie, nie informując kierownictwa kraju, powołali tajną szkołę dla dwóch i pół tysiąca doborowych dywersantów.

Po drugie, szeregowcy przebywali tam na zasadach służby kontraktowej, co jest niebywałe jak na zwyczaje panujące w Armii Radzieckiej. Czegoś takiego w wojsku nie było.

Po trzecie, tajna szkoła z niewiadomych powodów została podzielona na kilka pomniejszych jednostek porozrzucanych po różnych garnizonach i obozach wojskowych.

Po czwarte, szkoła nie powstała w przypadkowych miejscach, jej filie mieszczą się w odległości co najwyżej pięciuset kilometrów od stolicy kraju. Dlaczego nie w Kazachstanie? Dlaczego nie na Ałtaju? Dlaczego nie w Zabajkalu? Komu potrzebni są komandosi w pobliżu Moskwy, w odległości pięciuset, a nawet stu kilometrów od Kremla?

Po piąte, minister obrony marszałek Związku Radzieckiego Żukow wypłaca swoim doborowym żołnierzom niewyobrażalne oficerskie pensje, łamiąc dyscyplinę finansową i socjalistyczne zasady wynagradzania.

Po szóste, Żukow wyznaczył do kierowania szkołą dywersantów pierwszego zastępcę naczelnika GRU, co można porównać do wysłania czterdziestotonowej wywrotki do dostawy zabawek dla przedszkoli czy wykorzystania koparki z wielkim czerpakiem o pojemności 25 m^3 i stumetrowym ramieniem do kopania odpływu na działce.

Po siódme, cała sprawa była objęta tajemnicą wojskową. O tym, że generał porucznik Mamsurow poza podstawowym stanowiskiem dodatkowo pełni funkcję przełożonego szkoły dywersantów, nie wiedział nikt, z jego osobistym oficerem do zleceń specjalnych włącznie.

Co się za tym wszystkim kryje?

Ale nawet po zadaniu tego pytania, nawet po udzieleniu logicznej odpowiedzi na nie, major Bułanow nie mógł zrozumieć rzeczywistego sensu wydarzeń, gdyż jak każdy zwykły obywatel radziecki nie był wtajemniczony w działania sfer rządzących, nie znał i nie mógł znać tajnych zasad działania mechanizmu władzy.

2

Dla nas wszystkich, dla kraju, obywateli, świata zewnętrznego, stworzono lukrowany obraz: Rada Najwyższa ZSRR, rady lokalne, wybory deputowanych ludowych, głosowania, uchwały Prezydium Rady Najwyższej...

Jednak w rzeczywistości w państwie funkcjonował zupełnie inny, ukrywany przed obywatelami mechanizm władzy. Władza ta żyła i pracowała według własnych tajnych zasad, dokładnie tak, jak kryminalne podziemie kieruje się sobie tylko znanymi prawami, ma swoją etykę i estetykę, system kar i nagród, swoją skalę wartości, swoje wyobrażenia o tym, co dobre i złe, i nawet posługuje się własnym językiem niezrozumiałym dla kogoś z zewnątrz.

Główna zasada polegała na tym, że tylko partia komunistyczna i jej najwyżsi przywódcy mieli prawo decydować o sprawach kadrowych. Marszałek Związku Radzieckiego Żukow, tworząc w tajemnicy Centrum Specjalnego Przeznaczenia i umieszczając na jego czele pierwszego zastępcę naczelnika GRU, złamał podstawową zasadę funkcjonowania władzy. Inaczej mówiąc, wyszedł spod kontroli partii komunistycznej. Zignorował jej prawo mianowania i odwoływania władz na różnych szczeblach, przydzielania i odbierania stanowisk. Powstała sytuacja podobna do tej, kiedy w bandzie kryminalistów ktoś w tajemnicy, wbrew woli herszta, nie informując go, decyduje o zasadniczych kwestiach.

Latem 1957 roku sytuacja, ogólnie rzecz biorąc, wyglądała tak jak w bandzie kryminalistów. Kierownictwo Związku Radzieckiego rzeczywiście było bandą – największą i najokrutniejszą bandą w historii świata. Na złoconej pryczy zasiadał herszt o pseudonimie Chruszcz, a jego pomagier Żuczyło w tajemnicy tworzył własną bandę.

Nawiasem mówiąc, w ówczesnym slangu więziennym słowo „żuk" oznaczało bandytę, sprytnego złodzieja, a później ojca chrzestnego. Słowo to miało mnóstwo pochodnych. Nazwisko Żukowa brzmiało dla kryminalistów po swojsku. Ale nazwisko Chruszczowa ma podobne znaczenie, bo chruszczami nazywano też chrząszcze, niezwykle szkodliwe w rolnictwie i leśnictwie.

Nie chodzi oczywiście o określenia ani o to, że Żukow i Chruszczow byli wyjątkowymi kryminalistami. Latem 1957 roku pojawiło się pytanie: Kto kogo?

Nawet jeżeli w planach Żukowa nie było niczego podstępnego, należało go natychmiast wyrzucić. Ponieważ przesadził. Ponieważ złamał święte zasady bandy.

Ale Żukow też nie miał innego wyjścia. W tajemnicy złamał prawo mrocznego, zamkniętego dla niepowołanych świata nazywanego nomenklaturą. Wiedział, że za takie zachowanie wcześniej zabijano. Sam Żukow cztery lata wcześniej w dawnym gabinecie Stalina aresztował marszałka Związku Radzieckiego Berię, gdyż Ławrientij Pawłowicz Beria wprowadził kilku swoich ludzi na kluczowe stanowiska w MSW bez uzgodnienia z kierownictwem partii komunistycznej.

Za to rozstrzelano Berię oraz tych, których awansował na kierownicze stanowiska. Tak więc Żukow, wybrawszy drogę Berii, musiał nią iść do końca – obalić herszta i zająć jego miejsce. W przeciwnym razie kariera Żukowa w każdej chwili mogła zakończyć się z nieprzewidywalnymi konsekwencjami dla niego samego oraz jego otoczenia, gdyby ktoś się dowiedział o tym, że minister obrony samowolnie zajmuje się rozdawaniem stanowisk podwładnym, nie pytając o zdanie Prezydium KC.

3

W czerwcu 1957 roku generał porucznik Mamsurow został mianowany pierwszym zastępcą naczelnika GRU oraz jednocześnie dowódcą jednostki wojskowej nr 41339, czyli Centrum Specjalnego Przeznaczenia GRU. Obie nominacje były tajne. Osoby trzecie nie powinny były wiedzieć nie tylko o tym, kto jest naczelnikiem GRU, a kto jego zastępcą – o samym istnieniu GRU nie wiedzieli ani zwykli obywatele radzieccy, ani nawet przeważająca większość oficerów i generałów Armii Radzieckiej. Każde z tych stanowisk przyznano Mamsurowowi w inny sposób.

Stanowisko pierwszego zastępcy naczelnika GRU objął zgodnie z obowiązującym trybem: minister obrony Żukow zgłosił jego kandydaturę do Prezydium Komitetu Centralnego, które podjęło odpowiednią decyzję.

Natomiast na stanowisko naczelnika Centrum Specjalnego Przeznaczenia GRU generał porucznik Mamsurow został mianowany w zupełnie innym trybie. Powołał go sam Żukow, nikogo nie pytając, nikogo nie informując, nie mówiąc nikomu o dodatkowych obowiązkach, które przydzielił generałowi, i nawet nie meldując nikomu o utworzeniu jednostki wojskowej nr 41339. O tej jednostce nazwanej Centrum powinny wiedzieć tylko trzy osoby: minister obrony Żukow, naczelnik GRU generał pułkownik Sztiemienko i jego pierwszy zastępca generał porucznik Mamsurow.

Dwa i pół tysiąca dywersantów szkolonych w CSP rozmieszczono w kilkunastu miastach i miasteczkach. Nie wiedzieli, jaka jest ogólna struktura Centrum, nie znali ani jego sił i możliwości, ani samej nazwy, ani celów, które zostaną im wyznaczone.

4

Pierwszego zastępcę naczelnika GRU generała porucznika Mamsurowa zgubiła pedantyczność – dokładność w liczeniu i regulowaniu składki partyjnej.

Środki pieniężne, z których finansowano partię bolszewików, a następnie KPZR, „pieniądze partii", „złoto partii" – jedna z największych i najbardziej strzeżonych tajemnic XX wieku – to temat na osobną rozmowę. Na pierwszy rzut oka wszystko było oczywiste i szczegółowo rozpisane w statucie. Ostatni, XII rozdział statutu KPZR był zatytułowany „O środkach pieniężnych partii". Głosił: „Środki pieniężne partii i jej organizacji pochodzą ze składek członkowskich, dochodów z przedsiębiorstw partii oraz innych przychodów".

Pierwsze i główne źródło dochodów – składki członkowskie. Ci, którzy mieli niskie zarobki, co miesiąc oddawali do partyjnej kasy jeden procent dochodów. Ci, którzy zarabiali więcej, płacili dwa procent. A ci, którzy zarabiali dużo, płacili trzy procent. Wszyscy członkowie partii komunistycznej wpłacali pewne kwoty do kasy partyjnej. Sekretarz komórki partyjnej przybijał w legitymacji pieczątkę i wpisywał do rubryczki otrzymaną kwotę.

Drugie źródło dochodów – partyjne przedsiębiorstwa. Do przedsiębiorstw partii komunistycznej zaliczały się dzienniki „Prawda", pisma „Kommunist" i „Partijnaja Żizń", liczne rejonowe, obwodowe, regionalne, republikańskie, a także młodzieżowe, branżowe i wszystkie inne „Prawdy" – „Komsomolskaja

Prawda", „Pionierskaja Prawda", „Prawda Ukrainy", „Kijewskaja Prawda", „Prawda Wostoka", „Magadanskaja Prawda", „Amurskaja Prawda", „Armawirskaja Prawda", „Achtyrskaja Prawda" i tak dalej. „Prawda", „Prawda", sama „Prawda" i nic oprócz „Prawdy". Ale czasami w kiosku mówiono wam: „Prawdy" nie ma, „Sowietskaja Rossija" sprzedana, został tylko „Trud" za dwie kopiejki.

Trzeciego elementu dochodów partii komunistycznej, „innych przychodów", nie dało się rozszyfrować, był to jedynie ułamek procenta. Przynajmniej tak głosiła wersja oficjalna.

O dochodach Komunistycznej Partii Związku Radzieckiego można wnioskować na przykład z informacji podanych oficjalnie na XXII Zjeździe KPZR.

Część dochodową budżetu partii w 1961 roku stanowiły:

- 67,8% – składki członkowskie;
- 31,7% – wpływy z przedsiębiorstw partyjnych;
- 0,5% – „inne przychody".

Co w rzeczywistości oznaczały te procenty? To 100 milionów rubli czy miliard? Czy 10 miliardów? O to nikt nie pytał. Nikt nie musiał wiedzieć, ile zarabiała i ile wydawała KPZR. Obywateli uspokajało to, że gdy dodamy do 67,8 procent 31,7 procent i jeszcze 0,5 procent, to uzyskamy równe 100 procent! Wszystko się zgadzało! Większa wiedza nie była zalecana.

Na czele KPZR stali finansowi magicy. Za jeden, dwa i trzy procent, zarobków komunistów i za kopiejki ze sprzedaży „Prawdy" wznieśli na Kremlu pałac, w którym przeprowadzali zjazdy, i przebudowali zespół gmachów na placu Starym. Starczało im pieniędzy na zaspokajanie rosnących potrzeb ogromnego, rozdmuchanego, posiadającego wszystkie wyobrażalne przywileje i dobra aparatu Komitetu Centralnego, komitetów centralnych republik związkowych, setek komitetów obwodowych i tysięcy rejonowych.

Mieli dość środków na utrzymanie gęstej sieci partyjnych baz zaopatrzenia i sanatoriów, zamkniętych restauracji i łaźni, sklepów i kin, przychodni i instytucji rozrywkowych.

Mieli pieniądze na olbrzymie parki samochodów służbowych, na wierną obsługę i niezawodną ochronę. W każdym zakładzie pracy siedział sekretarz partii zaopatrzony w wysoką pensję, gabinet, mieszkanie, sekretarkę, transport i środki łączności.

Przed każdą siedzibą dyrekcji fabryki za środki partii postawiono pomnik Lenina.

W każdym krajowym centrum, w najlepszym miejscu w mieście, na centralnym placu wznoszono budynek rejonowego komitetu partii i pomnik Lenina.

W każdym mieście – miejski komitet partii, przed nim – pomnik Lenina.

W każdym obwodowym centrum w najlepszej lokalizacji – okazały budynek obwodowego komitetu partii. Z pomnikiem Lenina na głównym placu.

W każdym regionalnym centrum – wspaniały budynek lokalnego komitetu partii. Z pomnikiem Lenina na głównym placu.

W każdym republikańskim centrum – wspaniały budynek republikańskiego Komitetu Centralnego. Z pomnikiem Lenina na głównym placu.

Nastawiano dziesiątki tysięcy pomników Lenina. Za te procenty, za grosiki zarabiane przez komunistów.

Partii komunistycznej starczało pieniędzy, żeby utrzymywać Główny Zarząd Polityczny Armii Radzieckiej i Marynarki Wojennej z całą sforą działaczy z generalskimi i admiralskimi naramiennikami, zarządy polityczne wszelkich rodzajów sił zbrojnych, okręgów wojskowych, flot i grup wojsk, zarządy polityczne i wydziały w ogólnowojskowych, pancernych, rakietowych i powietrznych armiach, flotyllach, korpusach, dywizjach, oficerów politycznych w pułkach, batalionach, kompaniach i na okrętach.

A jeszcze za te grosze przeprowadzano wielkie konferencje partyjne i zjazdy w rejonach i obwodach, w regionach, republikach i oczywiście w Moskwie. Za te grosiki Komunistyczna Partia Związku Radzieckiego utrzymywała Wyższą Szkołę Partyjną przy KC KPZR, Wojskową Akademię Polityczną imienia Lenina, tuzin wyższych uczelni wojskowo-politycznych. Poza tym utrzymywano tysiące i tysiące weteranów partii, którzy spędzili całe życie w rajkomach i obkomach.

Osobna kategoria – bratnie partie komunistyczne USA i Francji, Kanady i Australii, Argentyny i Austrii, Wielkiej Brytanii i Belgii, Urugwaju oraz wszelkich innych Hondurasów. Wszystkie były na utrzymaniu KPZR, wszystkie jadły z jej szczodrej ręki.

Uczciwy i dokładny generał Mamsurow wiedział, że lwią część przychodów budżetu KPZR stanowią właśnie składki członkowskie komunistów, więc oddał komitetowi partyjnemu GRU trzy procent należności za przeprowadzkę na nowe miejsce służby.

5

Historia ma niezliczoną liczbę opcji wyboru. Ale realizowana jest tylko jedna.

Gdyby Mamsurow, zgodnie z przyjętymi zasadami, sam udał się do komitetu partii i oddał sekretarzowi trzy procent zarobionych pieniędzy, to sekretarz by ich nie przyjął: generał przyniósł za dużo. Wówczas Mamsurow zareagowałby błyskawicznie i zapytał: A ile powinienem? Odliczyłby wymaganą kwotę, przeprosił za pomyłkę. I nigdy więcej by jej nie popełnił.

Wówczas żylibyśmy w zupełnie innym kraju. Historia kraju i świata potoczyłaby się zupełnie inaczej. Wcale nie jestem pewien, że zmieniłaby się na lepsze. Ale Mamsurow był bardzo zajęty i nie miał czasu, żeby samemu pójść do komitetu partii. Zbyt gorliwie wykonywał rozkazy marszałka Związku Radzieckiego Żukowa.

Gdyby Mamsurow wysłał do partkomu swojego adiutanta, porucznika Jenakijewa, to wówczas też nic by się nie wydarzyło. Porucznik przyniósłby pieniądze sekretarzowi, ten odmówiłby ich przyjęcia i porucznik wróciłby do Mamsurowa. Dalej – jak w pierwszym wariancie.

Ale porucznik Jenakijew był bardzo zajęty. Zbyt gorliwie wykonywał polecenia generała porucznika Mamsurowa, krążył między garnizonami i obozami wojskowymi, przekazywał pakiety z instrukcjami pierwszego zastępcy naczelnika GRU. Dlatego codzienne obowiązki adiutanta musiał wykonywać oficer do zleceń specjalnych major Bułanow. Jurij Siergiejewicz.

Tak Chruszczow dowiedział się o istnieniu Centrum Specjalnego Przeznaczenia GRU.

Natychmiast wesoła chichotka z kremlowskiej przychodni zadzwoniła do Mamsurowa. Szczebiotała o śmiertelnej chorobie głupawo i radośnie: Widzicie, towarzyszu generale, jakie nieszczęście na was spadło, mężczyzna w kwiecie wieku, kto by pomyślał... Więc przyjeżdżajcie niezwłocznie.

Mamsurow przyjechał.

I wpadł.

6

Tymczasem Żukow zamawiał swoje portrety galowe i obrazy, na których jechał na białym koniu depczącym sztandary pokonanego wroga. Płótno *Żukow na koniu* – 298 na 198 centymetrów. Powierzchnia obrazu Jakowlewa *Zwycięstwo* – 12 metrów kwadratowych.

Tymczasem Żukow polecił napisać pięciotomową historię minionej wojny i osobiście ją redagował*.

Tymczasem Żukow osobiście obejrzał dopiero co nakręcony, jeszcze nieobejrzany przez cenzurę i niepokazywany w kinach film *Stalingrad* i polecił radykalnie go poprawić, podkreślić kluczową rolę Żukowa w bitwie stalingradzkiej, mimo że w rzeczywistości w niej nie uczestniczył.

A tymczasem do kierownictwa kraju nagle, jak na komendę, nadeszła masa listów od ludu pracującego z propozycjami nadania czterokrotnemu Bohaterowi Związku Radzieckiego marszałkowi Żukowowi tytułu generalissimusa Związku Radzieckiego.

---

* Kiedy Żukow został usunięty ze swoich stanowisk, przerwano prace nad pięciotomową monografią, a zamiast niej ukazała się sześciotomowa *Historia Wielkiej Wojny Narodowej Związku Radzieckiego 1941–1945* (przyp. aut.).

7

Tak więc generał porucznik Mamsurow przekazał dowództwo 38. Armii i udał się do Moskwy. Dowództwo 38. Armii objął generał porucznik Łaszczenko, który wcześniej dowodził Korpusem Specjalnym na Węgrzech. Korpus Specjalny został przekształcony w Południową Grupę Wojsk. Jej dowódcą został generał armii M. Kazakow. Ta nominacja miała drugie dno.

Po pierwsze, trzeba było niezwłocznie usunąć z Węgier wszystkich generałów, którzy popisali się jesienią 1956 roku, niosąc braterską pomoc węgierskiemu ludowi. Dlatego Łaszczenkę, Mamsurowa, Babadżaniana oraz innych bojowników o szczęście ludu zastąpiono generałami, których na Węgrzech nikt nie znał.

Po drugie, wymiana generała porucznika na generała armii powinna była podkreślić nasz szacunek wobec narodu węgierskiego i potwierdzić gotowość do dalszej obrony zdobyczy socjalizmu: spójrzcie, jaką szychę do was przysłaliśmy, więc nie bójcie się o przyszłość, bo gdy będzie trzeba, znowu wypełnimy swój międzynarodowy obowiązek i nikomu nie pozwolimy zakłócić waszego spokojnego życia.

Nowy przywódca Węgier towarzysz János Kádár i generał armii Kazakow znaleźli wspólny język, szybko nawiązali dobrą współpracę, ale to z jakiegoś powodu nie spodobało się Żukowowi.

> Minister obrony postanowił bez zgody KC odwołać towarzysza Kazakowa ze stanowiska i mianować go dowódcą jednego z okręgów wewnętrznych*.

Tego było za wiele. Żukow nie miał prawa decydować o losach generała armii, tym bardziej że nie był to zwykły generał, a ten, który dowodził armią na dopiero co spacyfikowanych Węgrzech.

Wcześniej Żukow samowolnie zlikwidował stanowiska członków Rady Wojennej sił podwodnych Floty Czarnomorskiej

---

* *Gieorgij Żukow. Stienogramma oktiabrskogo (1957 g.) plenuma CK KPSS i drugije dokumienty*, s. 245.

i członka Rady Wojennej jednej z eskadr Floty Czarnomorskiej. Dopuszczał się również innych aktów podobnej niesubordynacji. Ale próba samowolnego usunięcia ze stanowiska dowódcy Południowej Grupy Wojsk kogoś z czterema generalskimi gwiazdami na pagonach była niczym innym jak proklamowaniem całkowitej niezależności Żukowa od jakiejkolwiek władzy.

Moment kluczowy

Po dojściu do władzy Żukow zaczął zaprowadzać własne porządki w armii. Hołdował bezwzględnej zasadzie: za stan dyscypliny w wojsku odpowiadają dowódcy. Ta zasada obowiązywała również przed Żukowem, ale w jego czasach została podniesiona do rangi podstawowej i obowiązywała do samego upadku Związku Radzieckiego. Oto przykład gorączkowej aktywności wybitnego stratega:

> Towarzysz Żukow odwiedził Flotę Bałtycką i Północną, zapoznał się z sytuacją w tych flotach. Jak zakończyła się ta wizyta ministra obrony, członka KC naszej partii? Zakończyła się usunięciem z wojska 371 oficerów, 24 zwolniono i zdegradowano, czyli prawie 400 osób okazało się „niezdolnych do służby" w rezultacie tylko jednej wycieczki ministra*.

Wizyta we Flocie Bałtyckiej trwała cztery dni, w Północnej tyle samo. Wygląda na to, że średnio każdego dnia Żukow wyrzucał z Sił Zbrojnych 46 oficerów, w tym generałów i admirałów. Jeżeli pracował po dziesięć godzin dziennie, to średnio co 13 minut wyrzucał jednego oficera, generała czy admirała jak zbitego psa na mróz. Nie licząc tych, których tylko zdegradował.

Przez całą wojnę dowódcy wszystkich czterech flot radzieckich ani razu nie zostali odwołani – jak rozpoczęli wojnę jako dowódcy, tak ją zakończyli. Dowodzi to, że Stalin nie miał specjalnych uwag do floty. Ale oto pojawił się Żukow i wyrzu-

---

* Tamże, s. 264.

ca wszystkich po kolei. Odwiedził tylko dwie floty i szykował się do wyjazdu do dwóch pozostałych.

Od czasu zakończenia wojny minęło 12 lat. Żukow nie wyrzucał poruczników, do tego poziomu się nie zniżał. Zwalniał kapitanów I i II rangi, pułkowników, generałów i admirałów – czyli ludzi, którzy przeszli wojnę. Taka skala i liczba zwolnień wskazują na to, że Żukow wyrzucał z armii i floty praktycznie każdego, kto mu się nawinął. Tylko wyrzucał, gdyż w czasie pokoju nie miał prawa rozstrzelać. Gdy Żukow miał prawo rozstrzeliwania, korzystał z niego z podobnym rozmachem.

W książce *Cofam wypowiedziane słowa* przytaczam statystyki dotyczące „pracy z kadrami" Żukowa nad Chalchyn gol. Stalin wysłał do rejonu działań bojowych sekretarza generalnego Związku Pisarzy ZSRR W. Stawskiego, żeby cywil ocenił wydarzenia jakby z zewnątrz. Stawski zameldował Stalinowi: „W ciągu kilku miesięcy rozstrzelano 600 osób, a odznaczono 83"*.

Żukow przybył do Mongolii 5 czerwca 1939 roku. 16 września zakończyły się działania bojowe, Żukow stracił pełnomocnictwa do karania śmiercią. Wynik jego pracy – 600 rozstrzelanych w ciągu 104 dni. Żukow wydawał średnio sześć wyroków śmierci dziennie. Bez dni wolnych i świąt. Jeżeli założymy, że spał około sześciu godzin na dobę, to w ciągu 18 godzin jawy skazywał kogoś na śmierć przeciętnie co trzy godziny.

Otrzymałem złote szlify porucznika 11 lat po tym, jak odwołano Żukowa, ale główna jego zasada zaprowadzania porządku, odpowiedzialność dowódcy za dyscyplinę podwładnych, obowiązywała nadal. Na własnym przykładzie wytłumaczę, co to oznacza.

Tak więc jestem dowódcą plutonu, mam pod sobą czterech sierżantów i trzydziestu szeregowców: trzy drużyny po jedenastu ludzi i mój zastępca. Dochodzi do nadzwyczajnego zdarzenia: pluton pełni wartę, w nocy wartownik szeregowy Rzajew, łamiąc regulamin służby garnizonowej i wartowniczej, usiadł na drewnianej skrzyni, do czego nie miał prawa, czyli

* „Wiesti", 10 lipca 2003, s. 39.

zrobił to, czego wartownikowi pełniącemu służbę regulamin stanowczo zakazuje.

A on usiadł i zasnął.

Ja jako dowódca warty sprawdzałem posterunki i przyłapałem go na spaniu. Na wojnie za spanie na warcie rozstrzeliwano. W czasie pokoju można ograniczyć się do kary dyscyplinarnej, a można ukarać jeszcze surowiej. Rzecz jasna następnego dnia i jeszcze później dałem szeregowemu Rzajewowi popalić. Ten gad biegał w masce przeciwgazowej i gumowym płaszczu ochrony przeciwchemicznej na szczyt wzgórza 333,8, aż zwymiotował i zemdlał. (Mam nadzieje, że moi żołnierze do grobu nie zapomną wzgórza 333,8).

Ale nie dałem szeregowemu Rzajewowi żadnej kary dyscyplinarnej. Nie zameldowałem też dowódcy kompanii o nadzwyczajnym zdarzeniu. Nie dlatego, że jestem taki dobry. Dlatego, że byłem osobiście odpowiedzialny za dyscyplinę moich podwładnych.

Mój dowódca kompanii, Walera Arbuzow, był takim samym porucznikiem jak ja, tylko z wcześniejszego rocznika. Wojsko szybko się rozrastało. W Czechosłowacji sformowano Centralną Grupę Wojsk, na Dalekim Wschodzie szarpano się z Chińczykami i rozwinięto sporo nowych dywizji. Brakowało oficerów. Ponadto z mojej rodzimej 66. Dywizji Gwardii zabierano oficerów na Kubę, do Egiptu, Algierii, Wietnamu, a przecież ktoś za tych wysłanych powinien wykonywać ich obowiązki, więc na stanowiskach kapitanów i majorów działali porucznicy i starsi porucznicy.

Pokażę na przykładzie, co się działo w moim Karpackim Okręgu Wojskowym. Okręgiem dowodził generał armii Piotr Nikołajewicz Łaszczenko – ten sam, który dwanaście lat wcześniej w stopniu generała porucznika dowodził Korpusem Specjalnym na Węgrzech. Ale dowódcy okręgu nie widzieliśmy ani razu. Po rozgromieniu armii egipskiej w 1967 roku Łaszczenko wyjechał do Egiptu, gdzie odbudowywał potęgę wojskową naszych afrykańskich braci. Jednak stanowisk ludzi przebywających na misjach zagranicznych polecono nie obsadzać. Zatem on nadal był dowódcą Karpackiego Okręgu Wojskowego. Okręg wojskowy, w którym były cztery armie i dwa samodzielne korpusy, nie licząc samodzielnych dywizji, brygad i pułków, prawie dwa lata funkcjonował bez dowódcy. To samo działo się na wszystkich innych szczeblach. Dlatego porucznicy dowodzili nie tylko kompaniami, a wspinali się znacznie wyżej.

Przyjaźniłem się z dowódcą kompanii porucznikiem Walerą, ale nie mogłem mu powiedzieć, że doszło do nadzwyczajnego zdarzenia, za które można by wysłać żołnierza do kompanii karnej.

Jestem pierwszym filtrem na drodze prawdziwej informacji o stanie dyscypliny wojskowej. Dowódca warty czy jego zastępca sprawdzają posterunki nie w pojedynkę, a w asyście dwóch, trzech wartowników. Tak więc informacja o zdarzeniu może wypłynąć. Jeżeli dowódca kompanii w jakiś sposób dowie się o zdarzeniu, to na mnie nawrzeszczy: Rozpuściłeś pluton! Nie możesz zaprowadzić porządku?!

Ale opieprzywszy mnie, Walera nie zamelduje o niczym dowódcy batalionu. Dlatego, że dany żołnierz podlega mnie, a następnie – jemu. Za każde przewinienie ukarzą nie tylko mnie, ale i jego. On jest drugim filtrem.

Dowódca batalionu podpułkownik Protasow nie powinien się o tym dowiedzieć. A jeśli się dowie, ochrzani mnie i dowódcę kompanii, ale nie powie o tym dowódcy pułku podpułkownikowi Bażerinowi. Kombat to trzeci filtr.

Jeżeli dowie się o zdarzeniu dowódca pułku Bażerin, dostanie się każdemu z nas. Dowódcą dywizji był generał major Nilga. On, rzecz jasna, nie mógł się dowiedzieć, ponieważ dowódca pułku to czwarty filtr.

Jeżeli zdarzy się coś poważniejszego, dowódca dywizji będzie piątym filtrem.

Dowódca 13. Armii – szóstym.

Dowódca Karpackiego Okręgu Wojskowego – siódmym.

I tak do samej góry. Dzięki stosowaniu zasady przywracania porządku Żukowa dowództwo na wszystkich szczeblach otrzymywało przefiltrowaną informację. Im wyżej w hierarchii znajdował się dowódca, tym piękniej wyglądała cała sytuacja. W rezultacie szeregowy Rzajew doskonale rozumiał: za jego spanie na warcie odpowiadać będą porucznik Gwardii Riezun i wszyscy jego przełożeni.

Wiele lat później, już na Zachodzie, napisałem książki o Armii Radzieckiej, które odniosły pewien sukces. Dlatego zapraszano mnie na uczelnie wojskowe i do jednostek bojowych różnych państw, żebym opowiedział o radzieckich zwyczajach. A ja, korzystając z okazji, wypytywałem, jak u nich wygląda kwestia dyscypliny.

Okazało się, że w normalnym wojsku oficer, od porucznika wzwyż, jest organizatorem walki. To wszystko. Kontrolę nad stanem dyscypliny sprawują sierżanci, żandarmeria i prokuratura wojskowa. Każdy żołnierz za swoje przestępstwa i błędy odpowiada osobiście. Kary wymierza się z całą surowością. A pozostali mają nauczkę.

W Armii Radzieckiej Żukow wprowadzał inne zwyczaje. Marszałek Timoszenko stwierdza:

> Za przewinienia nieodpowiedzialnych żołnierzy i sierżantów, zasługujących na surową karę, z reguły odwoływano ze stanowisk i zwalniano z szeregów armii zasłużonych dowódców pułków i zasłużonych dowódców dywizji*.

Kolejny przykład. Narzeczona przestała czekać na powrót żołnierza z wojska i wyszła za mąż za innego. Żołnierz zastrzelił się, zostawił list, w którym prosił, żeby nikogo nie winić za jego śmierć. Doniesiono o tym Żukowowi. Czy mógł Żukow nikogo nie winić? Nie mógł! Żukow, rzecz jasna, wpadł w szał. Nagana dla dowódcy dywizji! Odwołać dowódcę pułku ze stanowiska! Wyrzucić z wojska zastępcę dowódcy pułku!

Co ma zrobić zastępca dowódcy pułku, który całe swoje życie poświęcił służbie, ale nie dociągnął do emerytury? Jaka jest jego wina? Powinien był zastąpić żołnierzowi narzeczoną? Co ma robić bez pieniędzy, zawodu i, jak należy przypuszczać, mieszkania? Oficer się zastrzelił**.

W tym przypadku nikt (oprócz Żukowa) nie mógł się przyczepić do dowódców. Gdy do pracy dowódcy były jakieś uwagi, kary były znacznie surowsze i częstsze.

---

* *Gieorgij Żukow. Stienogramma oktiabrskogo (1957 g.) plenuma CK KPSS i drugije dokumienty*, s. 306.

** Tamże, s. 241.

W tej samej książce stwierdza się, że wskutek podjętych środków „doszło do pozytywnych zmian: umocniła się dyscyplina, zmniejszyła się liczba wypadków”*.

Nie, obywatele. Dyscyplina spadła, a wypadków rzeczywiście było mniej tylko w statystykach.

Obarczając dowódców odpowiedzialnością za przewinienia i przestępstwa podwładnych, Żukow zdejmował ją z żołnierzy i sierżantów, kierował dowódców wszystkich szczebli od plutonu do dowódców armii, okręgów, grup wojsk, głównodowodzących Sił Zbrojnych na drogę kłamstwa, mydlenia oczu i tuszowania przestępstw.

Tak Żukow demoralizował Armię Radziecką.

Szkoda, że Żukow był przykładem dla tych, którzy kierowali armią po nim. Właśnie takie zwyczaje krzewili w Armii Radzieckiej marszałkowie Związku Radzieckiego Czujkow, Grieczko, Jakubowski, Kulikow, Ustinow, Ogarkow, Achromiejew. Łatwiej im było ukarać dowódcę, niż zaprowadzić porządek w armii. Podążając za przykładem Żukowa, doprowadzili Armię Radziecką do całkowitej demoralizacji i rozpadu.

---

* Tamże, s. 9.

Rozdział 11

1

Ławrientij Pawłowicz Beria uważał, że kołchozy należy rozpędzić na cztery wiatry, a ziemię oddać ludowi, niech sam pracuje i decyduje, co ma sadzić i siać. Ale istniała pewna przeszkoda. Jeżeli oddamy ziemię ludowi, jeżeli chłopi sami się wyżywią, to po co im partia komunistyczna?

Dlatego marszałek Związku Radzieckiego Żukow osobiście aresztował Ławrientija Pawłowicza Berię. Dlatego marszałek Związku Radzieckiego Koniew wydał na Berię wyrok śmierci. Dlatego przyszły marszałek Związku Radzieckiego Baticki osobiście zabił Berię.

Następny był Malenkow. Ten był bardziej ostrożny. Proponował tylko, aby nie nakładać na ogródki przydomowe drakońskich podatków. Chciał jedynie zwiększyć te ogródki.

I natychmiast go usunięto. Latem 1957 roku Malenkow został wyrzucony ze szczytów władzy i w ogóle z Moskwy. Gdyby nie Żukow, nie byłoby zamachu stanu, podczas którego odsunięto od władzy człowieka usiłującego wyzwolić chłopów z niewoli i uratować rosyjską wieś. Gdyby Malenkow został na stanowisku, być może Związek Radziecki nie musiałby kupować za granicą zboża. Kołchozowego niewolnictwa nie zniesiono po śmierci Stalina i to jest wina Żukowa.

Bilans czerwcowego plenum KC KPZR 1957 roku: Tych, którzy wystąpili przeciwko Chruszczowowi, nazwano „grupą antypartyjną". Skład grupy: Mołotow, Malenkow, Kaganowicz i Szepiłow, który do nich dołączył. Powtarzano to na różne sposoby na stronach wszystkich gazet, z wysokich i niskich mównic: i Szepiłow, który do nich dołączył... do nich dołączył... dołączył...

Żeby „grupa antypartyjna" nie wydawała się zbyt duża, oficjalnie nie włączono do niej towarzysza Pierwuchina. Po cichu przeniesiono go z grona członków Prezydium do zastępców, czyli pozbawiono decydującego głosu. Podczas kolejnego zjazdu po prostu nie zostanie wybrany do kierowniczych organów partii.

Towarzysza Saburowa też oficjalnie nie włączono do składu „grupy antypartyjnej", ale ze szczytów władzy usunięto od razu.

Towarzyszy Bułganina i Woroszyłowa jako tych, którzy okazali skruchę, pozostawiono w kierownictwie kraju. Bułganina wyrzucą za rok, Woroszyłowa – za trzy lata.

Panuje opinia: Żukow uratował Chruszczowa.

Opinia jest słuszna. Jednak trzeba dodać do niej pewne małe wyjaśnienie: ratując Chruszczowa, Żukow przede wszystkim ratował siebie.

Żukow był protegowanym Chruszczowa. Gdyby Mołotow, Malenkow, Kaganowicz, Woroszyłow, Bułganin, Pierwuchin i Saburow usunęli Chruszczowa ze stanowiska pierwszego sekretarza, to razem z nim wyleciałby Żukow. Niedouczony cham, który swoimi nieprzemyślanymi działaniami zniszczył armię, nie był potrzebny ani krajowi, ani jego kierownictwu.

2

Dzięki działaniom Żukowa „kolektywne kierownictwo" powstałe po śmierci Stalina zostało rozpędzone albo zneutralizowane. Na samej górze znalazły się dwie osoby: Chruszczow, uratowany przez Żukowa, i sam Żukow, który w każdej chwili mógł wyrzucić każdego z nawet najwyższego stanowiska i mianować na nie tego, kogo zechce.

Jednak dwuwładza nie może trwać długo. Właśnie dlatego 22 czerwca 1957 roku, już w pierwszym dniu obrad plenum Komitetu Centralnego KPZR, Żukow wezwał dowódcę 38. Armii Karpackiego Okręgu Wojskowego generała porucznika Mamsurowa do Moskwy i mianował go pierwszym zastępcą naczelnika GRU, a jednocześnie naczelnikiem Centrum Specjalnego Przeznaczenia GRU. Jak rozumiemy, przydzielenie Mamsurowowi stanowiska pierwszego zastępcy naczelnika GRU zostało uzgodnione z Chruszczowem i przez niego zatwierdzone. W tych dniach Chruszczow nie zaprzątał sobie głowy Mamsurowem: Żukow podsunął papier, Nikita podpisał. A drugiej nominacji – na stanowisko naczelnika Centrum Specjalnego Przeznaczenia GRU – Żukow z nikim nie uzgadniał.

Pułk strzelecki Armii Czerwonej według etatu zatwierdzonego 5 kwietnia 1941 roku liczył 3182 żołnierzy i oficerów. W 1957 roku pierwszy zastępca naczelnika GRU generał porucznik Mamsurow, obejmując jeszcze jedno stanowisko, kierował jednostką wojskową liczącą 2500 żołnierzy, sierżantów i oficerów. Wychodziło na to, że Mamsurow, pomimo tego, że pełnił funkcję pierwszego zastępcy naczelnika GRU, w tajemnicy stał się kimś w rodzaju dowódcy pułku.

Zastanówmy się nad tą sytuacją. Dwadzieścia lat wcześniej w Hiszpanii Mamsurow dowodził nie pułkiem, brygadą czy dywizją, a korpusem. I nie był to zwykły korpus, a pierwszy na świecie korpus dywersyjny. W czasie wojny Mamsurow stał na czele dywizji, był zastępcą dowódcy korpusu i znowu dowódcą dywizji. Po wojnie Mamsurow został dowódcą korpusu, a następnie armii. Lecz nie była to zwykła armia, a taka, która w czasie pokoju została postawiona w stan gotowości bojowej i rzucona przez granicę do sąsiedniego kraju, gdzie prowadziła wyłącznie intensywne działania bojowe. Węgrzy mężnie i wytrwale walczyli o swoją wolność. Wojna była krótka, ale zacięta.

Na wszystkich stanowiskach Mamsurow okazał się inteligentnym, zdecydowanym, odważnym i rozsądnym dowódcą. Doczekał się niebywałego awansu: mianowano go pierwszym zastępcą naczelnika GRU. Jednocześnie w całkowitej tajemnicy wyznaczono go, dowódcę armii, na kogoś w rodzaju dowódcy pułku!

Już dawno temu nauczyłem się pisać bez wykrzykników. Tekst powinien sam za siebie mówić, krzyczeć i wrzeszczeć. Ale tu nie mogłem się bez nich obejść. Nie wychodzi mi! Nie udaje się!

Samowolnie mianując pierwszego zastępcę szefa GRU na dowolne stanowisko i nie informując o tym najwyższego kierownictwa kraju, Żukow tym samym wymknął się spod kontroli Chruszczowa, którego równocześnie bronił przed Malenkowem, Mołotowem, Kaganowiczem i Szepiłowem, a także przed Woroszyłowem, Bułganinem, Saburowem i Pierwuchinem.

Zatem dokonując jawnego zamachu stanu, zrzucając ze szczytów władzy tych, którzy powstali przeciwko Chruszczowowi, Żukow równolegle przeprowadził jeszcze jeden zamach. Na razie tajny. Przeciwko Chruszczowowi.

Ale Mamsurowa zawiodła skrupulatność.

3

Zaraz po plenum wśród najwyższych władz państwa zaczęła krążyć plotka: Chruszcz w przyśpieszonym tempie wymienia aparat Komitetu Centralnego KPZR. Personel techniczny Sekretariatu Komitetu Centralnego, tych wszystkich referentów i doradców, starych stalinowskich żubrów wszystkich szczebli, od najwyższych do najniższych, stopniowo wyprawia na emerytury, a młodszych wysyła na daleką prowincję. Taktyka: rozbić stare klany, nie pozwolić partyjnym biurokratom na nawiązanie użytecznych znajomości. Na miejsce starej kadry Chruszczow umieszcza w aparacie Komitetu Centralnego nowych ludzi niezwiązanych z żadnymi frakcjami i grupami. Przyjmuje nowych specjalistów z najrozmaitszych struktur – z przemysłu, rolnictwa, placówek naukowych, armii i KGB, szuka ludzi o bardzo różnorodnym doświadczeniu zawodowym i życiowym.

Pojawiła się plotka i naczelnik GRU generał pułkownik Sztiemienko natychmiast otrzymał polecenie oddelegowania do dyspozycji wydziału administracyjnego KC KPZR pięciu młodych i najbardziej obiecujących oficerów. Oficerowie mieli zacząć pracę w Sekretariacie KC KPZR, ale wszyscy pozostawali w Armii Radzieckiej.

Trzeci na tej liście był oficer do zleceń specjalnych generała porucznika Mamsurowa major Jurij Siergiejewicz Bułanow.

Kapłani kultu Żukowa mówią nam, że ten wybitny dowódca pragnął doprowadzić do końca linię XX Zjazdu KPZR, czyli zdemaskować wszystkich oprawców i zbrodniarzy. I ci sami ludzie w tych samych książkach i artykułach, czasami nawet na tej samej stronie, dowodzą, że Żukow nie szykował żadnego spisku przeciwko Chruszczowowi.

Chwileczkę! Skoro wyrzucenie krwawych oprawców Mołotowa, Malenkowa i Kaganowicza było zgodne z linią XX Zjazdu KPZR, to obalenie Chruszczowa powinno się stać kontynuacją zapoczątkowanego procesu. Czy Chruszczow jest gorszy od tegoż Kaganowicza?

Jeżeli Żukow postanowił doprowadzić linię XX Zjazdu KPZR do końca, to należało obalić całe kierownictwo partii komunistycznej. I nie tylko je. Przestępcami byli wszyscy przywódcy, od Komitetu Centralnego do lokalnych kacyków na dalekiej prowincji.

Doprowadzenie linii XX Zjazdu do końca oznaczało tylko jedno: wymienić całą warstwę kierowniczą, ponieważ wszyscy przywódcy zostali wybrani przez Stalina, wszyscy byli związani odpowiedzialnością zbiorową z nim i jego władzą. Ponadto należało aresztować w Moskwie i na całym terenie naszej wielkiej Ojczyzny tak aktualnie rządzących przestępców, jak i weteranów Czeki, WCzK, GPU, OGPU, NKWD, NKGB, MGB, MSW, GUKR Smiersz i GUłagu, a także dziesiątki milionów konfidentów.

Ale jeśli Marszałek Zwycięstwa rzeczywiście pragnął doprowadzić linię XX Zjazdu do końca, to powinien zacząć od siebie: napisać list, w którym przyznałby się do popełnionych zbrodni, i się zastrzelić.

Żukow był jednym z najbardziej krwawych kremlowskich złoczyńców. Podpisywał nie tylko wyroki skazujące na śmierć, lecz, prześcigając pozostałych oprawców, wydał rozkaz rozstrzeliwania krewnych żołnierzy i oficerów Armii Czerwonej w przypadku, gdy ci żołnierze i oficerowie trafiali do niewoli. Innymi słowy, Żukow potraktował jako zakładników żony, matki, ojców, braci i siostry żołnierzy i dowódców Armii Czerwonej.

Rozkazy Żukowa były nie tylko zbrodnicze, ale i głupie. Żołnierze i oficerowie po takich rozkazach starali się trzymać jak najdalej od pierwszej linii walk, żołnierze rozpoznania pod różnymi pretekstami nie chcieli przekraczać linii frontu, a wyruszywszy na rozkaz dowódców na tyły nieprzyjaciela, ukrywali się po lasach i wracali z pustymi rękoma. Żeby nie ryzykować. Piloci myśliwców latali przeważnie nad swoim terytorium, a bombowce zrzucały bomby gdzie popadnie, żeby jak najszybciej wrócić do domu. Sam Stalin musiał wycofywać idiotyczne rozkazy Żukowa.

5

Po rozgromieniu grupy antypartyjnej Żukow stał się wszechwładnym gospodarzem państwa i jego armii. Z poczuciem głębokiej satysfakcji zrywał naramienniki oficerom, generałom i admirałom. I upajał się tym. Świadectw takiego postępowania jest mnóstwo. Nie cytuję ich dlatego, że lektura byłaby zbyt jednostajna, zbyt nudna. Ale spójrzmy na przypadki zrywania naramienników i lampasów z nieco innego punktu widzenia. Z perspektywy Komitetu Centralnego KPZR.

Nadawanie i pozbawianie stopni generalskich i admiralskich, jak już wiele razy o tym wspominaliśmy, nie leży w kompetencjach ministra obrony i jego zastępców. Generalskie i admiralskie stopnie przyznawano rozporządzeniem Rady Ministrów ZSRR. I tylko Rada Ministrów miała prawo degradować generałów i admirałów lub w ogóle pozbawiać ich stopni.

Ale to jest widoczna część całej sprawy. Istniała jeszcze niewidoczna. Wszystkimi kwestiami kadrowymi w Związku Radzieckim zajmował się Komitet Centralny KPZR. Najpierw podejmował tajne decyzje. Ukrywano to pod mglistym biurokratycznym stwierdzeniem: „podjęto stosowną decyzję". Następnie Rada Ministrów jakby we własnym imieniu podejmowała taką samą decyzję, wcześniej zaakceptowaną na wyższym szczeblu.

Żukow zrywał naramienniki i zdzierał generalskie lampasy. Ale nie chodzi nam o brutalność i sadyzm. Chodzi o głupotę. Żukow nie znał i nie chciał znać granic swojej władzy.

Robił to, czego bez zgody KC i Biura Politycznego robić nie powinien. W istocie Żukow bez wcześniejszego uzgodnienia uzurpował sobie władzę tak zwanych „instancji dyrektywnych". I nie trzeba rozwodzić się nad tym, czy Żukow planował przejęcie władzy czy nie. Wszystko, co robił na stanowisku ministra obrony, świadczy o tym, że wciągał kołderkę władzy na siebie. Był jednak nieudolny i nierozsądny.

Krótkowzroczność Żukowa polegała na tym, że powinien najpierw podporządkować sobie KC i Biuro Polityczne, a dopiero potem robić to, co mu się żywnie podoba. Póki co należało przestrzegać obowiązujących zasad i porządków.

6

Na XX Zjeździe KPZR Chruszczow poddał brutalnej krytyce Stalina, ale ta krytyka była potężnym ciosem w autorytet partii i KGB.

W chwili ujawnienia niechlubnych faktów dotyczących jej funkcjonowania partia komunistyczna już od 38 lat sprawowała władzę w kraju. Z tego przez 30 lat na czele partii stał Stalin.

Reputacja partii komunistycznej została zepsuta raz na zawsze.

Swoje zbrodnie Stalin i kierowana przez niego partia popełniały rękoma tajnej policji, która w różnych latach nazywała się Czeka, WCzK, GPU, OGPU, NKWD, KGB i tak dalej. Opinia organów bezpieczeństwa państwowego również została poważnie zszargana.

Spośród trzech głównych sił w oczach ludu nieposzlakowaną opinią cieszyło się tylko wojsko. Nie przelewało krwi współobywateli – jak przynajmniej uważała większość ludzi. Pokonało Hitlera. Uratowało kraj. Na czele armii stał Żukow, który doskonale zdawał sobie sprawę z tego, że Chruszczow zajął najwyższe stanowisko w państwie dzięki niemu, że Chruszczow jest jego protegowanym, że Chruszczow to marionetka.

Rozumiał to również Chruszczow. Żukow dysponował siłą, dzięki której dowolnie umieszczał ludzi na stanowiskach dowódczych lub odwoływał ich według własnego uznania.

Na kim miał się opierać Chruszczow? Na biurokracji partyjnej? Ona podjęłaby walkę z czołgami? Na przewodniczącym KGB Sierowie? A jeżeli Sierow jest w zmowie ze swoim starym przyjacielem Żukowem?

Nikita Siergiejewicz Chruszczow, I sekretarz Komitetu Centralnego KPZR, oficjalny przywódca Związku Radzieckiego i tuzina satelickich państw, nagle poczuł się jak samotny przechodzień, który w listopadową deszczową noc znalazł się pod skrzypiącą w porywach wiatru latarnią w ciemnym nieprzyjaznym zaułku. W każdej chwili z ciemności mogła wyłonić się banda oprychów i wbić nóż pod żebro – i nikt mu nie pomoże, nikt go nie uratuje. I nie ma sensu błagać o litość.

A Żukow buchał chamstwem i bezczelnością. Był jedynym, absolutnym władcą Związku Radzieckiego.

7

Oficjalnie na czele partii, rządu i państwa stał Chruszczow. Ale Żukow potrafił pokazać partii, rządowi i państwu, że panem w tym domu jest nie Chruszczow, a Żukow. Właśnie Żukow!

Żukow publicznie nazywał Chruszczowa Nikitką. Demonstrował Chruszczowowi swoją pogardę nie tylko w wąskim gronie, ale i publicznie. Gazeta „Krasnaja Zwiezda" (z 13 maja 1997 r.) opisuje jedno z takich zachowań Marszałka Zwycięstwa.

> Żukow jako minister obrony został zaproszony na „imprezę rządową" – premierę sztuki, na której był obecny Chruszczow. Ranga ministra zobowiązywała do obecności. Żukow przyjechał z żoną i zajął miejsce w loży rządowej, w drugim rzędzie. Gdy pojawił się Chruszczow, sala przywitała go oklaskami na stojąco. Bili brawa wszyscy z wyjątkiem marszałka, który zagłębił się w lekturę programu. Żona cicho go poprosiła: „Przynajmniej udawaj...".

„Krasnaja Zwiezda" jest zachwycona takim zachowaniem Żukowa: Żona go prosi, żeby udawał, a on – nie! Jakiż odważny był nasz Marszałek Zwycięstwa!

Ale tu nie o odwagę chodzi, tu na kilometr niesie chamstwem. To było chamstwo najwyższej próby, chamstwo wobec człowieka, który oficjalnie jest pierwszą osobą w wielkim państwie. Możesz uważać Nikitę za durnia, ale po co publicznie demonstrować brak szacunku?

W tym przypadku Żukow okazał brak szacunku nie tylko wobec pierwszej osoby w państwie, ale również wobec całej sali. Wszyscy klaszczą na stojąco, a jeden człowiek ostentacyjnie ignoruje ogólny zryw, jak gdyby podkreślał w ten sposób: mam was wszystkich w nosie! A przecież na sali podczas „imprezy rządowej" znajdowały się nie tylko świniarki i pastuchy. Siedziała tam również cała elita rządząca. I każdy – jestem o tym przekonany – myślał: Co będzie, jak ten cham dorwie się w końcu do władzy?

Żukow swym zachowaniem obrażał nie tylko przywódcę państwa, ale też w jego osobie cały kraj. Jeżeli ktoś publicznie zachowuje się chamsko wobec głowy państwa, to tym samym znieważa cały naród. A na sali byli obecni również ambasadorowie wielkich mocarstw oraz wielu naszych przyjaciół z zagranicy.

Takimi wybrykami – a podobne zachowania zdarzały mu się regularnie – Żukow okazywał nie tylko całkowitą pogardę wobec otoczenia, ale też zadziwiającą, po prostu niewiarygodną głupotę. Jak gdyby Żukow przymierzał się do roli Nerona albo Kaliguli. Zupełnie jakby wżywał się w tę rolę, oswajał się z nią. Władza w kraju już prawie całkowicie należała do niego i w tym momencie należałoby wykazać się odrobiną cierpliwości i sprytu, ale Żukow już przed ostatecznym przejęciem władzy uroił sobie, że jest panem kraju, i zachowywał się w stosowny do tego wyobrażenia sposób. Można by sobie powiedzieć: Poczekaj jeszcze trochę, zostaniesz dyktatorem, a wtedy będziesz chamski ile wlezie. A dopóki jeszcze nie jesteś stuprocentowym dyktatorem i dzielisz władzę z Chruszczowem, powstrzymaj na wodzy swe zapędy. Przecież uważają cię za stratega. Głównym elementem dobrej strategii jest zaskoczenie. Naucz się ukrywać swoje zamiary.

W prostackim zachowaniu tego stratega od siedmiu boleści co rusz ujawniała się jego nieuleczalna wada jako dowódcy wojskowego: Żukow zawsze nie doceniał przeciwnika. W tym również prostaka Nikitę.

Żukow był chamski. Był chamski często i soczyście. Jeszcze jeden przykład. Trwa pokaz nowego sprzętu bojowego dla najwyższego dowództwa Armii Radzieckiej. Żukow z przodu, za nim cały zastęp marszałków i generałów. Prezentowany jest nowy radar do wykrywania samolotów. Zastępca ministra obrony, głównodowodzący Wojsk Obrony Przeciwlotniczej, marszałek Związku Radzieckiego Biriuzow pyta konstruktora, który omawia przebieg pokazu: Czy nie można zrobić tak, żeby każdy nowy cel pojawiający się na ekranie był innego koloru?

Tu wtrąca się Żukow z komentarzem: „Co za głupia uwaga. Ani diabła w tym nie rozumiecie, nie wtrącajcie się, gdzie nie trzeba"*. Tak Żukow zwrócił uwagę swojemu zastępcy, który miał na ramionach takie same naramienniki marszałka Związku Radzieckiego.

Nie wolno krytykować żadnego dowódcy w obecności jego podwładnych. Porucznik nie może zwrócić uwagi swojemu zastępcy, starszemu sierżantowi, w obecności sierżantów, którzy dowodzą drużynami. Tym bardziej w tak prostacki sposób.

Marszałek Związku Radzieckiego Biriuzow był głównodowodzącym Wojsk Obrony Powietrznej ZSRR. Radar budowano dla wojsk, którymi on dowodził. Trzy lata później tego typu radar wykryje w przestrzeni powietrznej Związku Radzieckiego amerykański samolot szpiegowski.

Pytanie Biriuzowa miało sens. Dotyczyło sedna sprawy. I oto Żukow w istocie nazwał swojego zastępcę w marszałkowskich pagonach durniem w obecności całego tłumu generałów i marszałków, wśród których byli również podwładni Biriuzowa.

Mądry człowiek nie może być chamem – chociażby dlatego, że mądry, nawet jeśli jest łotrem, rozumie, że chamstwem szkodzi przede wszystkim sobie. Ta reguła nie ma wyjątków: jeśli cham, to i dureń.

Czy dureń mógł być wybitnym dowódcą?

---

* *Gieorgij Żukow. Stienogramma oktiabrskogo (1957 r.) plenuma CK KPSS i drugije dokumienty*, s. 364.

Żukow obalił kolektywne kierownictwo kraju i zrobił miejsce na szczycie piramidy władzy. Dla kogo? Dla Chruszczowa czy siebie?

Załóżmy, że zrobił je dla Chruszczowa, którego uważał za durnia, wobec którego okazywał pogardę na oczach kierownictwa kraju oraz przedstawicieli innych państw.

Jeżeli Żukow rzeczywiście świadomie chciał posadzić na moskiewskim tronie Chruszczowa, którym gardził, to kim w tym przypadku był sam Żukow?

Jeżeli Żukow chciał postawić na czele wielkiego państwa człowieka, któremu publicznie nie okazywał szacunku, to jak traktował cały nasz naród?

Załóżmy, że Żukow rozpędził kolektywne kierownictwo i zwolnił miejsce na szczycie piramidy władzy nie dla Chruszczowa. Skoro Chruszczow odpada, to kto zostaje?

Moment kluczowy

Na przykładzie życiorysu jednego człowieka przyjrzyjmy się metodom Żukowa w kwestii przywracania porządku oraz ich konsekwencjom.

Ten człowiek to Anatolij Iwanowicz Łosiew. Urodził się w 1906 roku. W wieku 17 lat został powołany do Armii Czerwonej. Ukończył szkołę artylerii. W wieku 32 lat – dowódca pułku artylerii. Walczył w Finlandii, zdobył pierwszy order. 22 czerwca 1941 roku podpułkownik Łosiew pełnił na zachodniej granicy stanowisko dowódcy 306. pułku artylerii 155. Dywizji Strzeleckiej 10. Armii Frontu Zachodniego.

Wielki Żukow, który odpowiadał za przygotowanie planów wojennych oraz stworzenie zgrupowania wojsk na czas wojny, zapędził potężną 10. Armię na występ białostocki, który klinem wcinał się w okupowane przez Niemców terytorium polskie. Już w czasie pokoju 10. Armia z trzech stron była otoczona przez wojska niemieckie. Oddziały niemieckie już wtedy znajdowały się na tyłach 10. Armii tak po lewej, jak i po prawej stronie. Żukow naraził 10. Armię i cały Front Zachodni na klęskę. W pierwszych dniach wojny 10. Armia znalazła się w okrążeniu.

Podpułkownik Łosiew wyrwał się z okrążenia ze swoim pułkiem.

Następnie stoczono bitwę pod Smoleńskiem. Wszyscy najeźdźcy, którzy kierowali się na Moskwę z zachodu, zawsze musieli przejść przez międzyrzecze Dźwiny i Dniepru. Ten rejon stratedzy wojenni* nazywają Bramą Smoleńską. Strateg Żukow nie znał historii wojen, Bramy Smoleńskiej nie przygotował do obrony ani przed wojną, ani nawet po tym, jak wybuchła wojna i oczywiste było, że wojsko niemieckie ruszy przede wszystkim na Smoleńsk i Moskwę.

W wyniku bitwy pod Smoleńskiem Front Zachodni, w pośpiechu odbudowywany po klęsce na Białorusi, został okrążony i rozgromiony po raz drugi. Wojsko niemieckie miało otwartą drogę tak na Moskwę, jak i na tyły potężnego Frontu Południowo-Zachodniego.

Podczas bitwy pod Smoleńskiem pułk artylerii podpułkownika Łosiewa kolejny raz znalazł się w okrążeniu. Kolejny raz podpułkownik z resztkami pułku wyrwał się z okrążenia.

Później Łosiew brał udział w obronie Moskwy i Woroneża, został ranny. W październiku 1942 roku w Stalingradzie objął dowództwo 29. Dywizji Strzeleckiej. Artylerzysta to dość wąska specjalizacja. Rzadko się zdarza, żeby artylerzysta został dowódcą jednostki ogólnowojskowej. Łosiew nie miał doświadczenia w kierowaniu taką jednostką, ale sprostał temu

---

* Wyrażenie „strategia wojenna" dla wojskowego brzmi jak „masło maślane", gdyż słowo „strategia" w tłumaczeniu ze starożytnej greki oznacza „kierowanie wojskami" i od zarania dziejów jest używane wyłącznie dla oznaczenia nauki o prowadzeniu wojny. Jednak w związku z tym, że obecnie słowo to jest używane w znacznie szerszym znaczeniu (strategią nazywane są metody osiągania skomplikowanych celów w dowolnej dziedzinie, mówi się na przykład o strategii w szachach, strategii rozwoju przedsiębiorstwa, strategii finansowej i nawet o strategii życia), w niektórych przypadkach w tej oraz innych moich książkach używam określenia „strategia wojenna" do zawężenia znaczenia słowa „strategia" w konkretnym kontekście (przyp. aut.).

zadaniu. Jego dywizja nie walczyła gdzieś na zacisznym odcinku frontu, a w Stalingradzie.

1 marca 1943 roku za bohaterską obronę Stalingradu 29. Dywizja Strzelecka została przekształcona w 72. Dywizję Strzelecką Gwardii, a trzydziestosześcioletni dowódca Łosiew otrzymał stopień generała majora.

Potem była bitwa na Łuku Kurskim, a następnie forsowanie Dniepru. 72. Dywizja Strzelecka Gwardii zdobyła przyczółek na prawym brzegu i utrzymywała go przez 20 dni. Za to dywizja i jej dowódca zostali wymienieni w rozkazie naczelnego dowódcy, a generała majora Łosiewa odznaczono tytułem Bohatera Związku Radzieckiego.

72. Dywizję Strzelecką Gwardii nieoficjalnie nazywano „Niezmienną". Od momentu nadania jej miana gwardyjskiej do końca wojny i nawet trochę dłużej, do 11 maja 1945 roku, znajdowała się w składzie czynnej armii. Ani razu nie skierowano jej do przegrupowania czy do rezerwy. Generał major Łosiew prowadził swoją dywizję gwardyjską przez Ukrainę, Rumunię, Węgry, Austrię. W marcu 1945 roku Łosiew objął dowództwo 27. Korpusu Strzeleckiego Gwardii. Zakończył wojnę w Czechosłowacji i został honorowym obywatelem Bratysławy.

Po wojnie Łosiew skończył Akademię Sztabu Generalnego, dowodził korpusem, a kierował uczelnią wojskową w Kijowie. Oprócz Złotej Gwiazdy Bohatera Związku Radzieckiego generał major Łosiew został odznaczony dwoma Orderami Lenina, czterema Orderami Czerwonego Sztandaru, dwoma Orderami Suworowa II stopnia, Orderem Wojny Ojczyźnianej I stopnia, dwoma Orderami Czerwonej Gwiazdy.

W lutym 1956 roku minister obrony ZSRR marszałek Związku Radzieckiego Żukow wyrzucił czterdziestodziewięcioletniego generała majora Łosiewa z wojska. Bez emerytury.

Generał major Łosiew miał dwie specjalizacje. Pierwsza – artylerzysta. Druga – dowódca ogólnowojskowy. Służył w armii przez 32 lata, a przy tym każdy dzień wojny dla wojskowych przebywających w czynnej armii albo w szpitalu z powodu ran był liczony jako trzy dni.

Generał major Łosiew przeszedł wojnę zimową i całą wojnę z Niemcami od 22 czerwca 1941 roku, ale nie do 9 maja, a do 11 maja 1945 roku. Policzcie, ile lat służby należało dodatkowo mu zaliczyć.

Żukow nic mu nie zaliczył. Kazał iść won!

Nie wiem, na czym dokładnie polegała wina gwardii generała majora Łosiewa. Szukam, ale jeszcze nie znalazłem. Jeżeli rzeczywiście popełnił jakieś przestępstwo, trzeba go było oddać pod sąd. Ale nieliczący się z nikim Żukow wyrzucał generałów z armii bez procesu i śledztwa.

Gdzie miał pójść Bohater Związku Radzieckiego, kawaler jedenastu orderów bojowych, honorowy obywatel Bratysławy?

No właśnie. Znaleźli się dobrzy ludzie. Znaleźli Bohaterowi Związku Radzieckiego i honorowemu obywatelowi posadę dozorcy w Kijowie. Nawet Chruszczow się oburzył, gdy się o tym dowiedział: „Jak to, zupełnie bez emerytury?"*.

Przypadek jest typowy, przypadek jest standardowy. Jeden z wielu. Zdrowy na umyśle człowiek nie mógł się tak zachowywać. Żukow postępował tak wobec setek i tysięcy zasłużonych dowódców, którzy uczestniczyli w wojnie.

Ale nie chodzi tu o sadyzm Żukowa. Mówimy o tym, że Żukow zagarnął władzę w kraju. Decydować o losach generała majora można było tylko w KC KPZR. Ostateczną decyzję powinien podjąć I sekretarz KC KPZR Nikita Siergiejewicz Chruszczow. Taki w naszym kraju panował zwyczaj. Jeżeli generał popełnił błąd, to minister obrony powinien był wnieść jego sprawę do KC KPZR, do sekretariatu KC KPZR, do Prezydium KC KPZR. Ale Żukow działał według własnego widzimisię, ignorując wszystkie prawa i zwyczaje, nie pytając nikogo o zdanie.

I oto rezultat.

Wieści o metodach załatwiania rachunków przez Żukowa rozeszły się po wojsku błyskawicznie. Żukow w tym nie przeszkadzał. Przeciwnie, jego rozkazy odczytywano wszystkim oficerom Armii Radzieckiej na każdym zebraniu, często wymagając parafki potwierdzającej zapoznanie się z ich treścią: rozkaz znasz, tu jest twój podpis, nie mów potem, że nie wiedziałeś.

---

* Tamże, s. 335.

Oficerowie w obliczu dzikiej samowoli i bezprawia pod byle pretekstem odchodzili z wojska. Lepiej przypomnieć lekarzom o swoich ranach i chorobach i samemu po cichu odejść, niż czekać, aż cię w niesławie wyrzucą bez prawa do emerytury. Po kraju krążyła ponura piosenka osnuta na motywach popularnej melodii:

Co tak stoisz chwiejnie,
oficerze rezerwy?
Czeka na ciebie w kołchozie
fucha świniopasa.

Dobrowolne masowe odejście z wojska tysięcy oficerów to jedna strona medalu. Niechęć młodych do zdawania na uczelnie wojskowe – druga.

Od samego początku dostanie się na dowolną uczelnię wojskową w ZSRR było dość trudne. Istniały dwie kategorie młodych ludzi, z których kompletowano słuchaczy szkół wojskowych.

Przede wszystkim – synowie oficerów. Chłopcy dorastali w odległych garnizonach wśród czołgów i armat, od najmłodszych lat marzyli o służbie w wojsku i po ukończeniu szkoły średniej szli w ślady ojców.

Drugim głównym źródłem byli młodzi mężczyźni z kołchozów. Trafiali do wojska, byli żołnierzami, widzieli, jak wygląda życie oficerów, i po roku czy dwóch latach służby składali podania o przyjęcie do szkoły wojskowej.

W 1956 roku Armia Radziecka po raz pierwszy w historii borykała się z problemem niedoboru słuchaczy na uczelniach wojskowych. Czegoś takiego nie było nawet za carów, za Mikołajów i Aleksandrów. Zawód oficera w Rosji od zawsze cieszył się szacunkiem i uznaniem, a tu nagle za żadne skarby nikt nie chce iść do szkoły wojskowej.

Dorastający synowie oficerów widzieli, jak nieliczący się z nikim Żukow postępuje z ich ojcami. Odsłużysz trzydzieści lat, weźmiesz udział w dwóch wojnach, zasłużysz na ordery, a Ojczyzna wyrzuci cię jak psa bez emerytury i zawodu. Chłopcy ze wsi, którzy trafili do wojska, widzieli to rozprzężenie i bezprawie. Liczba chętnych do zasilenia szeregów oficerów gwałtownie się zmniejszyła.

Wszystko to działo się w czasach, kiedy Żukow oficjalnie jeszcze się nie dorwał do najwyższej władzy. Gdyby się dorwał, to Armię Radziecką czekałby całkowity upadek.

Armia nie może istnieć bez oficerów. Oficer przyjmuje brzemię służby dobrowolnie. W Związku Radzieckim jednak nie było chętnych, którzy pragnęli służyć pod dowództwem Żukowa.

Rozdział 12

1

Po rozgromieniu „grupy antypartyjnej” Żukow zażądał dla siebie specjalnych zaszczytów. Zażyczył sobie, żeby jego konny posąg z białego marmuru ustanowiono nie byle gdzie, a na sali Gieorgijewskiej w Kremlu.

Malarze malowali portrety Żukowa. Rzeźbiarze wykuwali jego rysy w granicie i marmurze. Pisarze układali powieści o jego bohaterstwie. Historycy odnajdywali w archiwach nieznane dotąd dowody jego wielkości.

Pojawienie się Żukowa na paradzie marynarki wojennej w Leningradzie 14 lipca 1957 roku zasługuje na szczególną uwagę. W zasadzie parady we wszystkich flotach zawsze przyjmowali admirałowie. Żukow zignorował tę tradycję: to ja będę przyjmował paradę!

Co więcej, wbrew własnemu rozkazowi Żukow przyjmował paradę marynarki wojennej w Leningradzie w białym mundurze nieprzewidzianym w żadnych rozkazach i regulaminach. Jego strój przypominał kolorem admiralski mundur, ale nim nie był: inny krój, otok czapki nie czarny, a czerwony, czapka ponad wszelką miarę ozdobiona złotymi liśćmi.

30 czerwca 1955 roku minister obrony ZSRR Żukow podpisał rozkaz nr 105 „O wprowadzeniu w życie zasad noszenia mundurów wojskowych przez marszałków, generałów i admirałów Armii Radzieckiej i Marynarki Wojennej”. Artykuł 2 tego rozkazu głosił:

Mundury wojskowe nalezy nosić ściśle według niniejszych zasad. Wszystkie elementy munduru wojskowego winny odpowiadać ustalonym wzorom i opisom.

Artykuł 4 wymienia dziewięć przypadków, w których marszałkowie, generałowie, admirałowie i oficerowie powinni wkładać mundury paradne i paradno-wyjściowe. Pierwszy z nich to udział w paradach. W rozkazie Żukowa dla marszałków Związku Radzieckiego wprowadzono letni ubiór wyjściowy według następującego wzoru:

> Czapka paradno-wyjściowa koloru morskiego z czerwonym otokiem, paradna kurtka i spodnie koloru morskiego wpuszczone w buty, biała koszula z czarnym krawatem, buty, pas paradny, kordzik, białe rękawiczki; ordery, medale oraz inne odznaczenia*.

Wszyscy marszałkowie biorący udział w paradach powinni być ubrani w zalecane przez marszałka Żukowa mundury. Wszyscy oprócz samego marszałka Żukowa.

Wszyscy marszałkowie – w czarnych butach oficerkach, a marszałek Żukow – w białych półbutach.

Wszyscy marszałkowie – w spodniach wpuszczonych w buty, a marszałek Żukow – w spodniach niewpuszczonych w buty.

Dla admirałów i oficerów marynarki wprowadzono trzy rodzaje letniego ubioru paradnego:

nr 1: biała bluza mundurowa, białe spodnie, białe półbuty, białe rękawiczki, kordzik, ordery i medale;

nr 2: biała bluza mundurowa, czarne spodnie, czarne półbuty, reszta elementów jak dla ubioru nr 1;

nr 3: czarna galowa bluza mundurowa, reszta elementów jak dla ubioru nr 2.

Zgodnie z tradycją w wypadku udziału w paradach morskich Floty Czarnomorskiej admirałowie i oficerowie wkładali ubiór nr 1, a w pozostałych flotach – ubiór nr 2, ale w przed-

---

* *Prawiła noszenija wojennoj formy odieżdy*, Wojenizdat, Moskwa 1956, s. 9.

dzień parady w Leningradzie Żukow polecił odziać admirałów i oficerów w ubiory według wzoru nr 3 – na czarno.

A sam był cały w bieli.

Dla marynarzy i podoficerów również wprowadzono trzy rodzaje mundurów paradnych:

nr 1: wszystko białe;

nr 2: biała bluza (koszula), czarne spodnie;

nr 3: granatowa sukienna bluza i czarne spodnie.

Żukow polecił odziać marynarzy na paradę w ubiory według wzoru nr 3.

W celu udziału w paradzie do Leningradu z Morza Czarnego przybył lekki krążownik *Michaił Kutuzow*. Nikt się nie spodziewał, że w upalny letni dzień będą potrzebne sukienne mundury wyjściowe. Nie wszyscy marynarze zabrali je ze sobą. W trybie pilnym przebrano ich w magazynach Floty Bałtyckiej. Po paradzie odbyło się przyjęcie na cześć dowództwa floty i dowódców okrętów biorących udział w paradzie.

Dzień był skwarny. Wszyscy admirałowie i oficerowie – na czarno. Podczas parady wyjątkiem był głównodowodzący Marynarki Wojennej admirał Gorszkow, który przez pomyłkę pojawił się w mundurze nr 2. Przed przyjęciem naprawił swój błąd: pilnie dostarczono mu czarny ubiór.

I tylko Żukow wciąż łaził jak biała wrona. Trudno znaleźć inne wytłumaczenie takiego postępowania niż chęć pokazania się w białym mundurze na tle innych.

Wieść o wyzywającej samowoli Żukowa błyskawicznie rozeszła się wśród najwyższego kierownictwa państwa i sił zbrojnych. Jego zachowanie za bardzo przypominało maniery marszałka Rzeszy Göringa, który sam wymyślał dla siebie mundury nieprzewidziane w żadnych zarządzeniach i regulaminach. Różnica polegała tylko na tym, że Göring nie zmuszał przy tym tysięcy podwładnych do wkładania jakichś szczególnych mundurów tylko po to, żeby pokazać się na ich tle.

Froł Romanowicz Kozłow, członek Komitetu Centralnego KPZR i I sekretarz Leningradzkiego Obwodowego Komitetu partii, który towarzyszył Żukowowi podczas parady i przyjęcia, powiadomił o zajściu Chruszczowa. Chruszczow zachował się powściągliwie, ale nie zapomniał wybryku Żukowa i dwa i pół miesiąca później na plenum przypomniał Żukowowi ten incydent:

> Żukow zmusił wszystkich dowódców floty do świętowania w czarnych kurtkach, a sam ubrał się w biały mundur. Ludzie męczyli się w czerni, żeby on niczym biała mewa odznaczał się na czarnym tle*.

2

– Gieorgiju Konstantinowiczu, pomówmy szczerze.

– A co się stało, Nikito?

– Nic się nie stało. Tylko uważam, że powinniśmy podzielić kompetencje.

– Czy nie są podzielone?

– Są, ale niewyraźnie.

– No to czego dla siebie chcesz?

– Chcę rolnictwa. Zgodzicie się, Gieorgiju Konstantinowiczu, że w ogóle się nie znacie na rolnictwie.

– Żebym się nie wtrącał do rolnictwa?

– Właśnie.

– Dobrze, zastanowię się. A co dostanę w zamian?

3

Zarządzana przez państwo (czyli biurokratów) socjalistyczna gospodarka Związku Radzieckiego nie mogła zaopatrzyć obywateli w podstawowe i niezbędne do życia przedmioty codziennego użytku. Dlatego problem przetrwania Związku Radzieckiego można było rozwiązać tylko dzięki obniżeniu poziomu życia państw ościennych do naszego stanu i uniemożliwieniu porównań.

Próba zamknięcia Kanału Sueskiego rękoma prezydenta Egiptu Gamala Abdela „na wszystkich Nasera” i przez to zniszczenia gospodarki Europy zakończyła się fiaskiem. W tamtych czasach supertankowce jeszcze nie istniały. Były zwykłe

---

* *Gieorgij Żukow. Stienogramma oktiabrskogo (1957 g.) plenuma CK KPSS i drugije dokumienty*, s. 346.

tankowce. Z Zatoki Perskiej przez Kanał Sueski płynęły do Europy. Kierowanie ich dookoła Afryki było zbyt kosztowne. Wydłużenie trasy o osiem tysięcy kilometrów znacznie zwiększało koszty i cenę przewożonej ropy naftowej, co oznaczało dla Europy kryzys. Dlatego Chruszczow i Żukow nie porzucili pomysłu położenia ciężkiej proletariackiej ręki na Kanale Sueskim, żeby zamknąć go, gdy będzie im to potrzebne.

W 1956 roku taka próba się nie powiodła dlatego, że Związek Radziecki nie miał punktu oparcia na Morzu Śródziemnym, czyli nie dysponował bazami marynarki wojennej w tym regionie.

Ściśle mówiąc, baza była jedna. W Albanii. Jej wartość jednak była niewielka: utrzymanie w niej potężnej floty było niemożliwe. Chodzi o to, że do jednego tankowania najzwyklejszego niszczyciela trzeba 500 ton paliwa płynnego, lekkiego krążownika typu *Czapajew* – 3600 ton. Żeby raz zatankować lekki krążownik, należy mieć dwa składy kolejowe z 30 sześćdziesięciotonowymi cysternami kolejowymi w każdym. A ile paliwa zużyje krążownik podczas intensywnych działań bojowych?

Przy tym okręt bojowy potrzebuje nie tylko paliwa. Trzeba zaopatrzyć go w amunicję artyleryjską czy miny morskie. Jeżeli wprowadzimy na Morze Śródziemne eskadrę nie tylko lekkich krążowników, ale też ciężkich, niszczyciele, okręty podwodne i patrolowe, jeżeli trzeba będzie z powietrza osłaniać taką eskadrę lotnictwem, to ile potrzeba paliwa, amunicji i całej reszty? A co się stanie, gdy okręty wejdą na Morze Śródziemne, a nieprzyjaciel zamknie Bosfor, umieści w poprzek cieśniny sto rzędów min, a na wybrzeżu ukryje czołgi? Cała eskadra bez zaopatrzenia znajdzie się w potrzasku.

Można oczywiście słono zapłacić przywódcom Egiptu i Syrii i zbudować bazy na ich terytorium. Jednak ich wartość byłaby taka sama jak wartość baz w Albanii.

Związek Radziecki potrzebował nie po prostu baz na Morzu Śródziemnym, a baz, do których z naszego terytorium można było wysyłać składy kolejowe ze wspomnianymi cysternami. Takie bazy można zbudować tylko w Jugosławii. A ta odmówiła podporządkowania się już towarzyszowi Stalinowi.

4

Fakt, że od tej pory Związkiem Radzieckim rządzi Żukow, uświadomili sobie wszyscy, którzy byli obecni na plenum Komitetu Centralnego w czerwcu 1957 roku.

Zrozumiała to również Jekatierina Aleksiejewna Furcewa, najwyraźniej jako jedna z pierwszych.

Jak się zachować, skoro powstał całkowicie nowy układ sił? Właśnie: zaprosić pnącego się do góry wodza do daczy i porozmawiać z nim. Tym bardziej że Żukow i Furcewa mieli wiele wspólnego.

Żukow i Furcewa zostali zastępcami członków Prezydium KC podczas XX Zjazdu KPZR w lutym 1956 roku.

Żukow i Furcewa zostali członkami Prezydium KC w czerwcu 1957 roku.

Żukow i Furcewa zostali członkami Prezydium dlatego, że uratowali Chruszczowa.

Furcewa uratowała Chruszczowa, gdyż w momencie gdy zbuntowani przywódcy wyrzucali Nikitę z najważniejszego stanowiska w kraju, zachowała zimną krew i wezwała Żukowa na Kreml. Żukow uratował Chruszczowa, bo zagroził, że załatwi sprawę za pomocą czołgów. Żukow wezwał członków Komitetu Centralnego partii z całego kraju i dostarczył ich do Moskwy samolotami wojskowymi, demonstrując, że Armia Radziecka będzie bronić Chruszczowa z determinacją i wszelkimi możliwymi środkami.

Jekatierina Aleksiejewna Furcewa uwielbiała luksusowe życie. Miała gdzie zaprosić wysokiego gościa – do wyglądającej jak pałac daczy nad rzeką Moskwą. Miała czym go ugościć.

Jekatierina Aleksiejewna namiętnie kochała władzę. Miała o czym porozmawiać z człowiekiem, który wkrótce oficjalnie zostanie wodzem.

Dlatego Jekatierina Aleksiejewna zaczęła rozmowę o bohaterach wojennych. O tych, którzy uratowali ludzkość od nazistowskiej dyktatury, brunatnej dżumy. O tym, jak należy oceniać zasługi bohaterów.

Tam na Zachodzie niesprawiedliwość społeczna woła o pomstę do nieba, bogacze pławią się w luksusach, mieszkają w pałacach, a proletariusze klepią biedę. Za grosz równości! Ale jednego możemy się od nich nauczyć.

Kto jest największym bohaterem wojennym w Stanach Zjednoczonych? Zgadza się, Eisenhower. A kim jest teraz? Teraz jest prezydentem USA.

Kto jest największym bohaterem wojennym we Francji? Zgadza się, Charles de Gaulle. Po wojnie stanął na czele francuskiego rządu, teraz jest w opozycji, ale niedługo zostanie prezydentem. Bo któż inny mógłby nim być?

Kto jest największym bohaterem wojennym w Jugosławii? Zgadza się, Josip Broz Tito. Marszałek. Przejął władzę i będzie rządzić krajem przez całe życie. Jeśli wygrał wojnę, to powinien li w czasie pokoju kierować krajem. Nieprawdaż?

Ponieważ mowa była o Jugosławii, Jekatierina Aleksiejewna zawołała męża: Kola, pozwól proszę, poznaj Gieorgija Konstantinowicza.

Jekatierina Aleksiejewna przedstawiła męża, nadzwyczajnego i pełnomocnego ambasadora ZSRR w Jugosławii Nikołaja Pawłowicza Firiubina. Nikołaj Pawłowicz powiedział Żukowowi coś, o czym nie miał prawa mówić: rządzący Jugosławią marszałek Tito może udostępni Związkowi Radzieckiemu bazy wojskowe i lotniska. Chodzi o to, że tamtejsza gospodarka kuleje i pilnie potrzebuje pieniędzy. Teraz. I dużo. Tylko jest problem, bo Tito nie będzie rozmawiać z Nikitą. Kim jest Chruszczow? Generałem porucznikiem. Na dodatek żaden z niego generał bojowy, tylko nadzorca polityczny. A Tito jest marszałkiem, który brał udział w walce. Tito dostał radziecki Order Zwycięstwa. Takich orderów na całym świecie jest 19. Tito go ma, a Chruszczow nie może o nim nawet pomarzyć. Spotkanie z Chruszczowem to dla marszałka Tity dyshonor. Gdyby doszło do spotkania Tity z Chruszczowem, to marszałek nie przystanie na prośby Chruszczowa.

5

Chruszczow wezwał nowy skład Prezydium Komitetu Centralnego KPZR na naradę. Na porządku dziennym – sytuacja międzynarodowa. Sytuacja jest jasna. W ubiegłym roku odebralibyśmy przebrzydłym wrogom Kanał Sueski, gdybyśmy mieli chociaż jedną bazę morską na Morzu Śródziemnym, do której można dostarczać zaopatrzenie koleją, czyli bazę w Jugosławii. Nikita Siergiejewicz westchnął.

– Będę musiał, towarzysze, pojechać do Jugosławii, żeby pogadać z Titem. Może da się go przekonać.

– A może by wysłać tam towarzysza Żukowa? – zaproponowała ostrożnie towarzyszka Furcewa. – Dwóch marszałków szybciej się dogada.

– Też prawda – poparł ją towarzysz Breżniew.

– Można rzucić aluzję – dodał towarzysz Kozłow. – Nie lecieć samolotem, a popłynąć na krążowniku. Niby: Towarzyszu Tito, gdzie można zacumować?

Towarzysze podchwycili pomysł. Wypowiedziany w dobrym momencie żart ozdobi każdą rozmowę o interesach. Wszyscy zwrócili się do towarzysza Żukowa: Co ty na to, Gieorgiju Konstantinowiczu? Podejmiesz się misji dyplomatycznej?

6

Po spotkaniu z Żukowem Nikołaj Pawłowicz Firiubin natychmiast wyjechał do Jugosławii. Zapomniawszy o wszystkim, odstawiwszy inne sprawy na boczny tor, domagał się spotkania z przywódcami Jugosławii, z sekretarzem związkowym do spraw obrony, z tuzami frontu ideologicznego, z sekretarzem do spraw zagranicznych. Rozmawiał z generałami i dyplomatami, ministrami i ich zastępcami. Postarał się o spotkanie z marszałkiem Titem i odbył z nim dłuższą rozmowę. A 12 czerwca 1957 roku MSZ ZSRR otrzymało szyfrogram z Belgradu:

> Sekretarz związkowy do spraw obrony narodowej FLR Jugosławii generał armii I. Gošnjak za pośrednictwem sekretarza do spraw zagranicznych FLR Jugosławii D. Vidicia przekazał oficjalne zaproszenie dla ministra obrony ZSRR marszałka Związku Radzieckiego G.K. Żukowa do odwiedzenia Jugosławii w dogodnym dla niego czasie. Firiubin*

---

* Tamże, s. 166.

7

12 lipca 1957 roku o 15.53 na poligonie państwowym Töretam wystrzelono rakietę 8K71. W 33 sekundzie lotu rakieta straciła stabilność. Polecono ją zdetonować.

Podczas analizy przyczyn niepowodzenia zastępca ministra obrony do spraw broni specjalnej (czyli jądrowej) i rakiet marszałek artylerii Niedielin oświadczył, że ani krajowi, ani jego armii taka broń nie jest potrzebna i że on poprosi towarzyszy Chruszczowa i Żukowa o wstrzymanie prób.

Główny konstruktor Siergiej Pawłowicz Korolow siedział na krześle z nisko opuszczoną głową. Jego lewa ręka ześlizgnęła się w dół z kolana. Lekki szept niczym wiatr przemknął przez salę.

Korolow niemal niezauważalnie potrząsnął głową, jakby odpędzając resztki snu czy niedorzeczną myśl. Sięgnął prawą ręką po karafkę. Zesztywniałe palce zacisnęły się na szyjce.

I Korolow wybuchł!

Powstał z krzesła, jakby wyrzuciła go stalowa sprężyna, zamachnął się karafką nad głową i z jakąś diabelską mocą roztrzaskał ją o kant stołu. Kawałki szkła i dwa litry wody rozbryzgnęły się jak odłamki granatu, zmuszając wszystkich obecnych do zasłonięcia oczu i twarzy. Na marszałka Niedielina spadła lawina wściekle wykrzyczanych oskarżeń o sabotaż pomieszanych z perłami rosyjskiej mowy potocznej w rodzaju „a chuj ci na szyję zamiast czarnoburki".

Korolow wrzeszczał, że 8K71 to wybitne osiągnięcie cywilizacyjne. Że nikt na świecie nie ma niczego podobnego. Że na potrzeby testów zamówiono dwanaście sztuk. I jak dotąd tylko dwa wyroby spłonęły podczas startu. A znajdą się jacyś tra-ta-ta, którzy tra-ta-ta i tra-ta-ta zamiast tego, żeby tra-ta-ta, tra-ta-ta i tra-ta-ta!

Korolow omiótł wzrokiem otoczenie, zastanawiając się, co by jeszcze roztrzaskać o kant stołu albo głowę marszałka, ale nie znalazł nic odpowiedniego, więc hardo opuścił salę, z taką siłą kopiąc drzwi, że odpadł z nich kawałek deski.

Moment kluczowy

Żukow wprowadzał w Armii Radzieckiej surowe porządki.

Przykład. Porucznik Pawłow na oczach trzech sierżantów zastrzelił sierżanta Oczkasowa za odmowę przyjęcia warty. Pierwszy pocisk ranił sierżanta w policzek, drugi strzał, w głowę, okazał się śmiertelny. W czasie wojny rozstrzeliwano za odmowę wykonania rozkazu przełożonego. Ale czy można kogoś rozstrzelać bez sądu w czasie pokoju? Na mocy decyzji Rady Wojennej Moskiewskiego Okręgu Wojskowego porucznik Pawłow dostał 20 dni aresztu. Doniesiono o tym Żukowowi. Żukow polecił natychmiast zwolnić porucznika i skierować z powrotem do pułku.

Drugi przykład. Marynarze przyszli w odwiedziny do znajomych. Zjawił się pijany obywatel, któremu nie podobała się obecność marynarzy. Kazał marynarzom wracać do koszar. Marynarze nie wykonali rozkazu. Pijany obywatel wpadł w furię i poszczuł marynarzy owczarkiem. Marynarze sobie poszli. Pijany obywatel wrócił do domu, złapał za pistolet, dogonił marynarzy na przystanku tramwajowym i postrzelił marynarza Kondratiewa w pierś. Kula przeszła przez płuca w odległości dwóch centymetrów od serca.

Pijanym obywatelem był kontradmirał Narykow. Marynarze nie wiedzieli, że mają przed sobą kontradmirała, i dlatego nie podporządkowali się jego rozkazom. Żukow rozkazał nie kierować sprawy kontradmirała do sądu. Kontradmirał został zdegradowany do stopnia kapitana I rangi i przeniesiony do rezerwy z pełną emeryturą*.

Jak widać, Żukow, zaprowadzając w Armii Radzieckiej porządek, popierał tych, którzy postępowali w jego stylu. Styl dowodzenia Żukowa i tych, którzy go naśladowali, można nazwać wysokimi wymaganiami.

Ale właściwsze będzie określenie go jako rozkwitu bezprawia.

---

* Tamże, s. 331.

Rozdział 13

1

28 lipca 1957 roku w Moskwie rozpoczął się Światowy Festiwal Młodzieży i Studentów. 34 tysiące gości ze 131 krajów świata śpiewało w różnych językach hymn młodzieży demokratycznej:

Naprzód, młodzieży świata,
nas braterski połączył dziś marsz.
Groźne przeminą lata,
hej, kto młody,
pójdź z nami i walcz!

Ostatni raz Moskwa widziała tylu cudzoziemców 13 lat temu. 17 lipca 1944 roku na rozkaz Stalina ulicami Moskwy przeszło 19 generałów niemieckich, 1227 oficerów i 41 tysięcy żołnierzy wziętych do niewoli przez oddziały marszałka Związku Radzieckiego Rokossowskiego podczas operacji „Bagration".

Ale wtedy szli oni pod eskortą wartowników. A teraz tysiące cudzoziemców maszerowały tą samą trasą bez żadnej eskorty. Można było do nich podejść i nawet ich dotknąć.

Oczywiście w Moskwie przed festiwalem też przebywali cudzoziemcy. Ale nie w takiej liczbie. Mieszkali za murami ambasad, mieli własne kluby i sklepy. Przemierzali ulice Moskwy w swoich lśniących limuzynach. Nie mieli potrzeby kontaktowania się z obywatelami radzieckimi, a obywatele radzieccy wiedzieli, że należy trzymać się od nich jak najdalej: za byle kontakt z cudzoziemcem można było na długo wylądować w więzieniu.

Aż tu nagle 34 tysiące! Tak po prostu na ulicy! Przez dwa tygodnie!

Moskwa pogrążyła się w głębokim obłędzie. W Łużnikach na nowym stadionie urządzono wielką paradę. 3200 sportowców zaprezentowało siłę i werwę. W niebo poszybowały dziesiątki tysięcy białych gołębi. Krążyły nad stadionem.

Nikt na świecie nie zrobił nigdy niczego podobnego. Tylko my możemy urządzać imprezy z takim rozmachem. Nawet gołębie nigdy nie latały w takiej masie. Oszalałe ptaki wciąż krążyły nad stadionem.

Białe gołębie – symbol pokoju. Swoim lotem jakby apelowały do ludzi: Bądźcie czujni! Nie dopuśćcie do wojny! Spójrzcie, co się z wami stanie, gdy wybuchnie wojna atomowa. Po wybuchu jądrowym powstanie radioaktywna chmura, z której będą opadać produkty rozpadu. Właśnie w ten sposób z gęstego białego obłoku, z dziesiątków tysięcy gołębich jelit, na widzów spadła lawina produktów rozpadu.

W nocy na rzece Moskwie odbyły się masowe zawody pływackie z pochodniami. I tańce do świtu.

I żaden z 34 tysięcy darmozjadów, którzy przyjechali na festiwal z różnych krajów, nie zastanowił się: A komu to jest potrzebne? I po co? Kto zapłacił za to, żeby zebrać obiboków z całego świata i przywieźć ich do Moskwy?

W tamtych czasach samoloty pasażerskie były egzotyką. Delegatów z najdalszych zakątków świata najpierw przewożono statkami do radzieckich portów, Leningradu, Odessy, Władywostoku, a następnie pociągami do Moskwy.

Podróż z Brazylii i Argentyny do Marsylii trwa wiele dni. Z Marsylii do Odessy – tyle samo. A darmozjady są żarłoczne. Wszystkich trzeba nakarmić. Trzeba im jeszcze zapewnić powrót, żeby nie zepsuć wrażenia naszej gościnności. Z Sydney do Władywostoku też szmat drogi. Potem siedem dni w pociągu. I z powrotem.

Nasi przywódcy nie żałowali pieniędzy. Nasi dobrzy przywódcy zapewnili wszystkim gościom festiwalu bilety, karmili ich po drodze do Moskwy, podejmowali w Moskwie i dostarczali z powrotem. Kilka miesięcy wcześniej ci przywódcy ukradli własnym obywatelom setki miliardów rubli – nie mieli pieniędzy, żeby rozliczyć się z własnym ludem, któremu zabrali ostatnie kopiejki. Ale znaleźli pieniądze na zorganizowanie pokazu dla zagranicznych obiboków: Popatrzcie, jak pięknie żyjemy, poznajcie zalety socjalizmu! I zapomnijcie o wyczynach Żukowa na Węgrzech!

Nawiasem mówiąc, do komitetu organizacyjnego festiwalu należał pewien towarzysz w szarym garniturze. Nazywał się Iwan Aleksandrowicz. W czasie wolnym od spraw festiwalu pełnił obowiązki przewodniczącego KGB. Pod czujnym okiem Iwana Aleksandrowicza tysiące darmozjadów z USA, Kanady, Kuby, Brazylii, Urugwaju i Australii bawiły się na placach i ulicach.

Zabawa na cudzy koszt demoralizuje. Dwa tygodnie pogadanek o pokoju i przyjaźni, obfitego żarcia i tańców. I nic nie trzeba robić.

Hotele dla zagranicznych delegatów zmieniły się w centra niespotykanej w Moskwie rozpusty. Młode Rosjanki pędziły tam na spotkania z wybitnymi piosenkarzami i aktorami. Wkrótce dały o sobie znać pierwsze konsekwencje:

- wybuch epidemii chorób wenerycznych w Moskwie, która rozprzestrzeniła się na cały kraj;
- pewna cześć młodzieży w Moskwie, za nią w Leningradzie, Kijowie, Odessie, a następnie w oddalonych regionach kraju, gwałtownie zmieniła nie tylko styl ubioru, ale też styl życia; pojedynczy bikiniarze zdarzali się już wcześniej, ale po festiwalu było ich wyjątkowo dużo;
- przyszła moda na wszystko, co zagraniczne: wąskie krótkie spodnie, które można założyć tylko dzięki wysmarowaniu nóg mydłem, grube podeszwy z gumy, kolorowe krawaty prawie do kolan, krótkie obcisłe spódnice z rozcięciem;
- rozwinęli skrzydła spekulanci, którzy nabywali używane ciuchy u cudzoziemców i sprzedawali obywatelom radzieckim za ciężkie pieniądze;
- niedługo po festiwalu w szpitalach położniczych Moskwy po raz pierwszy przyszły na świat radzieckie dzieci o niezwykle ciemnym odcieniu skóry.

Żartowano wówczas: Kto został w Moskwie po tym, jak delegaci festiwalu wrócili do domu? Dzieci różnych narodów.

2

Żukow podniósł słuchawkę białego telefonu ze złotym profilem Baszty Spasskiej na tarczy.

– Towarzyszu Gorszkow, który krążownik na Morzu Czarnym jest najlepszy?

– *Kujbyszew*.

– W jakim stanie?

– Znakomitym.

– Dajcie dwa najlepsze niszczyciele jako eskortę.

– Weźcie *Bywałyj* i *Blestiaszczij*.

– Przygotujcie te trzy okręty. Wybieram się z wizytą do Jugosławii.

3

21 sierpnia 1957 roku o 15.25 na poligonie państwowym Töretam wystrzeliła w przestworza jeszcze jedna rakieta 8K71. Być może w obawie przed niszczycielskim wybuchem gniewu swego twórcy, tym razem zachowywała się jak posłuszna uczennica. Wykonała zlecone jej zadanie. Pokonała całą drogę do Kamczatki i trafiła, tak jak ją uczono, w wyznaczony punkt.

27 sierpnia ukazał się komunikat TASS o tym, że w Związku Radzieckim po raz pierwszy na świecie odbył się lot wielostopniowej międzykontynentalnej rakiety balistycznej.

Oznaczało to, że po raz pierwszy w historii nieprzyjaciel mógł zadać niszczycielski cios na terytorium USA.

4

Budowę krążownika *Kujbyszew* projektu 68-K rozpoczęto 31 sierpnia 1939 r., a 31 stycznia 1941 r. go zwodowano. Po 22 czerwca 1941 roku wstrzymano prace, nieukończony krążownik wycofano do Sewastopola, potem do Poti i zakonserwowano. Po wojnie wznowiono budowę. 20 kwietnia 1950 r. krążownik przyjęto do służby.

Całkowita wyporność krążownika – 14 100 ton. Łączna moc silników – 124 600 KM. Maksymalna prędkość – 33,4 węzła. Uzbrojenie – 12 armat kalibru 152 mm w czterech wieżach, 8 armat uniwersalnych kalibru 100 mm w czterech wieżach, 13 sprzężonych armat przeciwlotniczych 37 mm, miny morskie. Załoga – 1184 ludzi.

W 1957 roku w skład Floty Czarnomorskiej wchodził krążownik *Frunze*, którego budowę rozpoczęto dwa lata przed *Kujbyszewem*. Był to okręt tego samego projektu, tej samej serii, miał podobną historię i podobne charakterystyki.

Dowódca Marynarki Wojennej admirał Gorszkow wybrał krążownik *Kujbyszew*. Zbiegiem okoliczności miasto Kujbyszew było tajną rezerwową stolicą Związku Radzieckiego. Latem 1957 roku wszyscy, którzy byli blisko władzy, doskonale rozumieli: przyjaźń z krokodylem może trwać, dopóki nie będzie krokodylowi przeszkadzać, dlatego dwuwładza Chruszczow–Żukow jest tymczasowa i niepewna. Nikt nie wątpił, że wkrótce ta dwuwładza się skończy, że Żukow pożre Chruszczowa i nawet się przy tym nie zakrztusi.

Żukow już wyrzucił ze składu najwyższego kierownictwa kraju dwóch byłych premierów rządu Związku Radzieckiego, Mołotowa i Malenkowa, a los trzeciego, wówczas jeszcze urzędującego, Bułganina, był przesądzony. Żukow wyrzucił już ze składu najwyższego kierownictwa kraju marszałków Związku Radzieckiego Berię, Woroszyłowa, Wasilewskiego, Biriuzowa, Bagramiana oraz admirała Floty Związku Radzieckiego Kuzniecowa. Na szczycie politycznej i wojskowej władzy oprócz samego Żukowa pozostał tylko Chruszczow – ani premier rządu, ani marszałek.

Radząc wybrać krążownik *Kujbyszew*, Gorszkow jakby dawał Żukowowi do zrozumienia: masz do dyspozycji rezerwową stolicę kraju, główną weź sobie sam.

Tajna stolica jednak mogła być pułapką. W maju 1937 roku Stalin wysłał marszałka Związku Radzieckiego Tuchaczewskiego do Kujbyszewa, jakby dając mu tajny awans: będę rządził w Moskwie, a ty – w zapasowej stolicy. I właśnie w Kujbyszewie zakończyła się władza Tuchaczewskiego.

5

21 sierpnia rakieta 8K71 spadła w wyznaczonym rejonie. Oczywiście rakieta nie przenosiła głowicy jądrowej, a tylko jej atrapę o podobnych gabarytach i masie. Nie doleciawszy do ziemi, makieta głowicy rozpadła się i spaliła z powodu błędów konstrukcyjnych osłony termicznej.

Był to podwójny sukces Korolowa. Spalona atrapa głowicy jednej rakiety skierowała historię XX wieku na nową drogę. Dlaczego? Otóż gdy wystrzeliwano rakiety o zasięgu do dwóch, trzech tysięcy kilometrów, wszystko szło dobrze. Ale międzykontynentalna rakieta balistyczna dociera poza atmosferę. Następnie na końcowym odcinku toru lotu wraca do gęstych warstw atmosfery z niewiarygodną prędkością. Dlatego powracająca część rakiety nagrzewa się i spala jak spadająca z nieba gwiazda.

Pierwszym sukcesem Korolowa było to, że jego rakieta dostarczyła ładunek do celu. Rakieta nośna odegrała rolę taksówki, która dowiozła pijanego pasażera do drzwi domu. A co się dalej działo z pasażerem – to już nie jest ani problem taksówkarza, ani jego odpowiedzialność. To nie Korolow budował głowicę. Niech więc inni się zastanawiają, jak uchronić ładunek do chwili eksplozji przy wejściu w gęste warstwy atmosfery.

Wielkość Korolowa polegała między innymi na tym, że każdy najbardziej złożony problem mógł on wytłumaczyć absolutnie nieorientującym się w danym zagadnieniu ludziom za pomocą prostych i jasnych porównań.

Łatwo jest wytłumaczyć coś człowiekowi w cztery oczy, pomagając sobie rękoma. Korolow musiał wyjaśniać wszystko przez telefon, nie patrząc na rozmówcę i nie posługując się gestami. Od dawna wiadomo, że jeżeli uczeń nie rozumie nauczyciela, to znaczy, że nauczyciel nie jest na tyle dobry, żeby zrozumiał go każdy. Korolow pod tym względem był bardzo dobrym nauczycielem: potrafił każdemu wyłuszczyć istotę problemu.

W tym przypadku musiał tłumaczyć Chruszczowowi.

Korolow referował istotę sprawy w zwięzły i prosty sposób. Po pierwsze, teraz nasze rakiety mogą dolecieć do Ameryki. Po drugie, trzeba jeszcze popracować nad głowicą, która wchodzi w gęste warstwy atmosfery z prawie kosmiczną prędkością. Tym problemem powinni zająć się ci, którzy zostali do tego wyznaczeni.

Po trzecie, dopracowanie głowicy wymaga bardzo skomplikowanych obliczeń teoretycznych i eksperymentów naukowych.

Po czwarte, tymczasem kiszą się u nas trzy gotowe rakiety 8K71. Czemu więc nie wykorzystać jednej z nich i nie wystrzelić w kosmos sztucznego satelity Ziemi? Zbliża się doniosła data – 40 rocznica Wielkiej Socjalistycznej Rewolucji Październikowej. Wystrzelenie satelity, nawet jeżeli będziemy w kosmosie drudzy po Amerykanach, mimo wszystko będzie zwycięstwem.

Na drugim końcu przewodu łączności rządowej Nikita Siergiejewicz Chruszczow wymownie spojrzał na swojego doradcę Grigorija Trofimycza Szujskiego.

Trofimycz siedział obok, notując coś w notesie. W odpowiedzi na pytające spojrzenie Chruszczowa podniósł zaciśniętą pięść z kciukiem do góry, potwierdzając gestem: bardzo dobrze!

6

7 września odbył się jeszcze jeden start rakiety 8K71. Również tym razem rakieta pomyślnie doleciała do celu, ale poprawiona głowica znowu spaliła się na ostatnim odcinku toru lotu. Tak więc rakieta nośna była gotowa, a głowica wciąż wymagała dopracowania. Dlatego przed stworzeniem jeszcze bardziej udoskonalonej głowicy i skuteczniejszej osłony termicznej nie było już po co wystrzeliwać kolejnych rakiet za horyzont.

Na tym polegał drugi sukces Korolowa: miał do dyspozycji jeszcze dwie wolne rakiety. Gdyby konstruktorom udało się już za pierwszym razem opracować głowicę, która nie spłonęłaby na ostatnim etapie lotu, to próby rakiet i głowic kontynuowano by zgodnie z programem. Nikt nie pozwoliłby Korolowowi zajmować się głupotami i wystrzelić nikomu niepotrzebnych sztucznych satelitów.

W tym przypadku w następnym roku Amerykanie pierwsi wystrzeliliby sztucznego satelitę Ziemi. Świat oczywiście zwróciłby uwagę na to wydarzenie, ale być może jego oddźwięk byłby nie większy niż informacja o zakończeniu budowy nowego najwyższego drapacza chmur w Nowym Jorku. Gdyby satelitę pierwsi wystrzelili Amerykanie, nie byłoby sensacji. Gdyby satelitę pierwsi wystrzelili Amerykanie, nie byłoby żadnego wyścigu w kosmosie między ZSRR i USA. W tym przypadku historia XX wieku potoczyłaby się zupełnie inaczej.

7

Tego samego dnia, 7 września 1957 roku, ambasador ZSRR w Jugosławii Firiubin otrzymał szyfrogram z nakazem niezwłocznego powrotu do Moskwy.

Na Kremlu z towarzyszem Firiubinem spotkali się członkowie Prezydium Komitetu Centralnego KPZR towarzysze Chruszczow, Furcewa i Kozłow. Chruszczow popatrzył krzywo na Nikołaja Pawłowicza i rzekł:

– Decyzją Prezydium KC KPZR zwolniliśmy was, towarzyszu Firiubin, z obowiązków nadzwyczajnego i pełnomocnego ambasadora Związku Radzieckiego w Jugosławii.

Firiubin spodziewał się wszystkiego, ale nie tego. Chruszczow się uśmiechnął.

– Decyzją Prezydium KC KPZR mianujemy was, Nikołaju Pawłowiczu, zastępcą ministra spraw zagranicznych.

8

Szalone lato 1957 roku dobiegło końca. Przywódcy Związku Radzieckiego, towarzysze Chruszczow i Żukow, udali się na wakacje.

Krym. Carska rezydencja. Aksamitny sezon. Żukow i Chruszczow spotykają się codziennie na plaży. I uśmiechają się do siebie nawzajem.

Żukow nagle przestał być niegrzeczny wobec Chruszczowa. Między Żukowem i Chruszczowem zapanowały normalne stosunki – ciepłe, rzeczowe, przyjacielskie.

Jak między Stalinem i Hitlerem w maju 1941 roku.

Moment kluczowy

Związek Radziecki miał niewspółmiernie rozbudowane siły zbrojne. Żołnierze odbywali trzyletnią służbę, marynarze – czteroletnią. W tym czasie żołnierz i marynarz mogli otrzymać stopnie sierżantów i starszych sierżantów.

Oprócz służby zasadniczej istniała też służba nadterminowa. Zamiast odejść do cywila, żołnierze, marynarze, sierżanci i starsi sierżanci mogli pozostać w armii i marynarce i kontynuować służbę. W tym przypadku znacznie zwiększano im żołd, wydawano inne, lepsze gatunkowo umundurowanie, mogli też mieszkać poza koszarami. Pozycja żołnierza nadterminowego była bliższa pozycji oficera niż pozycji zwykłego żołnierza czy marynarza.

Żołnierz służby nadterminowej już miał trzy, cztery lata służby zasadniczej za sobą, miał też stosowne doświadczenie. Znał i kochał swój fach. Nie był niewolnikiem, lecz ochotnikiem, więc nie liczył godzin i dni do rezerwy. Jeżeli żołnierza albo marynarza poniżano w wojsku, to ten nigdy nie zostawał na służbę nadterminową. Zostawali tylko ci, którzy mogli się obronić, którzy mogli zdobyć szacunek.

Żołnierzy służby nadterminowej wykorzystywano tam, gdzie potrzebne były wiedza i doświadczenie: młodszy mechanik lotniczy, instruktor jazdy, dowódca drużyny technicznej czołgów, operator radaru, deszyfrant zdjęć lotniczych i tak dalej. Ci żołnierze cieszyli się ogromnym popytem w lotnictwie, w marynarce, w wojskach łączności, służbach topograficznych.

Żukow niszczył sprawdzone życiem i ugruntowane już zasady służby. Postanowił zaoszczędzić pieniądze obywateli. Rozumował tak: żołnierz i marynarz są teraz wykształceni, jeżeli w wiejskiej podstawówce opowiedziano mu o Puszkinie i Lermontowie, o prostych równoległych i cyklu hydrologicznym, to jakoś da sobie radę przy naprawie i obsłudze anteny do łączności troposferycznej.

Żukow zadał cios żołnierzom służby nadterminowej. Zawieszono nabory długoterminowe. Warunki naboru na krótkie okresy drastycznie się pogorszyły. W marynarce wyglądało to następująco:

> On [Żukow – przyp. autora] oświadczył, że w związku z tym, że poborowi mają wykształcenie średnie, żołnierze nadterminowi stracili znaczenie dla Sił Zbrojnych, i polecił przede wszystkim znacznie zmniejszyć ich liczbę. (...) Jakie były skutki tej decyzji? Z ponad 28 tysięcy żołnierzy nadterminowych [odbywających służbę w marynarce wojennej – przyp. autora] zwolniło się 12 800 osób. (...) Skąd odeszli żołnierze? Z okrętów podwodnych, z maszynowni okrętów nadwodnych, specjaliści zajmujący się obsługą urządzeń*.

Tak wyglądała sytuacja nie tylko we flocie, ale również w lotnictwie, artylerii, wojskach pancernych oraz pozostałych rodzajach. Niedobór żołnierzy służby nadterminowej gwałtownie zmniejszył zdolność bojową sił zbrojnych. Najbardziej ucierpieli lotnicy, łączność, topografia, wojska rakietowe.

> Po usilnych skargach tow. Żukow przyznał, że w tej kwestii popełniono błąd, ale podczas omawiania jej nie tak dawno na kolegium oświadczył, że ponieważ upłynął tylko rok od wydania nowego rozporządzenia, nie wypada kierować do Rady Ministrów wniosku o jego zmianę**.

W podobny sposób Żukow postanowił zmniejszyć kontrolę jakości sprzętu wojskowego. W zakładach zbrojeniowych pracowali oficerowie Ministerstwa Obrony, którzy pilnowali jakości wykonywanych prac oraz zajmowali się przyjmowaniem uzbrojenia i sprzętu wojskowego dla Armii Radzieckiej i Floty Wojenno-Morskiej. Żukow zdecydował się ograniczyć ich liczbę.

---

* Tamże, s. 279.

** Tamże.

Nie zagłębiając się w to, gdzie trzeba zmniejszyć aparat, a gdzie jest on niezbędny, minister wydał stosowne polecenia Sztabowi Generalnemu, a Sztab, nawykły do lekceważenia argumentów kadry dowódczej, posłusznie zmniejszył aparat kontrolno-odbiorczy o 38 procent, wycofując ludzi nawet z zakładów, gdzie modernizowane są okręty na potrzeby uzbrojenia ich w rakiety. (...) Będziemy zmuszeni w najbliższych miesiącach zwolnić z sił lądowych i marynarki wojennej kilkuset doświadczonych specjalistów, odsuniętych od pracy w aparacie kontrolno-odbiorczym, wielu z nich – bez zabezpieczenia emerytalnego*.

Ci oficerowie oddali młodość Ojczyźnie, służyli w Siłach Zbrojnych przez wiele lat, ale nie dociągnęli do samej emerytury. Nie było w tym ich winy – po prostu Żukow zarządził oszczędności.

Taka oszczędność wyszła naszemu państwu bokiem.

---

* Tamże.

Rozdział 14

1

Jesień to czas ćwiczeń wojskowych. Skończyły się żniwa. Odleciały ptaki. Obnażył się las. Opustoszały pola. Można walczyć.

1957 rok był niezwykły. Zbliżała się okrągła data – 40 rocznica Wielkiej Socjalistycznej Rewolucji Październikowej. Cały naród radziecki meldował Ojczyźnie o osiągniętych sukcesach.

Armia Radziecka również zamierzała zameldować Ojczyźnie o swoich sukcesach. W tym celu dowództwo postanowiło przeprowadzić w Kijowskim Okręgu Wojskowym niebywałe ćwiczenia wojskowe z udziałem czterech dywizji pancernych, pięciu zmechanizowanych oraz czterech lotniczych odpowiednio wzmocnionych między innymi oddziałem artyleryjskim i inżynieryjnym. Gwoździem programu powinno być forsowanie Dniepru przez 41. Dywizję Pancerną Gwardii bez budowania mostów i przepraw promowych.

Plan forsowania rzeki był następujący: z lewego brzegu Dniepru dwa samobieżne moździerze 2B1 kalibru 420 mm i o masie 55 ton zadają dwa uderzenia jądrowe na pozycje nieprzyjaciela na prawym brzegu rzeki. Myślę, że Żukow strasznie ubolewał nad tym, że podczas ćwiczeń uderzenia jądrowe nie były prawdziwe. Tuż po tych uderzeniach Dniepr sforsują batalion rozpoznawczy dywizji pancernej oraz kompanie rozpoznawcze pułku zmechanizowanego i trzech pułków pancernych.

Wszystkie oddziały rozpoznawcze Armii Radzieckiej były uzbrojone w czołgi pływające PT-76 oraz w lekkie transportery opancerzone BTR-40 z otwartym przedziałem bojowym. 41. Dywizja Pancerna Gwardii zamiast BTR-40 otrzymała nowe, jeszcze nieprzyjęte do uzbrojenia opancerzone samochody rozpoznawcze BRDM. Zarówno dla BRDM, jak i dla moździerzy samobieżnych 2B1 te ćwiczenia powinny były się stać testami wojskowymi.

Łącznie w pierwszej fali forsowania wzięło udział 19 czołgów pływających oraz 43 BRDM. Zadanie batalionu rozpoznawczego dywizji oraz kompanii rozpoznawczych pułków – po przeprawie przez Dniepr bardzo szybko ruszyć do przodu, kontynuując rozpoznanie oraz walki na tyłach wroga* na dużą głębokość, zdobyć i utrzymać przyczółki w pobliżu epicentrów wybuchu atomowego.

Za nią powinna przetoczyć się druga fala – pułk zmechanizowany pływających gąsienicowych transporterów opancerzonych BTR-50P. Te transportery przeprawiły przez Dniepr nie tylko piechotę, lecz również armaty przeciwpancerne 85 mm*.

---

* Rozpoznanie wypadowe (rekonesans) polega na prowadzeniu rozpoznania na tyłach nieprzyjaciela przez oddziały pancerne i zmechanizowane, posiadające na uzbrojeniu czołgi, transportery opancerzone oraz inny ciężki sprzęt i uzbrojenie, co umożliwia im nie tylko zdobywanie informacji o nieprzyjacielu, ale i niszczenie sztabów, węzłów łączności, środków dostarczania broni jądrowej, niewielkich oddziałów nieprzyjaciela, zdobywanie i utrzymywanie mostów, przepraw oraz innych ważnych obiektów i rubieży. Nie mylić z rozpoznaniem walką polegającym na prowadzeniu przez specjalnie wyznaczone oddziały działań ofensywnych przeciwko nieprzyjacielowi w bezpośrednim kontakcie. Rozpoznanie walką przeprowadza się w celu podtrzymania ofensywnego ducha własnych oddziałów znajdujących się w obronie, osłabienia i unieruchomienia nieprzyjaciela, zweryfikowania przebiegu pierwszej linii jego obrony oraz siły ognia, pojmania jeńców, zakamuflowania swoich planów ofensywnych na innych odcinkach frontu. Do przeprowadzenia rozpoznania walką najczęściej wykorzystywano kompanie i bataliony karne, którym w powojennych wspomnieniach dowódców radzieckich skromnie zmieniono nazwę na szturmowe (przyp. aut.).

Zadanie pułku: zdobyć i utrzymać przyczółek na zachodnim brzegu Dniepru.

W trzeciej fali po dnie rzeki powinny przejść trzy pułki pancerne oraz batalion pancerny pułku zmechanizowanego. Łącznie 315 czołgów T-54.

A dopiero za nimi powinna przeprawić się artyleria na gąsienicowych transporterach pływających K-61. Dla samochodów transportowych, a tych w dywizji pancernej było ponad tysiąc, mimo wszystko trzeba było zbudować przeprawę promową albo most pontonowy, ale tego nie było w programie przedstawienia.

Wcześniej po dnie rzek poruszały się kompanie pancerne. Niekiedy również bataliony. Pewnego razu nawet cały pułk. Ale żeby dywizja, i to nie przez byle jaką rzekę, tylko Dniepr – to się miało wydarzyć po raz pierwszy.

Zaraz, a po co na ćwiczeniach mielibyśmy forsować Dniepr?

Jak to po co? Proletariusze Niemiec Zachodnich, Francji oraz innych państw Europy Zachodniej byli ciemiężeni przez kapitalistów. Trzeba było wyzwolić braci klasowych. Marszałek Żukow znalazł sposób na przełamanie najpotężniejszego frontu każdego przeciwnika i zrealizował go podczas ćwiczeń na poligonie tockim we wrześniu 1954 roku. Lecz na szlaku naszych dywizji pancernych i zmechanizowanych, ogólnowojskowych i pancernych armii w Europie Zachodniej znajdą się liczne przeszkody wodne. Wśród nich – Ren.

Żeby w przyszłości przedrzeć się przez Ren, należało przećwiczyć wszystko na Dnieprze.

---

* Transporter opancerzony BTR-50P zbudowano na podwoziu lekkiego czołgu pływającego PT-76, mógł on przewozić do 2 ton ładunków (na przykład moździerz albo armatę 85 mm) oraz forsować z tym ładunkiem przeszkody wodne, przy czym kontrukcja transportera pozwalała na prowadzenie ognia z takiej armaty podczas przeprawy (przyp. red. wyd. rosyjskiego).

2

Rakiety Korolowa powstawały w Kujbyszewie w zakładach „Progress".

22 września 1957 roku z Kujbyszewa do Töretam dostarczono wyrób 8K71PS.

PS – prosty satelita.

3

29 września 1957 roku o 16.22 nastąpiła eksplozja na Uralu. W mieście Czelabińsk-40.

Nie szukajcie go w Czelabińsku. Ta nazwa należy do tej samej serii, co Arzamas-16, Krasnojarsk-26, Tomsk-7, Swierdłowsk-44, Moskwa-400, Moskwa-600 i tak dalej. W tajnych dokumentach Czelabińsk-40 nazywano Oziorskiem, ale również tej nazwy nie było na żadnej radzieckiej mapie. Mieszkańcy Czelabińska-40 nie mieli prawa podawać nazwy miasta osobom postronnym.

Tuż po wojnie zamknięte miasto Czelabińsk-40 vel Oziorsk budowali więźniowie równolegle z kombinatem chemicznym „Majak". W zamkniętym mieście mieszkali tylko ci, którzy pracowali w kombinacie, oraz ci, którzy ich ochraniali i obsługiwali. Kombinat chemiczny składał sprawozdania w Moskwie w sprawie każdego wyprodukowanego grama produktu. Produkt nazywał się pluton.

Pluton jest potrzebny do produkcji bomb o romantycznych imionach w rodzaju „Tatiany" czy różnego rodzaju termojądrowych „Matek diabła". Produkcji gramów plutonu towarzyszy pojawienie się tysięcy metrów sześciennych płynnych odpadów radioaktywnych. Co z nimi robić? Znaleziono genialne w swej prostocie rozwiązanie. W pobliżu płynie rzeka Tiecza, zatem – do rzeki!

Do 1949 roku wylewano sporo. Później chłopi w wioskach wzdłuż biegu rzeki zaczęli powoli wymierać, więc wylewano trochę mniej.

Tiecza wpada do Isetu, Iset do Tobołu, Tobol do Irtysza, Irtysz do Obu. Irtysz ma źródło w Chinach, z Chin biegnie do

Kazachstanu, zbierając radioaktywną moc z poligonu semipałatyńskiego, przyjmując po drodze coraz to nowsze dawki promieniowania, w tym również z Tobołu. Zlewnia Irtysza liczy ponad półtora miliona kilometrów kwadratowych. Długość – 4248 kilometrów. Irtysz – to najdłuższa na świecie rzeka, która jest dopływem innej rzeki. Missouri jest na drugim miejscu.

Tieczę, a za nią Iset, Toboł, Irtysz i Ob zanieczyszczono tak bardzo, że zaczęto wylewać odpady do jezior. Na Uralu ich nie brakuje. Kiedy jeziora w okolicy zostały zatrute, trzeba było szukać nowych rozwiązań. Rozwiązania się znalazły. Wykopano doły o średnicy 20 metrów i głębokości 12 metrów, na dnie i ścianach zamontowano zbrojenie i zalano betonem. Potem dno i ściany wyłożono płatami stali nierdzewnej i zespawano je ze sobą. Powstało coś w rodzaju wielkiego garnka. Na dnie garnka w samym środku umieszczono okrągły słup ze stali nierdzewnej o średnicy półtora metra. Od brzegu ścian do szczytu słupa ułożono kratownicę ze stali nierdzewnej. Wyglądało to jak koło od roweru ze szprychami. Na kole ułożono stalowe płyty, zrobiono zbrojenie i zalano betonem. Powstała betonowa pokrywa o metrowej grubości. Z góry pokrywę zasypano ziemią. Zbudowano setki takich zbiorników. Wlewano do nich odpady.

Jednak w związku z tym, że odpady były radioaktywne, wciąż emitowały ciepło, więc każdy taki zbiornik trzeba było chłodzić. Na dodatek tego typu odpady są bardzo agresywne. Wskutek korozji uległ awarii system chłodzenia zbiornika nr 14 kompleksu S-3. Doszło do samozapłonu zawartości. Woda błyskawicznie wyparowała. Suche elementy nadal się nagrzewały. Kiedy temperatura skoczyła powyżej 300 stopni, pokrywa „garnka" uniosła się – dokładnie tak jak w waszej kuchni, kiedy żona kończy oglądać w telewizji serial. Pokrywa nie była zbyt ciężka. Jakieś 160 ton. Plus warstwa ziemi z wierzchu. Spadła w pobliżu. Jakieś 25 metrów dalej.

Do wybuchu jądrowego nie doszło. Nastąpiła eksplozja cieplna. Zawartość „garnka" wyleciała w powietrze na dwa kilometry. Wiatr uniósł chmurę i skierował ją na północny wschód, obsypując wszystkich na dole opadem radioaktywnym niczym odchodami gołębi podczas parady na festiwalu na Łużnikach.

Mieszkańcy miast na Uralu wieczorem zaobserwowali niezwykły obraz: niebo mieniło się szmaragdowo-różową poświatą. Obywateli zapewniono: Jak widać, na tej szerokości też się pojawia zorza polarna. Czasami. Może się jeszcze powtórzyć, więc nie ma czego się bać.

Do likwidowania szkód wysłano więźniów, żołnierzy, studentów, uczniów. Od Czelabińska-40 na północny wschód korytarzem o długości 300 km i szerokości 5–10 km na zawsze biegnie WURS – Wschodniouralski Szlak Radioaktywny. Jego powierzchnia – 23 tysiące kilometrów kwadratowych. W 1968 roku utworzono tu rezerwat przyrody, którego nie można odwiedzać nawet pół wieku po katastrofie. Nie zostanie otwarty dla odwiedzających nawet za kilkaset lat.

Wszyscy, którzy brali udział w likwidacji skutków awarii, musieli się zobowiązać do zachowania tajemnicy. Tak naprawdę nie było to konieczne. Nie powiedziano studentom i uczniom, żołnierzom i więźniom, co się tutaj wydarzyło i na jakie niebezpieczeństwo są narażeni. Oni po prostu usuwali i wywozili górną warstwę gruntu, niszczyli budynki w opuszczonych wsiach, kopali jakieś rowy, myli chodniki i ulice Oziorska, usuwali kurz z parapetów i ławek, zbierali liście w sadach i parkach, wykonywali jakieś niezrozumiałe prace.

Dlatego nie mogli opowiedzieć niczego ciekawego czy niezwykłego.

No i żyli po tym wszystkim niedługo.

4

Zawsze mieliśmy szczęście. Zawsze dopisywało nam niewyobrażalne szczęście. Na południe od Oziorska – Czelabińsk, na północ – Swierdłowsk. Szlak radioaktywny przebiegał między nimi! Nawet ich nie zahaczył! W pobliżu Tiumeń, Kurgan, Kamieńsk Uralski, Szadryńsk. Wszystko przeszło obok!

W strefie opadania opadów radioaktywnych mieszkało tylko 270 tysięcy ludzi. Swoją drogą wybuchł tylko jeden „garnek". Na dodatek niepełny. I nie nastąpił wybuch jądrowy. Po prostu uniosła się pokrywa.

Mimo wszystko emisja odpadów radioaktywnych na „Majaku" była jak na tamte czasy rekordowa. Nikomu na świecie nic podobnego się nie zdarzyło. Nasz kraj utrzymywał rekord skażenia radioaktywnego przez 29 lat!

Pobił go dopiero wybuch w Czarnobylu. Znowu wyprzedziliśmy cały świat! Nikomu nie oddaliśmy w XX wieku palmy pierwszeństwa co do skali katastrofy jądrowej!

Szkoda, że nasi biurokraci aż do 1990 roku trzymali w tajemnicy to, co się wydarzyło na „Majaku". Świat przez trzydzieści lat nic nie wiedział o naszych „osiągnięciach".

5

Doniesiono Żukowowi: Na „Majaku" doszło do wybuchu, kombinat jest skażony. Plany produkcji plutonu są zagrożone.

Żukow polecił rzucić do likwidacji wojsko.

Doniesiono Chruszczowowi: Na „Majaku" doszło do eksplozji. Podjęto niezbędne środki. Minister średniego przemysłu maszynowego Sławski i jego zastępca pracują na miejscu. Na polecenie Żukowa wojsko przy użyciu sprzętu inżynieryjnego przystąpiło do pracy. Na Uralu jest sporo obozów, więc miejsce eksplozji porządkują więźniowie. Lokalni mieszkańcy pomagają.

Chruszczow zgrzyta zębami. Nie inaczej jak ktoś pod nim dołki kopie i próbuje podłożyć świnię. Dopiero co się odbił od Mołotowa, Kaganowicza, Malenkowa, Woroszyłowa, Bułganina, Pierwuchina, Saburowa i Szepiłowa, a tu już coś Żukow knuje. Jakoś nie może ten Żukow wybrać się do Jugosławii.

6

2 października 1957 roku. Töretam. Wczesny ranek. Od budynku montażowo-testowego do pozycji startowej – półtora kilometra stepem. Lokomotywa powoli pcha przed sobą platformę kolejową z konstrukcją, na której spoczywa wyrób 8K71PS. Obok w milczeniu idzie główny konstruktor Siergiej Pawłowicz Korolow.

Wyrób przywieziono na stanowisko nr 1 i ustawiono pionowo. Tego samego dnia komisja państwowa podpisała akt: „Start pierwszego sztucznego satelity Ziemi ma się odbyć 4 października".

A 2 października 1957 roku do Nowego Jorku przybyła delegacja radzieckich naukowców z akademikiem Anatolijem Arkadjewiczem Błagonrawowem na czele. Pojawienie się radzieckich naukowców w Stanach było wówczas prawdziwą sensacją. Przyćmić to wydarzenie mogło tylko lądowanie w mieście kosmitów. „Czerwona trójca" – tak nazywały ich gazety.

Błagonrawow był wybitnym uczonym w dziedzinie balistyki, generałem porucznikiem artylerii, do 1950 roku prezydentem Akademii Nauk Artyleryjskich. Teraz nie zajmował się artylerią, a jakimiś innymi zagadnieniami.

Delegacja radziecka została zaproszona w celu nawiązania współpracy naukowców obu krajów w dziedzinie badania górnych warstw atmosfery. Lecz rzeczywisty cel polegał na tym, żeby się dowiedzieć, jak bardzo jest zacofany Związek Radziecki w budowie rakiet, na ile prawdziwe są komunikaty TASS o tym, że w ZSRR rzekomo zbudowano i przetestowano międzykontynentalną rakietę balistyczną.

3 października odbyło się wielogodzinne spotkanie robocze obu delegacji. Błagonrawow i jego dwaj towarzysze mówili przeważnie o promieniach kosmicznych, aktywności słonecznej i innych mało istotnych rzeczach. Stało się jasne, że Rosjanie słabo orientują się w dziedzinie projektowania międzykontynentalnych rakiet balistycznych i opierają się na pobożnych życzeniach. Nieco pośpieszyli się z reklamą swoich rzekomych sukcesów.

Żeby ostatecznie się przekonać, że Rosjanie nie mają nic oprócz promieni kosmicznych, na 4 października wyznaczono wielki bankiet: spijemy ich i wszystkiego się dowiemy.

7

W Kijowskim Okręgu Wojskowym zakończyły się przygotowania do wielkich ćwiczeń wojskowych z forsowaniem Dniepru przez 41. Dywizję Pancerną Gwardii bez budowania mostów pontonowych i przepraw promowych.

Na ćwiczenia do Kijowa zjechało się całe najwyższe dowództwo Armii Radzieckiej. Oczekiwano Chruszczowa. Tylko minister obrony ZSRR marszałek Związku Radzieckiego Żukow nie mógł uczestniczyć w ćwiczeniach. Miał udać się z wizytą do Jugosławii.

3 października 1957 roku dowódca Kijowskiego OW marszałek Związku Radzieckiego Wasilij Iwanowicz Czujkow, który miał kierować ćwiczeniami, zadzwonił do Żukowa za pośrednictwem kanału łączności rządowej:

– Towarzyszu marszałku Związku Radzieckiego, Gieorgiju Konstantinowiczu, może byście jednak dołączyli do nas, wszyscy tu będą. Zadanie będzie bardzo poważne.

– Przyjadę – zobaczę.

– Towarzyszu marszałku Związku Radzieckiego, Gieorgiju Konstantinowiczu, może byście jednak sami się tu pojawili.

Rozdział 15

1

Po zakończeniu krótkiego urlopu Żukow wyjechał do Moskwy, wydał ostatnie wskazówki, w tym także naczelnikowi GRU generałowi pułkownikowi Sztiemience oraz pierwszemu zastępcy naczelnika GRU generałowi porucznikowi Mamsurowowi.

Zapytał: Czy wszystko idzie zgodnie z planem?

Otrzymał odpowiedź: Wszystko idzie jak trzeba.

2

Przygotowanie wizyty zagranicznej to poważna sprawa. Trzeba było załagodzić ostre problemy dyplomatyczne. Zaproszenie dla Żukowa ambasador Firiubin zdobył 22 lipca 1957 roku. To zaproszenie nie miało nawet formy pisemnej (RGANI, dział 3, rejestr 12, teczka 247, karta 34). Strona radziecka chciała ukryć fakt, że Żukow za pośrednictwem ambasadora Firiubina sam się wprosił.

Były nadzwyczajny i pełnomocny ambasador Związku Radzieckiego w Jugosławii, a obecnie zastępca ministra spraw zagranicznych towarzysz Firiubin potrafił załatwić również ten aspekt sprawy. Za zgodą jugosłowiańskich towarzyszy przygotowano komunikat TASS z informacją, że Żukow już dawno dostał zaproszenie od dowództwa armii jugosłowiańskiej.

Zasługa Firiubina polegała jeszcze na tym, że udało mu się zorganizować nie zwykłą wizytę, a wielodniowy pobyt obfitujący w wydarzenia. Żukow jechał do Jugosławii na zaproszenie generała armii Gošnjaka, lecz Firiubin zorganizował mu spotkania z wieloma ważnymi osobistościami. Żukowowi umożliwiono spotkanie z marszałkiem Titem oraz osobiste wizytowanie miejsc, które miały szczególne znaczenie ze strategicznego punktu widzenia.

Przed wyjazdem towarzysz Firiubin zreferował marszałkowi Związku Radzieckiego stan rzeczy, opowiedział o sytuacji w Jugosławii, opisał marszałka Titę i jego najbliższe otoczenie, poinformował o ich poglądach politycznych, upodobaniach i pasjach, o planach towarzyszy jugosłowiańskich na przyszłość.

3

Decyzją Prezydium KC KPZR w gronie osób towarzyszących marszałkowi Związku Radzieckiego Żukowowi podczas wizyty w Jugosławii znaleźli się dowódca Odeskiego Okręgu Wojskowego generał pułkownik Radzijewski oraz zastępca dowódcy Floty Czarnomorskiej wiceadmirał Czursin.

Wybór nie był przypadkowy: jeżeli uzyska się zgodę na rozmieszczenie baz radzieckich w Jugosławii, to na Morze Śródziemne trafią głównie okręty należące do Floty Czarnomorskiej oraz oddziały Odeskiego OW.

Ponadto w składzie delegacji znaleźli się zastępca naczelnika Głównego Zarządu Politycznego generał porucznik Stiepczenko, któremu wkrótce nadano stopień generała pułkownika, oraz generał do zleceń specjalnych przy ministrze obrony generał porucznik Kitajew, który nie tak dawno wyróżnił się na Węgrzech.

Towarzyszyli im korespondenci TASS, gazet „Prawda", „Izwiestija", „Krasnaja Zwiezda", przedstawiciele Ministerstwa Spraw Zagranicznych, a także referent Wydziału Organów Administracyjnych KC KPZR towarzysz Jurij Siergiejewicz Bułanow.

4

Gazeta „Prawda" z 5 października 1957 r. opisała wyjazd Żukowa do Jugosławii ze wszystkimi szczegółami:

Wyjazd ministra obrony ZSRR marszałka Związku Radzieckiego G.K. Żukowa do Jugosławii

4 października z Moskwy na Krym odleciał samolotem minister obrony ZSRR marszałek Związku Radzieckiego G.K. Żukow. Udaje się z wizytą do Federacyjnej Ludowej Republiki Jugosławii na zaproszenie, które w imieniu jugosłowiańskiego rządu wystosował generał armii I. Gošnjak podczas wizyty w Związku Radzieckim latem bieżącego roku.

Na lotnisku Centralnym marszałka G.K. Żukowa żegnali marszałek Związku Radzieckiego I.S. Koniew, zastępcy ministra spraw zagranicznych ZSRR N.S. Patoliczew i N.P. Firiubin, admirał S.G. Gorszkow, marszałek lotnictwa S.I. Rudienko, generałowie armii M.S. Malinin i G.K. Małandin, generałowie pułkownicy A.W. Gierasimow, A.A. Gryzłow, N.I. Gusiew, A.S. Żełtow, S.U. Rubanow, J.G. Trocenko, M.A. Szalin, komendant miasta Moskwy generał major I.S. Kolesnikow, inni generałowie i oficerowie Armii Radzieckiej, pełniący obowiązki naczelnika wydziału stosunków międzynarodowych Ministerstwa Obrony ZSRR pułkownik D.F. Czikin, zastępcy naczelników wydziałów MSZ ZSRR P.S. Dieduszkin i K.A. Koczetkow, przedstawiciele prasy.

Wśród żegnających byli też przedstawiciele ambasady Jugosławii w ZSRR, ambasador Ludowej Republiki Albanii w ZSRR Mihal Prifti, attaché wojskowy Albanii pułkownik H. Aranitasi.

Zgromadzeni na lotnisku serdecznie pożegnali się z marszałkiem G.K. Żukowem, którego samolot o godzinie ósmej rano wzbił się w powietrze. Na pokładzie na zaproszenie marszałka G.K. Żukowa znajdował się attaché wojskowy Jugosławii w ZSRR pułkownik Sava Popović.

Sewastopol. 4 października (TASS). Dzisiaj w południe samolotem z Moskwy do Sewastopola przyleciał minister obrony ZSRR marszałek Związku Radzieckiego G.K. Żukow, przybywający z wizytą do FLRJ. O 15.25 marszałek G.K. Żukow wszedł na statek przy przystani Grafskiej i dokonał przeglądu niszczycieli cumujących w Zatoce Południowej. Minister obrony ZSRR powitał obsługę niszczycieli i pogratulował marynarzom rejsu do bratniej Jugosławii. Nad zatoką uniosło się huczne marynarskie „Hura!”. Szalupa skierowała się ku krążownikowi *Kujbyszew*, na którego pokładzie stanęła w szyku załoga okrętu.

Marszałek G.K. Żukow głównym trapem wchodzi na okręt. Pada komenda oficera wachtowego: „Baczność!”. Na grotstendze powiewa flaga ministra obrony ZSRR. Dowódca zespołu okrętów kontradmirał A.N. Tiuniajew zameldował o gotowości okrętów do rejsu. Dowódca okrętu kapitan I rangi W.W. Michajlin składa meldunek.

Towarzysz G.K. Żukow dokonuje przeglądu asysty honorowej. Orkiestra okrętowa wykonuje hymn Związku Radzieckiego. Następnie minister obrony ZSRR udaje się do marynarzy. W odpowiedzi na powitanie rozlega się donośne: „Czołem, towarzyszu marszałku Związku Radzieckiego”.

Ministra obrony ZSRR marszałka G.K. Żukowa oraz towarzyszące mu osoby żegnali zastępca dowódcy Marynarki Wojennej admirał A.G. Gołowko, dowódca Floty Czarnomorskiej admirał W.A. Kasatonow, pierwszy sekretarz Krymskiego Komitetu Obwodowego Komunistycznej Partii Ukrainy W.G. Komiachow, przewodniczący komitetu wykonawczego Krymskiej Obwodowej Rady Deputowanych Ludowych I.M. Filippow i inni.

Okręty odbijają od brzegu i wypływają z Zatoki Sewastopolskiej. Z okrętów zacumowanych w zatoce i przy nabrzeżu nadawane są sygnały: „Życzymy wam przyjemnej podróży”. Sygnaliści krążownika *Kujbyszew* dziękują w odpowiedzi.

Wielu mieszkańców miasta-bohatera przyszło na bulwar Primorskij, żeby pożegnać towarzysza G.K. Żukowa podróżującego do Federacyjnej Ludowej Republiki Jugosławii (TASS).

5

4 października 1957 roku. Töretam. 5. Poligon Naukowo-Badawczy Ministerstwa Obrony ZSRR.

– Uwaga. Gotowość: minuta.

– Klucz na start.

– Jest klucz na start.

– Zapis jeden.
– Jest zapis jeden.
– Odpowietrzanie!
– Jest odpowietrzanie!
– Zamknąć zawory.
– Jest zamknąć zawory!
– Rozruch!
– Zapis dwa!
– Jest zapis dwa!
Zaryczały silniki. Odsunęła się wieża z instalacjami.
– Pierwszy stopień!
– Drugi!
– Trzeci!
– Start!
O 22.28.34 czasu moskiewskiego z pierwszego stanowiska startowego powolutku wysunął się wyrób 8K71PS i z hukiem wyrwał w nocne niebo, błyskawicznie nabierając prędkości. Po 4 minutach i 55 sekundach lotu ważący siedem i pół tony drugi stopień rakiety nośnej wszedł na orbitę eliptyczną.

Po kolejnych 19 sekundach ważący 83,6 kilograma Sputnik odłączył się od centralnego bloku rakiety nośnej. I natychmiast tak po prostu i zwyczajnie sygnałami „bip-bip-bip” powiadomił ludzkość o tym, że jako pierwszy znalazł się w kosmosie.

6

Po krótkim pożegnaniu z 5. Poligonem Naukowo-Badawczym Ministerstwa Obrony ZSRR Sputnik schował się za horyzontem. Jego sygnały ucichły.

Poligon triumfował. Siergieja Pawłowicza, głównego konstruktora, podrzucano raz za razem. Podrzucano jego zastępców, podrzucano obsługę platformy startowej. Ludzie ściskali się i przekrzykując się, opowiadali nawzajem o przebiegu wydarzeń.

Nagle wszystko zamilkło. Żywiołowa radość zmieniła się w niespokojną, pełną napięcia ciszę.

Wszystkich dotknął ból oczekiwania. Czy Sputnik się jeszcze pojawi?

Nie pojawił się.

Sekundy stały się wiekami, minuty – wiecznością. Zegar wybił najdłuższą godzinę w historii ludzkości i jeszcze wiele długich minut. Wszystkie oczy – w podłogę. Cisza jak w pustym kościele. W takich chwilach nikt nie chce widzieć twarzy swoich kolegów.

I nagle cichutko spośród trzasków i szmerów eteru z lodowej otchłani znowu doleciało teraz już na zawsze ukochane „bip-bip-bip".

Wtedy radość przekroczyła wszystkie granice. Napięcie ostatnich dni przerodziło się w erupcję entuzjazmu. Właśnie tak ciężki lepiący zaduch nagle przerywają radosny błysk, beztroski trzask i huk wiosennej burzy. Setki ludzi wyszły na dwór w czarną noc. I ujrzały stworzoną przez siebie gwiazdę. Płynęła po niebie, a z bunkra niczym zwycięski marsz narastał jej radosny sygnał „bip-bip-bip".

Jeżeli sprawę potraktować oficjalnie i dokładnie, to na orbicie były dwa satelity: właściwy, ważący 83 kilo z okładem, Sputnik oraz centralny blok rakiety nośnej 8K71, który ważył siedem i pół tony i również wzniósł się na orbitę.

Ludzie słyszeli sygnały satelity, ale oczywiście go nie widzieli. Widoczny był tylko podświetlony przez słońce wielki centralny blok rakiety, który nie emitował żadnych sygnałów.

Ale tymi drobiazgami nikt się nie przejmował.

Sputnik znalazł się na orbicie.

To było wielkie zwycięstwo.

7

Morze Czarne. Czarne niebo. Na niebie gwiazdy. Krążownik *Kujbyszew* jak burza mknie na Bosfor. Dwa najnowocześniejsze niszczyciele, *Bywałyj* i *Blestiaszczij*, suną za nim, z prawej i lewej strony.

Nawigator *Kujbyszewa* określa położenie okrętu według gwiazd. Po niebie płynie gwiazda pierwszej wielkości.

Gwiazdy po niebie nie płyną. Właściwie płyną, ale nie tak szybko, poruszają się niepostrzeżenie.

Nawigator *Kujbyszewa* nie jest zwykłym nawigatorem. To

najlepszy nawigator Floty Czarnomorskiej. O gwiazdach wie wszystko. Zna każdą konstelację, poda nazwę najmniejszej gwiazdy z tej konstelacji. Patrząc na gwiazdy, może bez przyborów wytyczyć drogę na biegun północny czy nawet południowy. Taką ma pracę – musi wpatrywać się w nocne niebo. Ale na niebie dzieje się coś niezwykłego: świeci nieznana gwiazda. I nie tylko świeci. Mknie wbrew prawom astronomii. Nawigator wie, że to jest niemożliwe, bo jest to niemożliwe.

Pytanie do *Bywałego*: Widzieliście?

Odpowiedź: Tak jest!

Pytanie do *Blestiaszczego*: Potwierdzacie?

Odpowiedź: Tak jest!

Nawigator do oficera wachtowego: Odnotować w dzienniku wachtowym! Czas, współrzędne!

Tej nocy pojawienie się nowej gwiazdy na niebieskim firmamencie odnotowano w dziennikach wielu okrętów wszystkich flot świata.

Moment kluczowy

4 października 1957 roku o 16.00 krążownik *Kujbyszew* odbił od brzegu, wyszedł z zatoki w Sewastopolu i obrał kurs na Bosfor. Krążownik w eskorcie niszczycieli zabierał z Ojczyzny marszałka Związku Radzieckiego Żukowa.

4 października 1957 roku, sześć godzin po tym, jak krążownik *Kujbyszew* wypłynął z Zatoki Sewastopolskiej, rakieta 8K71, zbudowana w mieście Kujbyszew, zabrała z Ojczyzny pierwszego satelitę.

Decyzją Prezydium KC KPZR za start Sputnika odpowiadało Ministerstwo Obrony. Czyli ogólnie rzecz biorąc – Żukow. Start przeprowadzono na poligonie Ministerstwa Obrony, czyli w obiekcie bezpośrednio podlegającym Żukowowi. Poligon zbudowały bataliony budowlane Armii Radzieckiej. Rakietę przygotowali oficerowie Armii Radzieckiej, czyli podwładni Żukowa. Klucz na pulpicie przekręcił porucznik Boris Czekunow, też podwładny Żukowa.

Żukow, jak stwierdzono w jego oficjalnej opinii, był „chorobliwie ambitny".

Żukow domagał się wszelkich zaszczytów, z posągiem konnym w sali Gieorgijewskiej na Kremlu włącznie.

Żukow osobiście nadzorował powstanie oficjalnej pięciotomowej historii wojny, w której został ukazany jako główny bohater. (Usłużni wykonawcy jego woli nie zdążyli opublikować tego wariantu naszej heroicznej przeszłości).

Żukow osobiście żądał, aby przerobić film *Stalingrad* i bardziej uwypuklić jego rolę w wielkiej bitwie. Chciał nawet zmienić tytuł filmu, żeby nie widniało w nim nazwisko Stalina. Chociaż w Stalingradzie Żukow pojawił się tylko raz, w sierpniu 1942 roku. Podjęta przez niego próba kontrofensywy zakończyła się fiaskiem. Zakończone zwycięstwem kontrnatarcie w rejonie Stalingradu przeprowadzono dwa i pół miesiąca później, bez udziału Żukowa, który wówczas przebywał na zupełnie innym odcinku frontu, gdzie kierował inną wielką ofensywą, zresztą bez powodzenia.

Po wyznaczeniu Żukowa na stanowisko ministra obrony gazety centralne nie zamieściły jego zdjęcia. Za to „Główny Zarząd Polityczny dostał taką burę, jakiej nikt wcześniej nie widział"*.

Żukow za pieniądze Ministerstwa Obrony – czyli ze środków publicznych – zamawiał wielkie płótna ukazujące go na białym koniu prawie jak świętego Jerzego.

Pytanie: Dlaczego minister obrony Żukow nie wykorzystał startu satelity, aby na wieki okryć chwałą swoje nazwisko w historii? 4 października 1957 roku powinien przebywać w Töretam. Powinien po ojcowsku poklepać po ramieniu siedzącego przy panelu sterowania porucznika Czenunowa i w obecności włączonych kamer powiedzieć coś prostego i doniosłego. A dopiero potem lecieć samolotem do Sewastopola. Minister obrony Jugosławii generał armii Gošnjak wybaczyłby mu kilkugodzinne spóźnienie.

Ale jakie byłoby wrażenie, gdyby ogłoszono: na rozkaz Żukowa, pod jego osobistym kierownictwem i kontrolą, dokonano niebywałego przełomu technologicznego i naukowego!

---

* Tamże, s. 252. W cytacie zachowano styl źródła. Właśnie takiego języka używali przywódcy Związku Radzieckiego.

Gdyby wielki dowódca pojawił się na poligonie Töretam w odpowiednim momencie, i tak mógłby bezwłocznie udać się z wizytą do bratniej Jugosławii. W ten sposób stworzyłby podwaliny pod negocjacje: pod moim kierownictwem otworzono ludzkości drogę w kosmos! Za mną stoi niezwyciężona potęga! Pod moim dowództwem Związek Radziecki może prześcignąć każdą Amerykę!

Stało się inaczej: pod nieobecność Żukowa jego podwładni dokonali cudu. Dlaczego więc minister obrony Żukow nie skorzystał z okazji, żeby wyrwać dla siebie chociaż kawałeczek kosmicznej chwały? Dlaczego nie wykorzystał tego atutu do przekonania wahającej się Jugosławii?

Żukow mógł nawet nie lecieć do tego Töretam. Na krążowniku *Kujbyszew* znajdowały się punkt dowodzenia i węzeł łączności ministra obrony ZSRR. Można było przed wyruszeniem w rejs dostojnie (rzecz jasna, w obecności kamer) wysłuchać przez radio meldunku dowódcy 5. poligonu Ministerstwa Obrony gwardii generała porucznika artylerii Aleksieja Iwanowicza Niestierenki. I rzec: Postępować zgodnie z wydanymi przeze mnie instrukcjami!

Albo, co byłoby jeszcze lepsze, wezwać na pokład krążownika marszałka artylerii Mitrofana Iwanowicza Niedielina. Stanowisko Niedielina – zastępca ministra obrony. Tak się nazywało w dokumentach jawnych. A w tajnych – zastępca ministra obrony do spraw broni specjalnej i inżynierii rakietowej.

I niech zastępca ministra obrony zamelduje ministrowi obrony: Towarzyszu marszałku Związku Radzieckiego, 5. poligon Ministerstwa Obrony jest gotowy do rozpoczęcia epoki kosmicznej! Czy można zaczynać? Później, po starcie, zaprezentować ludowi kronikę: czterokrotny Bohater Związku Radzieckiego marszałek Żukow i jego podwładni przygotowują podbój kosmosu!

Ale Żukow nie wykazał żadnego zainteresowania startem satelity. Nie podjął żadnej próby zaakcentowania swojego udziału w przełomowym wydarzeniu XX wieku, mimo że, jeszcze raz to powtórzę, przeprowadzenie startu powierzono Ministerstwu Obrony, czyli Żukowowi, a zdobycie kosmosu przygotowywali jego podwładni, od porucznika Czekunowa, który przekręcił klucz, do zastępcy ministra obrony marszałka artylerii Niedielina.

Jak wytłumaczyć to dziwne zachowanie Żukowa?

Nie mam odpowiedzi na to pytanie. Mam tylko podejrzenie: Żukow nie rozumiał rewolucyjnego znaczenia zbliżającego się wydarzenia.

Rozdział 16

1

4 października 1957 roku. Waszyngton. Przyjęcie na cześć fizyków z różnych krajów świata. Przewodniczący Komitetu Narodowego USA do spraw przygotowań do Międzynarodowego Roku Geofizycznego doktor Berkner i akademik Błagonrawow prowadzą rozmowę o możliwości wystrzelenia sztucznego satelity Ziemi.

Ktoś ubrany na czarno szepcze coś Berknerowi do lewego ucha. Berkner wzdryga się, prosi o powtórzenie. Odwraca się w kierunku sali.

– Panie i panowie, Rosjanie wystrzelili satelitę.

Następnie odwraca się do Błagonrawowa, uściska mu dłoń.

Amerykański profesor John Kaplan prosi o wybaczenie. Musi pilnie udać się do Kalifornii, żeby zorganizować obserwację satelity.

Błagonrawow pod koniec spotkania chciał wręczyć każdemu z obecnych butelkę stolicznej, ale profesor Kaplan pośpiesznie wychodzi, nie czekając na zakończenie przyjęcia. Dlatego Błagonrawow łapie go za rękaw przy wyjściu i wręcza mu jednak butelkę.

W tym momencie niczym stado słoni do sali wpada prasa. Błyski fleszy łączą się w jeden oślepiający rozbłysk.

Rankiem następnego dnia na pierwszych stronach gazet pojawia się wielkie zdjęcie: Błagonrawow podaje Kaplanowi butelkę. I wielkie nagłówki: ROSJANIN POCIESZA AMERYKĘ!

2

Cały glob był zachwycony. Gazety krzyczały:

100 PROCENT GADANIA O SATELICIE W STANACH, 100 PROCENT DZIAŁANIA W ROSJI!

5 października o 16.31 Sputnik przeleciał nad Waszyngtonem. Rozpoczął się wyścig kosmiczny.

Stany Zjednoczone nie mogły pozwolić, żeby ktoś je wyprzedził.

Chruszczow nie mógł pozwolić, żeby Związek Radziecki spadł na drugie miejsce.

Telefon do Korolowa: Szykuj drugi start! Natychmiast! I trzeci! Co? Rakiety są potrzebne do prób nowej głowicy? Do diabła z głowicą! Wszystkie rakiety mają prezentować nasze osiągnięcia!!!

3

Na Związek Radziecki, na naród radziecki, jego przywódców spadła lawina gratulacji.

A Żukowa kołysały fale na dalekim morzu.

5 października okręty radzieckie dotarły do Morza Egejskiego. 7 października – do Jońskiego. 8 października krążownik *Kujbyszew* oraz niszczyciele *Bywałyj* i *Blestiaszczij* wpłynęły do portu Zadar, oddały honorową salwę i rzuciły kotwice.

Żukow zszedł na brzeg. Przywitał go minister obrony Jugosławii generał armii Gošnjak. Żukow i jego świta udali się do Belgradu. Za nimi – cała obsługa delegacji.

W związku z tym, że na krążowniku *Kujbyszew* płynął wysoki dostojnik ze świtą i rozwinięto na nim punkt dowodzenia i węzeł łączności ministra obrony, załoga musiała się ścieśnić. Z tego samego powodu obsługę techniczną delegacji umieszczono nie tylko na krążowniku, lecz również na niszczycielach.

Referent Wydziału Organów Administracyjnych KC KPZR Jurij Siergiejewicz Bułanow przypłynął do Jugosławii na *Bywałym*. Kiedy delegacja i obsługa opuściły pokład w Zadarze, Bułanow pozostał na niszczycielu.

Dowódca okrętu kapitan III rangi W. Saakian nie zadawał

pytań. Kazali przed rejsem zrobić miejsce i przyjąć na pokład kilka osób – zrobiono miejsce i przyjęto. Wszyscy pasażerowie zeszli na brzeg, jeden został. Widocznie tak ma być. Zakończy się wizyta, pasażerowie wrócą na okręt – popłyniemy do domu.

4

9 października w Zadarze udostępniono do zwiedzania radziecki krążownik i niszczyciele. Na brzegu stał tłum chętnych. A marynarzom pozwolono zejść na ląd.

Dowódca *Bywałego* zaproponował małomównemu pasażerowi: Zastępca zostanie za mnie, może przejdziemy się promenadą?

Pasażer odmownie pokręcił głową: Nie mogę.

5

W nocy z 9 na 10 października grupa okrętów wyszła z Zadaru i rano dotarła do Splitu. Tu okrętom radzieckim również zgotowano ciepłe powitanie.

Następny port – Dubrownik. Tu okręty powinny były czekać na Żukowa i towarzyszącą mu delegację.

11 października ludzie znowu zgromadzili się na molo, grały okrętowe orkiestry, na górnych pokładach częstowano gości kaszą gryczaną z tuszonką i makaronem po marynarsku. Wieczorem zespół pieśni i tańca Floty Czarnomorskiej walił obcasami w pancerny pokład, chwacko wybijając czeczotkę, chór poruszał dusze zebranych *Katiuszą* i *Kalinką*. Grupki marynarzy radzieckich (w pojedynkę nie wolno) włóczyły się ulicami niezwykłego miasta-twierdzy.

Wieczorem 12 października referent Wydziału Organów Administracyjnych KC KPZR towarzysz Jurij Siergiejewicz Bułanow wszedł na pokład krążownika *Kujbyszew*. Zażądał spotkania z dowódcą okrętu kapitanem I rangi Michajlinem.

W kajucie dowódcy Bułanow okazał dokumenty i poprosił na rozmowę dowódcę eskadry okrętów kontradmirała Tiuniajewa.

Wszedł admirał.

Cywil z Komitetu Centralnego przedstawił się zupełnie jak wojskowy:

– Towarzyszu kontradmirale, referent Wydziału Organów Administracyjnych Komitetu Centralnego KPZR Bułanow. Mam dla was i kapitana I rangi Michajlina dokument o szczególnym znaczeniu.

Bułanow otworzył skórzaną teczkę, wyjął płaskie metalowe pudełko wielkości atlasu geograficznego, ostrożnie otworzył. W takich metalowych pojemnikach kurierzy dyplomatyczni przewożą bardzo ważne dokumenty: w przypadku zagrożenia można szarpnąć za czerwoną wajchę i cała zawartość w jednej chwili zmienia się w obrzydliwą śmierdzącą maź.

W pojemniku znajdowały się dwie zaadresowane koperty: „Dla kontradmirała A.N. Tiuniajewa" i „Kapitana I rangi W.W. Michajlina".

– Towarzysze dowódcy, proszę pokwitować na kopertach i je zwrócić. Rozkazy są ściśle tajne, macie prawo je opieczętować, zarejestrować i przekazać do tajnej kancelarii krążownika. Będzie to wasze usprawiedliwienie na wszelki wypadek: wykonywaliście pisemne rozkazy przewodniczącego Rady Ministrów ZSRR marszałka Związku Radzieckiego Bułganina, pierwszego zastępcy ministra obrony ZSRR marszałka Związku Radzieckiego Malinowskiego i głównodowodzącego Marynarki Wojennej admirała Gorszkowa. Jak zalecono w przekazanych wam dokumentach, możecie nawiązać łączność z Sewastopolem, ale nie wolno się kontaktować z nikim innym.

W nocy krążownik i dwa niszczyciele, wykonując pisemne rozkazy premiera rządu, pierwszego zastępcy ministra obrony oraz głównodowodzącego Marynarką Wojenną, odbiły od brzegu i zniknęły we mgle.

Bez pożegnania.

6

Dowiedziawszy się o spisku Żukowa, Sztiemienki i Mamsurowa, Chruszczow zwabił generała porucznika Mamsurowa do kremlowskiej lecznicy, wymusił na nim przyznanie się do wszystkiego, wnikliwie wysłuchał i puścił wolno: wracajcie do pracy.

Chruszczow rozumował trzeźwo: Mamsurow albo może powiedzieć Żukowowi, że spisek został wykryty, albo może nie powiedzieć.

Jeżeli powie, to Żukow będzie zmuszony natychmiast rozpocząć przewrót. Ale jeżeli Żukow zdobędzie władzę, to i tak Mamsurowowi nigdy nie wybaczy.

Jeżeli Mamsurow nic Żukowowi nie powie, to będzie miał nadzieję na pozostanie na tych szczytach, które już zdobył.

Wniosek: Mamsurow nie poinformuje Żukowa o tym incydencie.

Przypuszczenie okazało się słuszne: Mamsurow nie miał powodów, żeby opowiadać Żukowowi o tym, że Chruszczow wie o wszystkim.

Po wykryciu spisku Żukowa Chruszczow rozpoczął przygotowanie spisku przeciwko Żukowowi.

Wiemy, że Żukow był chamski wobec tych, których uważał za gorszych od siebie. W 1957 roku poszedł w górę, więc jako gorszych traktował wszystkich. Dlatego nie można powiedzieć, że miał wielu wrogów. To nie tak. Żukow miał ich wyjątkowo dużo. Jego wrogami byli wszyscy.

Przeciwko Żukowowi był cały skład Komitetu Centralnego KPZR – po tym, jak Żukow oświadczył, że czołgi podlegają tylko jemu i nikomu innemu.

Przeciwko Żukowowi była cała Armii Radziecka i oczywiście cała Marynarka Wojenna. Żukow potrafił narobić sobie wrogów nie tylko w wojsku, lecz również w MSW i KGB. Próbował przejąć kontrolę nad tymi strukturami i podporządkować wojska MSW i KGB Armii Radzieckiej, czyli sobie, postawić na czele tych instytucji własnych ludzi. Szef KGB Sierow wiedział o tym i już działał przeciwko Żukowowi.

Ktoś zapyta: Jak to? Przecież szef GRU generał pułkownik Sztiemienko zawarł z Żukowem sojusz! Zgadza się, ale zdecydował się na sojusz z Żukowem nie dlatego, że bardzo kochał i szanował Marszałka Zwycięstwa, a dlatego, że miał żal do Chruszczowa, który generała armii Sztiemienkę, już prawie marszałka, zdegradował do generała porucznika i zesłał na Syberię. Sojusz z Żukowem był dla generała porucznika Sztiemienki jedyną możliwością powrotu na dawne szczyty.

Mamsurow też zdecydował się na sojusz z Żukowem nie z powodu wielkiego szacunku do niego. W 1936 roku Mamsurow dowodził korpusem. Nie był to byle korpus, a pierwszy na świecie korpus dywersyjny. I nie w czasie pokoju, a podczas wojny w Hiszpanii. Mamsurow przeszedł całą wojnę, otrzymał tytuł Bohatera Związku Radzieckiego, ale w 1954 roku nadal dowodził korpusem.

Żukow mianował Mamsurowa dowódcą 38. Armii, Żukow załatwił mu stanowisko pierwszego zastępcy naczelnika GRU. I obiecywał złote góry, jeżeli...

7

Chruszczow znał plany Żukowa i ustalił prawdopodobny termin planowanego zamachu, więc za pomocą ambasadora Firiubina zorganizował wizytę marszałka w Jugosławii. Nie była to zwykła wizyta, a bardzo rozciągnięta w czasie. Od razu po Jugosławii – wizyta w Albanii. Równie długa i bogata w wydarzenia.

Chruszczow bez trudu przygotował rozkaz powrotu do Sewastopola dla dowódcy grupy okrętów kontradmirała Tiuniajewa oraz dowódcy krążownika *Kujbyszew* kapitana I rangi Michajlina.

Żukow nienawidził przewodniczącego Rady Ministrów ZSRR marszałka Związku Radzieckiego Bułganina. Bułganin żywił wobec Żukowa podobne uczucia. Trzy miesiące wcześniej Żukow, ratując Chruszczowa (a przede wszystkim siebie), odsunął od władzy Mołotowa, Malenkowa i Kaganowicza, osłabiając pozycję Bułganina. I oto przed samym odlotem Żukowa z Moskwy do Sewastopola Chruszczow zjawia się u pokonanego Bułganina i mówi: Teraz obaj jesteśmy przeciwko Żukowowi!

Świetnie! Bułganin błyskawicznie podpisał rozkaz powrotu okrętów do Sewastopola.

Drugi podpis na rozkazie postawił pierwszy zastępca ministra obrony marszałek Związku Radzieckiego Malinowski.

Gdy w listopadzie 1942 roku oddziały Watutina i Rokossowskiego okrążyły zgrupowanie wojsk niemieckich w rejonie Stalingradu, Hitler rozkazał Mansteinowi przełamać pierścień okrążenia i uratować armię Paulusa. Żeby zatrzymać Mansteina, Stalin rzucił mu na spotkanie 2. Armię Gwardii generała porucznika Malinowskiego. Malinowski zatrzymał Mansteina, dostał za to stopień generała pułkownika, a 75 dni później – generała armii. Natomiast Żukow, którego wówczas tam nawet nie było, ogłosił się bohaterem bitwy o Stalingrad. Co czuli prawdziwi bohaterowie, kiedy to słyszeli?

W sierpniu 1945 roku marszałek Związku Radzieckiego Malinowski dokonał prawdziwego cudu. Niemiecki generał major von Mellenthin pisze:

> Dla ilustracji rosnącej elastyczności działań bojowych Armii Czerwonej oraz jej zdolności do przeprowadzania z powodzeniem szerokich i szybkich operacji pancernych chcę wskazać rewelacyjny marsz marszałka Malinowskiego do Mandżurii w sierpniu 1945 roku*.

Błyskawiczne uderzenie Malinowskiego w kierunku oceanu to arcydzieło sztuki wojennej. Żukow w swoim życiu nie zrobił niczego podobnego. Żukow był zazdrosny o cudzą sławę. Wzajemne relacje obu marszałków Związku Radzieckiego były takie, że pierwszy zastępca Malinowski wchodził z raportami do ministra Żukowa z twardym postanowieniem: jeżeli Żukow uderzy go w twarz, nie tolerować tego, a w zamian dać „wybitnemu strategowi" po pysku**.

Wiedząc o stosunkach Żukowa z jego pierwszym zastępcą (oraz z pozostałymi podwładnymi), Chruszczow podał Malinowskiemu dwa dokumenty i niezwłocznie uzyskał podpisy – piękne, energiczne, zamaszyste.

---

* F.W. von Mellenthin, *Tankowyje srażenija. 1935–1945*, Izdatielstwo inostrannoj litieratury, Moskwa 1957, s. 249 [wyd. polskie: *Bitwy pancerne*, przeł. Sławomir Kędzierski, Oskar, Warszawa 2002].

** *Gieorgij Żukow. Stienogramma oktiabrskogo (1957 g.) plenuma CK KPSS i drugije dokumienty*, s. 363.

Trzeci podpis pod rozkazem powrotu do Sewastopola dla eskadry okrętów postawił admirał Gorszkow. I tu Chruszczow nie miał żadnych problemów. Żukow nienawidził floty. Flota nienawidziła Żukowa.

Chruszczow musiał tylko znaleźć osobę, która będzie towarzyszyła delegacji Żukowa, nie zwracając na siebie uwagi ani ze względu na eksponowane stanowisko, ani znaczący tytuł, i w odpowiedniej chwili przekaże rozkaz powrotu dowódcy eskadry okrętów oraz dowódcy krążownika. Wybór padł na referenta Wydziału Organów Administracyjnych KC KPZR.

Przygotowano dwa odrębne rozkazy, dla dowódcy grupy okrętów i dla dowódcy krążownika. Ale mieli oni przeczytać te rozkazy w tym samym czasie i w tym samym pomieszczeniu. Gdyby któryś z nich miał wątpliwości, drugi mimo to wykonałby swój rozkaz.

Kontradmirał Tiuniajew zgodnie z rozkazem połączył się z Sewastopolem i otrzymał potwierdzenie.

Rozdział 17

1

12 października do Moskwy z Jugosławii wysłano szyfrogram:

Poza kolejnością.
Ściśle tajne.
Dla towarzysza N.S. Chruszczowa.

Podczas obiadu 8 października u sekretarza związkowego do spraw obrony narodowej Jugosławii Gošnjaka on i ja wygłosiliśmy przemówienia.

Wszystkie gazety jugosłowiańskie opublikowały teksty tych przemówień w całości. Natomiast nasza „Prawda" ograniczyła się do stwierdzenia, że minister obrony ZSRR G.K. Żukow i sekretarz związkowy do spraw obrony narodowej Jugosławii Gošnjak wygłosili przemówienia.

Uważam, że taka postawa prasy radzieckiej wobec mojego pobytu w Jugosławii może zostać niewłaściwie zinterpretowana przez towarzyszy z jugosłowiańskiego kierownictwa oraz społeczeństwo.

Jeżeli KC KPZR uważa, że nie trzeba publikować treści moich przemówień, to sądzę, że należałoby przynajmniej podać do wiadomości ich ogólną wymowę przed moim wyjazdem z Jugosławii*.

---

* Tamże, s. 171.

2

Pierwszy etap planu: zwabienie Żukowa do Jugosławii.

Drugi etap: powrót do domu okrętów, na których znajdowały się punkt dowodzenia i węzeł łączności ministra obrony.

Późną nocą 12 października z Sewastopola zameldowano do Moskwy: eskadra okrętów wyszła w morze.

Żukow został w Jugosławii bez środków transportu, które umożliwiały mu powrót do domu, i tylko z jednym kanałem łączności: z ambasady radzieckiej w Belgradzie do Ministerstwa Spraw Zagranicznych ZSRR. Tym kanałem zarządzał towarzysz Firiubin, a obsługiwała go instytucja kierowana przez towarzysza Sierowa.

Żukow nie wiedział, że został bez środków dowodzenia i łączności, a nawet transportu do Moskwy. W teorii Żukow mógł kupić bilet na samolot i po przesiadce w Budapeszcie przylecieć do Związku Radzieckiego. Ale w tym przypadku podwładni towarzysza Sierowa, pod którym Żukow energicznie i głęboko kopał, mogli go zatrzymać pod byle pretekstem. U nas to potrafią. Ale Żukow nie podjął takiej próby, ponieważ jeszcze nie zrozumiał, że znalazł się w potrzasku.

Chruszczow o tym wiedział.

I był to sygnał do wprowadzenia w życie trzeciego etapu.

3

Chruszczow natychmiast udał się do Kijowa, gdzie na wielkich ćwiczeniach Kijowskiego Okręgu Wojskowego zebrało się najwyższe dowództwo Armii Radzieckiej.

Pierwsze spotkanie – z dowodzącym Kijowskim Okręgiem Wojskowym marszałkiem Związku Radzieckiego Wasilijem Iwanowiczem Czujkowem. Dwa lata wcześniej Chruszczow wywalczył dla niego stopień marszałka Związku Radzieckiego, mimo że Czujkow był raptem dowódcą okręgu. Chruszczow porozmawiał o stanie wojsk, o procesie wyszkolenia bojowego. Czujkow energicznie odpowiadał. Aż tu nagle:

– Wasiliju Iwanowiczu, jakie poważne rzeczy się u was dzieją?

– Co za rzeczy?

– Słyszałem, że macie jakieś poważne problemy, których nie możecie rozwiązać bez Żukowa. Nie radzicie sobie?

– Radzę, Nikito Siergiejewiczu!

– Potraficie rozwiązać problem bez Żukowa?

– Potrafimy! Z pewnością! Postaramy się!

– Starajcie się, Wasiliju Iwanowiczu.

Sieć łączności rządowej jest chroniona szczególnie. Nikt nie może podsłuchiwać. Nikt oprócz przewodniczącego KGB towarzysza Sierowa, który ma obowiązek tę łączność zorganizować, zabezpieczyć i ochraniać. Gdy tylko Żukow zażądał, aby zamiast Sierowa na czele KGB stanął wskazany przez niego człowiek, wszystkie telefony Żukowa, w tym też łączności rządowej, objęto szczególną kontrolą.

Co prawda, wcześniej również uważnie słuchano przeprowadzanych rozmów.

Sierowowi zależało na tym, żeby pozbyć się Żukowa przy pomocy Chruszczowa. Dlatego treści najciekawszych rozmów Żukowa natychmiast przekazywano Nikicie Siergiejewiczowi. Chruszczow po otrzymaniu wydruku rozmowy Czujkowa i Żukowa zasugerował Wasilijowi Iwanowiczowi, że powinien się zastanowić i podjąć właściwą decyzję, po czyjej stronie powinien się opowiedzieć.

Czasami dobrze jest pokazać podwładnym: wszystko widzę, wszystko wiem.

A podwładni to rozumieją!

I starają się poprawić.

4

Następnie Chruszczow przeprowadził rozmowę z każdym z obecnych marszałków. Indywidualnie. W swobodnej atmosferze.

Plan rozmowy był prosty: Żukow jest wielki, ma olbrzymie wpływy. Teraz wróci z Jugosławii i przejmie władzę. I ty, Siergieju Siemionowiczu Biriuzow (Andrieju Iwanowiczu Jeriomienko, Iwanie Stiepanowiczu Koniew, Kirille Afanasjewiczu Mierieckow, Kirille Siemionowiczu Moskalenko, Konstantinie Konstantinowiczu Rokossowski, Wasiliju Daniłowiczu Sokołowski), zostaniesz jego podwładnym. A mnie, Nikity Siergiejewicza Chruszczowa, obok nie będzie. Jestem człowiekiem słabym, on mnie wyrzuci. Nie o mnie chodzi. Jak ty się będziesz czuł pod jego genialnym kierownictwem?

5

Tymczasem prasa radziecka zmieniła ton, w którym pisała o Żukowie. W Jugosławii Żukow otrzymywał gazety następnego dnia po ich publikacji. A informowały one, że Żukow przebywał w Jugosławii i 17 października przybył do sąsiedniej Albanii. To wszystko.

Korespondent „Prawdy" Tkaczenko donosił do Moskwy:

> Marszałek Związku Radzieckiego G.K. Żukow w rozmowie ze mną wyraził zdecydowane niezadowolenie z faktu, że moskiewskie gazety wydrukowały mocno okrojone, suche materiały o jego pobycie w Jugosławii*.

Nie próbujcie sobie wyobrazić, jak wygląda zdecydowane niezadowolenie, gdy wyrażał je towarzysz Żukow. Nie można tego ani sobie wyobrazić, ani opisać. Redaktor naczelny gazety „Krasnaja Zwiezda" pułkownik Makiejew otrzymał od Żukowa za pośrednictwem telegrafu reprymendę i zapowiedź zrobienia z nim porządku po powrocie z Albanii. Makiejew się tłumaczył: W kosmosie jest Sputnik, świat oszalał z radości, w gazecie mamy mało miejsca.

W odpowiedzi Żukow zrobił awanturę, jaką tylko on potrafił zrobić. Wysyłał do Moskwy coraz groźniej brzmiące rozkazy, ale stolica z niewiadomych powodów przestała odpowiadać. Wówczas Żukow wysłał generała porucznika Kitajewa do Dubrownika, żeby ten za pośrednictwem węzła łączności na krążowniku zbluzgał nie tylko naczelnego „Krasnoj Zwiezdy", ale też naczelnego gazety „Prawda". Bo przecież Żukow nie jest tylko ministrem obrony, przede wszystkim jest członkiem Prezydium KC KPZR! Dlaczego główna gazeta partyj-

---

* Tamże, s. 177–178.

na zamieszcza tak mało materiałów o wizycie? Gdzie ogromne zdjęcia? Gdzie całostronicowe artykuły?

6

Chruszczow porozmawiał osobiście nie tylko z każdym marszałkiem Związku Radzieckiego, ale również z dowódcami wszystkich okręgów wojskowych. Spotkania sam na sam. Plan rozmów był prosty i krótki, każdemu generałowi Chruszczow przedstawił konkretny obraz: Ja odejdę, nie poradzę sobie z Żukowem, wy pozostaniecie pod jego dowództwem. Jak oceniacie taką przyszłość?

17 października 1957 roku odbyło się posiedzenie Prezydium KC KPZR, podczas którego poruszono kwestię stylu kierowania Żukowa.

Towarzysz Kiriczenko powiedział: Z dowództwem wojska mamy kontakt za pośrednictwem tylko jednej osoby, Żukowa.

Towarzyszka Furcewa: Likwidacja rad wojennych to dążenie do nieograniczonej władzy.

Towarzysz Chruszczow: Nie będzie mowy o Żukowie, ale o tym, żeby wzmóc pracę partyjną, i nikt nie będzie oponował.

Postanowiono przygotować uchwałę KC KPZR „O poprawie pracy partyjno-politycznej w Armii Radzieckiej i we Flocie".

19 października odbyło się nowe posiedzenie Prezydium KC KPZR. Przyjęto i rozesłano do jednostek wojskowych uchwałę o poprawie pracy partyjno-politycznej. Na tym samym posiedzeniu podjęto decyzję o przeprowadzeniu 22–23 października narady aktywu partyjnego w Moskwie, Leningradzie, Kijowie i innych miastach, w których znajdowały się sztaby okręgów wojennych i flot. Prelegentami na tych naradach będą członkowie Prezydium KC KPZR Chruszczow, Kozłow, Mikojan, Breżniew oraz inni towarzysze.

7

Wieczorem 19 października generał porucznik Kitajew samochodem przyjechał z Dubrownika do stolicy Albanii, Tirany.

Tu gościł Żukowa minister obrony Albanii generał pułkownik Begir Balluku. Część oficjalna już dawno się skończyła i stopniowo przerodziła się w przyjacielską wojskową libację.

Blady generał Kitajew poprosił Żukowa na słówko.

– Ani krążownika, ani niszczycieli w Dubrowniku nie ma.

– Jak to nie ma?

Rozdział 18

1

22 i 23 października przez Związek Radziecki przetoczyła się fala zebrań aktywu partyjnego okręgów wojskowych.

Dzień zaczyna się na Dalekim Wschodzie w czasie, gdy Moskwa dopiero kładzie się spać. Dlatego pierwsze posiedzenie odbyło się w sztabie Dalekowschodniego Okręgu Wojskowego w Chabarowsku. W Domu Oficera okręgu zebrali się dowódca okręgu generał pułkownik W. Pieńkowski, jego zastępcy, szef sztabu okręgu, naczelnicy oddziałów sztabu, dowódcy armii, ich zastępcy i szefowie sztabów, dowódcy korpusów, dywizji, brygad i pułków z zastępcami i szefami sztabów, komisarze wojskowi obwodów i regionów, prokuratorzy wojskowi, członkowie rad wojennych okręgu i armii, oficerowie polityczni korpusów, dywizji, brygad, pułków, redaktor okręgowej gazety „Suworowskij Natisk" oraz inne osoby kontrolujące ogromną masę wojsk. Łącznie na sali znalazło się 880 oficerów i generałów.

Referat wygłosił przybyły z Moskwy członek Prezydium KC KPZR generał porucznik Leonid Iljicz Breżniew. Temat – „O poprawie pracy partyjno-politycznej w Armii Radzieckiej i we Flocie".

Od tamtej pory twierdzi się, że Żukow nie planował żadnego zamachu, nie przedstawiono żadnych dowodów potwierdzających przygotowania do zamachu, a wybitnego dowódcę usunięto po prostu za to, że nie doceniał partyjnej gadaniny.

Ale spójrzmy na te wydarzenia z innej perspektywy.

Przede wszystkim w Związku Radzieckim żadnych rzeczy, tym bardziej poważnych, nie nazywano po imieniu.

W lotnictwie i kosmonautyce u nas nigdy nie dochodziło do katastrof. Mieliśmy nieprzewidziane zdarzenia.

U nas nie narażano na promieniowanie radioaktywne żołnierzy i ludności cywilnej. Mieliśmy fumigację. Tak pisano w dokumentach: znalazł się w strefie fumigacji. A chorobie popromiennej nadawano jakąś zawiłą nazwę medyczną – na przykład u marynarzy z podwodnego okrętu atomowego K-19, którzy ucierpieli wskutek awarii reaktora jądrowego w 1961 roku, w celu zachowania tajemnicy oficjalnie rozpoznano nie chorobę popromienną, a „zespół asteno-wegetatywny".

U nas więźniowie z Kołymy nie wydobywali złota. Wydobywali metal. W żadnych dokumentach nie wspomniano, jaki dokładnie.

O rakietach i ładunkach jądrowych prasa mówiła wówczas, gdy piętnowała wroga i wychwalała naszą potęgę. Ale gdy chodziło o konkretne rakiety i konkretne ładunki, okazywało się, że nie mamy ich w ogóle. Nie figurowały bowiem w żadnych ściśle tajnych dokumentach. Zamiast nich były „wyroby" i „specładunki".

A w 1979 roku nie wymordowano konstytucyjnych władz Afganistanu i nie wprowadzono wojsk radzieckich do tego kraju. Był to tylko szlachetnie i bohatersko wykonany obowiązek międzynarodowy. I nie wożono do domu z Afganistanu cynkowych trumien. Wywożono „ładunek 200". Regularnie.

Mówi się nam, że przyczyną wyrzucenia Żukowa było jakieś głupie niedocenianie partyjno-politycznej gadaniny. Nie będziemy się o to spierać, ale pamiętając mimo wszystko o „fumigacji", „wyrobach" i „instancji", spróbujmy się zastanowić, co ukrywało się pod tym dziwnym sformułowaniem.

I teraz wyobraźmy sobie: Czy partia komunistyczna mogła tysiącom oficerów i generałów, czyli całemu światu, dwa tygodnie przed czterdziestą rocznicą Wielkiej Socjalistycznej Rewolucji Październikowej powiedzieć, że jeden z przywódców Związku Radzieckiego o mały włos wyrwał całą władzę z rąk tej partii? I osiągnął w tej kwestii spore sukcesy?

I coś jeszcze. Panowie, potwierdźcie proszę: Gdy wasza żona jest niezadowolona z jakiejś bardzo ważnej sprawy, czy będzie wam otwarcie i bezpośrednio robić zarzuty? Przecież ta żmija będzie ciągle gderać i czepiać się o byle co. Czy myślicie więc, że nasza ukochana i mądra partia komunistyczna jest głupsza od waszej żony?

2

W Północnokaukaskim Okręgu Wojskowym w posiedzeniu aktywu partyjnego wzięło udział 875 oficerów i generałów. Referat wygłosił przybyły z Moskwy członek Prezydium KC KPZR towarzysz Mikojan. Opowiedział zebranym o tym, że towarzysz Żukow raczej nie docenia pracy partyjno-politycznej i w ogóle ostatnimi czasy grubo przesadza. Obecni chętnie się z tym zgodzili. To, że Żukow przesadza, odczuli na własnej skórze. Tego samego dnia towarzysz Mikojan udał się do Odeskiego Okręgu Wojskowego, żeby nazajutrz wygłosić referat generałom i oficerom.

W Domu Oficera Nadwołżańskiego Okręgu Wojskowego w Kujbyszewie zebrało się 1250 oficerów i generałów. Referat odczytał członek Prezydium KC KPZR towarzysz Bielajew.

W Leningradzie aktyw zebrano w auli Instytutu Smolnego. Referat wygłosił członek Prezydium KC KPZR towarzysz Kozłow.

Ale najważniejsze spotkanie odbyło się w Wielkim Pałacu Kremlowskim. Tu zebrano aktyw partyjny Ministerstwa Obrony, Moskiewskiego Okręgu Wojskowego, Moskiewskiego Okręgu Obrony Przeciwlotniczej. Wielki referat wygłosił I sekretarz KC KPZR towarzysz Nikita Siergiejewicz Chruszczow. Powiedział między innymi:

> Dowiedzieliśmy się, że podjęto decyzję o utworzeniu szkoły dywersantów dla ponad 2000 ludzi. Do tej szkoły miały przyjść osoby z wykształceniem średnim, po odbyciu służby wojskowej, na 6–7 lat. Żołnierzom płacono 700 rubli dodatkowo do uposażenia, sierżantom – 1000 rubli. I co najważniejsze, nie było decyzji Komitetu Centralnego, tej sprawy nie zgłaszano do Komitetu Centralnego. Do kierowania szkołą wyznaczono generała porucznika Mamsurowa. Mamsurow zajął się organizacją tej szkoły, ale najwyraźniej miał jakieś wąt-

pliwości. Przyszedł do KC i powiedział, że KC zawsze go zatwierdzało, a o tej nominacji nikt nie wie. Tylko trzy osoby powinny wiedzieć, towarzysze Żukow, Sztiemienko i Mamsurow. Sztiemienko źle postąpił. Jako komunista powinien był nam powiedzieć. Tak jest spokojniej. Dywersanci. Diabli wiedzą, co to za dywersanci, jakie to będą dywersje. (Śmiech na sali)*.

Dwa tysiące generałów i oficerów Ministerstwa Obrony, Sztabu Generalnego, zarządów centralnych Ministerstwa Obrony i zarządów głównych Sztabu Generalnego, dowództwo Moskiewskiego Okręgu Wojskowego i Moskiewskiego Okręgu Obrony Przeciwlotniczej, akademii wojskowych oraz innych instytucji przerywały referat towarzysza Chruszczowa burzliwymi oklaskami i takimiż oklaskami żegnały go po jego zakończeniu.

3

W nocy z 22 na 23 października z Moskwy do Tirany nadesłano szyfrogram – dyrektor kazał nawigatorowi pilnie poinformować gościa, że odbyło się zebranie aktywu Ministerstwa Obrony i powinien niezwłocznie wracać do Moskwy**.

4

W nocy Żukowa obudził człowiek w cywilnym ubraniu – pierwszy sekretarz ambasady ZSRR w Albanii. Krótko się przedstawił:

– Rezydent GRU, pułkownik Poliszczuk. Towarzyszu marszałku Związku Radzieckiego, naczelnik GRU generał pułkownik Sztiemienko poinformował, że w Moskwie odbyło się zebranie aktywu partyjnego Ministerstwa Obrony. Powinniście natychmiast wracać do Moskwy.

---

* Tamże, s. 217–218.

** W szyfrogramach GRU dyrektorem nazywano naczelnika GRU, a nawigatorami – rezydentów (naczelników tajnych struktur wywiadowczych w innych krajach) (przyp. aut.).

Iwan Sierow

Marszałek Gieorgij Żukow demonstruje pchnięcie bagnetem podczas wizyty w Indiach, 1957 r.

Jekatierina Furcewa w towarzystwie dwóch marszałków Związku Radzieckiego, Wasilija Sokołowskiego (z lewej) i Siemiona Budionnego, Moskwa, marzec 1956 r.

Siergiej Sztiemienko

Żukow, październik 1957 r.

© Corbis / Profimedia

Marszałek Josip Broz Tito, jego żona Jovanka Broz i Żukow podczas wizyty tego ostatniego w Jugosławii, Lublana, 15 października 1957 r.

© Corbis / Profimedia

© FPG / Getty Images

Chruszczow podczas wizyty w kołchozie w Kraju Stawropolskim

© Bridgeman / FotoChannels

Chruszczow podczas spotkania z pionierami

Tito i Chruszczow podczas polowania na Krymie

Chruszczow (pierwszy z prawej) zapoznaje Fidela Castro (na nartach) z urokami rosyjskiej zimy.

Castro i Chruszczow na polowaniu

Kierownictwo Związku Radzieckiego podczas obrad Rady Najwyższej

Chruszczow za swoim biurkiem na Kremlu, marzec 1953 r.

© Howard Sochurek / The LIFE Images Collection / Getty Images

Chruszczow w swoim gabinecie

5

Wczesnym rankiem 23 października generał do zleceń specjalnych przy ministrze obrony generał porucznik Kitajew z Tirany wysłał do Moskwy wniosek: Proszę pilnie przysłać samolot.

Odpowiedź przyszła wieczorem: Samolot będzie jutro. 24 października poinformowano, że samolot jest opóźniony i przyleci 26 października.

Tego samego dnia generał porucznik Kitajew wysłał do swojego zastępcy w Moskwie rozkaz:

> Do generała majora Kołobowa. Marszałek polecił przygotować i przedłożyć mu po przybyciu na lotnisko 26.10.57 r. następujące materiały:
>
> 1. Wykaz najważniejszych decyzji Prezydium KC KPZR, dotyczących Sił Zbrojnych i Ministerstwa Obrony, podjętych w czasie jego nieobecności.
> 2. Wykaz i krótki opis najważniejszych sytuacji nadzwyczajnych oraz podejmowanych w związku z nimi działań.
> 3. Notatkę w sprawie zebrania aktywu partyjnego Ministerstwa Obrony wraz z towarzyszącymi mu okolicznościami.
>
> Ponadto proszę przygotować dla niego kolejne TASS* i zestawienie najważniejszych materiałów po linii TASS, związanych z jego podróżą.
>
> Generał porucznik Kitajew. 24.10.57**

---

* Zachowano styl źródła. Dla najwyższego kierownictwa kraju przygotowywano tak zwane „tassowki" – biuletyny ze specjalnie wyselekcjonowanymi wiadomościami, żeby przywódcy nie tracili czasu na czytanie zwykłych radzieckich gazet, w których ważne informacje często były wypaczone lub podawane pod grubą warstwą ideologicznych i propagandowych „dodatków". Tassowki zawierały informacje niezalecane dla ludu pracującego. Miały trzy poziomy – czysty, DSP (do użytku służbowego) i S (tajne). Stosownie do rangi przywódcy regularnie otrzymywali tassowkę nieobjętą klauzulą tajności (lecz mimo to niedostępną dla zwykłych obywateli), DSP albo tajną (przyp. aut.).

** Tamże, s. 658.

6

Generał major Kołobow zgodnie z zaleceniami niezwłocznie przekazał kopię rozkazu pierwszemu zastępcy ministra obrony marszałkowi Związku Radzieckiego Malinowskiemu. Malinowski pomknął na Kreml, żeby donieść o tym Chruszczowowi.

Chruszczow wezwał kierującego Wydziałem Ogólnym KC KPZR towarzysza Malina, polecił powielić rozkaz generała porucznika Kitajewa i wysłać go do członków i zastępców członków Prezydium KC KPZR.

Rozkaz generała porucznika Kitajewa zawierał bardzo dziwny trzeci punkt, który nieuchronnie nasuwał pytanie: Skąd Żukow dowiedział się o zebraniu aktywu partyjnego Ministerstwa Obrony?

7

25 października 1957 r.

Ściśle tajne.

P 120/16

O zwołaniu plenum KC KPZR.

Zwołać plenum KC KPZR 28 października br. o godzinie 10 rano.

Poddać pod dyskusję na plenum kwestię poprawy pracy partyjno-politycznej w Armii Radzieckiej i we Flocie.

Sekretarz KC*

Moment kluczowy

W uchwale KC KPZR „O poprawie pracy partyjno-politycznej w Armii Radzieckiej i we Flocie" z 19 października 1957 roku można znaleźć wiele rzeczy, które raczej nie zainteresują czytelnika. Lecz po wielu pustych frazesach na końcu uchwały zawarto najważniejsze:

---

* Tamże, s. 224.

W celu wzmocnienia kontroli partyjnej nad doborem i rozmieszczeniem kadry kierowniczej i dowódczej rozszerzyć wykaz stanowisk dowódczych i politycznych zatwierdzanych przez KC KPZR*.

Właśnie to jest akt oskarżenia Żukowa. Co prawda sformułowany tak, żeby zrozumieli go tylko ci, którzy mieli go zrozumieć.

Żukow zwalniał i awansował ludzi, nie pytając o zgodę Komitetu Centralnego partii komunistycznej. Dostojnikom państwowym dano do zrozumienia, że w tej dziedzinie zostanie zrobiony porządek. Kontrola partyjna nad doborem i rozmieszczeniem kadry zostanie wzmocniona. Wykaz stanowisk obsadzanych tylko za zgodą Komitetu Centralnego zostanie rozszerzony. Byle kto nie będzie się wtrącał w tak delikatną kwestię jak dobór i rozmieszczenie kadry.

A z tym, który sobie na takie wyskoki pozwalał, teraz zrobi się porządek. Co prawda zarzucając mu tylko to, że nie przykłada wagi do partyjno-politycznej paplaniny.

---

* Tamże, s. 188.

Rozdział 19

1

Komunikat TASS o powrocie Żukowa do Moskwy był znacznie krótszy od komunikatu o wyjeździe Żukowa z wizytą do Jugosławii:

> Wyjazd marszałka G.K. Żukowa z Albanii
>
> Tirana. 26 października. (TASS) Dziś z Tirany udał się z powrotem do Ojczyzny marszałek G.K. Żukow.
>
> Tego samego dnia marszałek G.K. Żukow wrócił do Moskwy.

Ci, którzy mieli zwyczaj zwracać uwagę na szczegóły, zwrócili na nie uwagę.

Po pierwsze, oficjalny tytuł Żukowa to marszałek Związku Radzieckiego. Właśnie tak go nazywano, gdy wyjeżdżał do Jugosławii. Można go było nazwać po prostu marszałkiem, ale byłoby to złamaniem etykiety państwowej i wojskowej. W takim określeniu kryje się jednak spora porcja lekceważenia.

Po drugie, w komunikacie TASS nie nazwano Żukowa ministrem obrony.

2

26 października 1957 roku. Na lotnisku Centralnym w Moskwie zimny wiatr wysuszył kałuże po wczorajszym deszczu. Zimno po łagodnym klimacie Adriatyku.

Samolot zatrzymał się w miejscu, gdzie powinien być czerwony dywan. Ale powitanie jest jakieś dziwne. Ani orkiestry, ani czerwonego dywanu, ani warty honorowej. I grupa witających oficjeli jakaś zupełnie nędzna.

Marszałek Związku Radzieckiego Koniew, salutując, informuje, że Żukow powinien pilnie udać się na Kreml.

– Teraz?

– Teraz.

Córka Żukowa Era rzuca mu się na szyję, przytula się, szepcząc na ucho: Mam ważną wiadomość.

Żukow do Koniewa: Teraz pojadę do domu, przebiorę się i przyjadę.

Koniew rzuca spojrzenie na córkę. Gdyby mógł – spopieliłby wzrokiem.

3

W samochodzie Era Żukowa mówi ojcu, że dzieje się coś dziwnego, po Moskwie krążą jakieś plotki, nie wiadomo, o co chodzi, ale wyraźnie coś jest na rzeczy.

Sam Żukow rozumie, że dzieje się coś dziwnego. Zalewa go gniew. Zaraz on im wszystkim pokaże! Zaraz się ze wszystkimi policzy!

W mieszkaniu na ulicy Granowskiego Żukow podnosi słuchawkę telefonu. Dzwoni do naczelnika GRU generała pułkownika Sztiemienki.

Nikt nie odbiera telefonu.

Żukow dzwoni do pierwszego zastępcy naczelnika GRU generała porucznika Mamsurowa.

Ale i ten się nie odzywa.

Żukow dzwoni do przyjaciela z dawnych czasów, przewodniczącego KGB generała armii Sierowa.

– Wania, co się u was wydarzyło?

Sierow jest zdziwiony.

– Żora, nic się nie wydarzyło. W niedzielę jadę na polowanie, strzelać do przepiórek. Ponadto nic specjalnego.

Żukow śpieszy na Kreml. Wsiadł do samochodu, a gdy tylko ten ruszył, w mieszkaniu Żukowa cichutko zadzwonił telefon łączności rządowej. Córka podniosła słuchawkę. W słuchawce – martwa cisza. Łączność rządowa w mieszkaniu Żukowa została wyłączona*.

4

Z lotniska Centralnego nadeszła informacja: Samolot wylądował, Żukow zszedł po schodkach. Samolot odholowano na płytę postojową.

Chruszczow odłożył słuchawkę i ogłosił otwarcie posiedzenia Prezydium KC KPZR. Na porządku dziennym było dziesięć punktów. W protokole oznaczano je cyframi rzymskimi. Podjęto już decyzję w pięciu sprawach, gdy zjawił się Żukow. Chruszczow zaproponował mu, żeby usiadł. Obrady toczyły się dalej. Podjęto decyzję w sprawie piątego, szóstego, siódmego i ósmego punktu.

Dziewiąty punkt to sprawozdanie Żukowa z wizyty w Jugosławii i Albanii. Chruszczow zaproponował mu złożenie sprawozdania. Żukow zreferował rezultaty wizyty. Podjęto decyzję:

> 26 października 1957 r.
> Ściśle tajne
> P 121/IX
> Uznać wizytę tow. Żukowa za korzystną dla zbliżenia narodu radzieckiego z narodem jugosłowiańskim i albańskim.
> Odnotować pośpieszne i nie do końca słuszne wnioski tow. Żukowa w ocenie sytuacji w Jugosławii.
> Sekretarz KC KPZR N. Chruszczow**

Po zatwierdzeniu punktu dziewiątego zajęto się punktem dziesiątym. Nie prowadzono stenogramu z posiedzenia. Istnieje tylko zapis w protokole, w którym jedynie odnotowy-

---

* Era Żukowa i Ełła Żukowa, *Marszał Pobiedy. Wospominanija i razmyszlenija*, Wojenizdat, Moskwa 1996.

** *Gieorgij Żukow, Stienogramma oktiabrskogo (1957 g.) plenuma CK KPSS i drugije dokumienty*, s. 225.

wano, kto zabierał głos i o czym mówił. Jednak nigdy się nie dowiemy, co dokładnie mówili członkowie Prezydium.

Po omówieniu punktu dziesiątego podjęto jeszcze jedną decyzję:

> 26 października 1957 r.
> Ściśle tajne
> P 121/X
> 1. Zwolnić tow. Żukowa G.K. z wykonywania obowiązków ministra obrony ZSRR.
> 2. Mianować tow. Malinowskiego R.J. ministrem obrony ZSRR.
> Sekretarz KC KPZR N. Chruszczow*

5

27 października 1957 roku, niedziela. Przewodniczący KGB generał armii Sierow wyjechał na polowanie na przepiórki. A może i jeszcze na kogoś. Przynajmniej powiedział, że na polowanie. Nie wiem, gdzie był tego dnia.

27 października generał pułkownik Sztiemienko został zdegradowany do stopnia generała porucznika. Dzień wcześniej odwołano go ze stanowiska szefa GRU. Był to pierwszy punkt, który omawiano na posiedzeniu Prezydium KC KPZR tego dnia.

Marszałek Związku Radzieckiego Żukow postanowił w tym dniu przekazać obowiązki. Jednak nie wpuszczono go do Ministerstwa Obrony. Generał porucznik Kitajew poinformował go, że powinien oddać klucze od osobistych sejfów, a ich zawartość zostanie przyjęta przez specjalną komisję. Rzeczy osobiste zostaną marszałkowi zwrócone w najbliższych dniach.

6

W poniedziałek 28 października na Kremlu rozpoczęło się plenum KC KPZR. Z referatem wystąpił członek Prezydium KC KPZR, sekretarz KC KPZR towarzysz Susłow:

---

* Tamże, s. 227.

Fakty świadczą o dążeniu tow. Żukowa do nieograniczonej władzy. Nie tak dawno tow. Żukow zaproponował, żeby zastąpić przewodniczącego Komitetu Bezpieczeństwa Państwowego i ministra spraw wewnętrznych wojskowymi. Czym podyktowana była ta propozycja? Czy aby nie tym, żeby obsadzić kierownicze stanowiska w tych instytucjach swoimi ludźmi, lojalnymi kadrami? Czyż nie jest to dążenie do przejęcia kontroli nad Komitetem Bezpieczeństwa Państwowego i Ministerstwem Spraw Wewnętrznych?*

Susłow opowiedział, że Żukow zabronił wszystkim wojskowym, w tym również naczelnikowi Głównego Zarządu Politycznego, który oficjalnie jest wydziałem Komitetu Centralnego KPZR, zwracania się do KC.

Tow. Żukow ignoruje Komitet Centralny. Niedawno Prezydium Komitetu Centralnego dowiedziało się, że tow. Żukow bez wiedzy KC podjął decyzję o powołaniu szkoły, podobno szkoły dywersantów, tak się nazywa, z kontyngentem ponad dwóch tysięcy osób. Szkoła funkcjonowała na specjalnych, zadziwiających warunkach. Tow. Żukow nawet nie uznał za stosowne poinformować KC o tej szkole. Lecz generał Mamsurow, jak na komunistę przystało, uznał za swój obowiązek powiadomić KC o tej bezprawnej działalności ministra.

7

Na plenum KC KPZR Żukow wyjaśnił, że szkoła dywersantów nie była niczym nadzwyczajnym. W Armii Radzieckiej były już kompanie specjalnego przeznaczenia, po prostu je zgromadzono:

Mieliśmy 17 kompanii w różnych okręgach. Ponieważ tych działań w okręgach nie można prowadzić z zachowaniem skrupulatności zawodowej oraz tajemnicy wojskowej i nie uczy się tam języków wojskowych, podjąłem decyzję o połączeniu tych 17 kompanii w jednym miejscu i zorganizowaniu szkoły.

---

* Tamże, s. 244.

W rzeczy samej uważałem, że powinna to być nie zasadnicza, a nadterminowa służba wojskowa*.

Każdy tłumacz biorący udział w wojnie wie: jeżeli jeniec kłamie na przesłuchaniu, to jego uwaga koncentruje się na najważniejszym. Na drobne detale prawie nie zwraca uwagi. Dlatego mówi od rzeczy.

Oto klasyczne potwierdzenie tej reguły: Żukow w jednym miejscu zgromadził wszystkich dywersantów, żeby się uczyli „języków wojskowych".

Języki wojskowe? A co to jest? To wyznacznik kłamstwa.

Co więcej, Żukow zgromadził wszystkich dywersantów w celu zachowania tajemnicy wojskowej. Owszem, dywersantów zebrano pod dowództwo Mamsurowa, ale nie w jednym miejscu. Poszczególne jednostki CON GRU znajdowały się w Tambowie, Kursku, Woroneżu, Ałabinie i innych miejscach. Zatem argument, że w imię konspiracji zgromadzono w jednym miejscu 17 kompanii, jest fałszem.

W usprawiedliwianiu się Żukowa jest pełno niespójności. Istniało 17 samodzielnych kompanii specjalnego przeznaczenia, w których odbywali służbę żołnierze i sierżanci służby zasadniczej. Służba trwała trzy lata.

W dywersyjnej organizacji Mamsurowa służbę pełnili żołnierze nadterminowi. Można umieścić pod jednym dowództwem 17 kompanii obsadzonych szeregowcami i sierżantami służby zasadniczej, ale nie da się z nich zrobić w jednej chwili żołnierzy nadterminowych.

Żołnierz nadterminowy, jak sama nazwa wskazuje, zakończył już służbę zasadniczą. Jak Żukow mógł zmienić zwykłych szeregowców i sierżantów w żołnierzy nadterminowych, skoro jeszcze nie skończyli służby zasadniczej?

Żołnierz nadterminowy jest ochotnikiem. Takich ochotników jest stosunkowo mało wśród szeregowców i sierżantów. Jak to możliwe, że w CON GRU pod jednym dowództwem zgromadzono 17 kompanii i wszyscy szeregowcy i sierżanci nagle zaciągnęli się do służby nadterminowej?

---

* Tamże, s. 261.

Kłamstwo Żukowa natychmiast zdemaskował jego były pierwszy zastępca, obecny minister obrony marszałek Związku Radzieckiego Malinowski:

> Powiedział, że to błaha sprawa, po prostu połączono istniejące już w okręgach 17 kompanii. Nic podobnego. Kazano dla tej szkoły zebrać niezbędną liczbę żołnierzy ponad te 17 kompanii, które znajdowały się w okręgach*.

Moment kluczowy

W sprawie Centrum Specjalnego Przeznaczenia GRU, które podczas kłótni przywódców i w późniejszych publikacjach oględnie nazywano szkołą dywersantów, należy wyjaśnić jedną rzecz.

> Żukow dwukrotnie meldował Chruszczowowi o tej szkole. Żukow powiedział o tym również z mównicy plenum, a Chruszczow milczał, nie oponował, potwierdzając w ten sposób prawdziwość słów marszałka**.

W tytule cyklu artykułów poważnego historyka Naumowa słowo *dieło* (sprawa) wzięto w cudzysłów. Już sam ten tytuł daje nam do zrozumienia: nie było żadnej sprawy, oczerniono Marszałka Zwycięstwa!

Ów cykl artykułów ukazał się w piśmie Instytutu Historii Powszechnej Rosyjskiej Akademii Nauk. Na okładce pisma wymieniono te wszystkie instytucje: Instytut, Akademię. Na dole dodano nazwę wydawnictwa – Nauka. Jednym słowem, oto prawdziwa historia! Żeby dodać naukowej powagi, redakcja zamieściła cykl artykułów Naumowa w rozdziale „Według odtajnionych materiałów archiwalnych". I my w to wierzymy.

A gdy już uwierzyliśmy, sprawdzimy. Otworzymy wspomniane materiały archiwalne, przeczytamy, co powiedział Żu-

---

* Tamże, s. 368.

** W. Naumow, *„Dieło" marszała G.K. Żukowa*, „Nowaja i Nowiejszaja Istorija" 2000, nr 6, s. 85.

kow na swoje usprawiedliwienie, i spróbujemy zrozumieć, dlaczego Chruszczow nie skomentował prawdziwych słów Marszałka Zwycięstwa.

Żukow na plenum oznajmił:

> Ja towarzyszowi Chruszczowowi dwa razy mówiłem: Towarzyszu Chruszczow, planujemy taki ośrodek, złożę wam w tej sprawie meldunek. Dwa razy meldowałem, ale nie zameldowałem, dlatego że okoliczności były takie, że nie udało się zameldować*.

Nie żartuję! Tak jest w stenogramie: DWA RAZY MELDOWAŁEM, ALE NIE ZAMELDOWAŁEM!

I dalej: „Uważam, że jest to mój błąd".

To jest przyznanie się do winy!

Rosyjska Akademia Nauk podaje na łamach swojego wydawnictwa naukowego: Żukow dwa razy meldował! A Chruszczow nie zaoponował! Przez co potwierdził wiarygodność słów wielkiego dowódcy!

Odkrycie poważnego historyka Naumowa natychmiast trafiło do obiegu i do skarbnicy naszej wiedzy o dziejach prawie świętego Gieorgija. W środowisku naukowym często przytacza się odkrycia Naumowa: Żukow dwa razy meldował! Nie było żadnej „sprawy"! Te rewelacje natychmiast cytują inni autorzy, w tym również z zagranicy: Dwa razy meldował! Chruszczow swym milczeniem potwierdził prawdomówność wielkiego stratega!

Wychodzi na to, że biedny Żukow zorganizował tajną dywersyjną jednostkę wojskową z absolutnie niesamowitymi warunkami służby dla żołnierzy. Przez ponad trzy miesiące Żukow chamsko się zachowywał wobec otoczenia, w tym również Chruszczowa, i to publicznie. Ale okoliczności nie pozwoliły mu zameldować. Historyk Naumow pisze dalej:

> Stanowisko dyrektora szkoły jeszcze nie zostało wprowadzone do nomenklatury KC KPZR. Mianowany na to stanowisko

---

* *Gieorgij Żukow. Stienogramma oktiabrskogo (1957 g.) plenuma CK KPSS i drugije dokumienty*, s. 261.

generał Mamsurow zwrócił się do wydziału KC, gdzie widocznie nie potrafiono mu udzielić wyczerpującej informacji.

Istnieje kolejność: najpierw płacisz w kasie sklepu, a potem wychodzisz na zewnątrz.

Istnieje kolejność: najpierw wprowadza się stanowisko do nomenklatury KC, a potem kogoś się na nie powołuje.

Okazuje się, że Żukow powołał generała porucznika Mamsurowa na stanowisko, które nigdzie nie figuruje, które nie istnieje. Okazuje się, że Żukow zwyczajnie po ludzku zapomniał, żeby stworzyć takie stanowisko.

Ale nie zapomniał powierzyć go pierwszemu zastępcy szefa GRU. I nikomu nie przeszkadza ten zastanawiający fakt, że szkołą dywersantów, gdzie szkolono dwa tysiące żołnierzy, kierował nie podpułkownik czy pułkownik, a generał porucznik, który też nie był byle kim, a pierwszym zastępcą szefa GRU.

I dlaczego Mamsurow kierował jakąś szkołą na zasadzie łączenia etatów? Na stanowisku pierwszego zastępcy szefa GRU miał mało zajęć? Dwa tysiące żołnierzy to pułk. No to dajcie do pułku podpułkownika. Jeśli da sobie radę, awansuje na pułkownika. Czyżby w Armii Radzieckiej nie było podpułkownika, który podjąłby się takiej roboty?

Naszych uczonych nie dziwi wcale zachowanie Żukowa, który oświadczył, że „żołnierze nadterminowi stracili swoją rolę w Siłach Zbrojnych”, który polecił znacznie zmniejszyć ich liczbę w Armii Radzieckiej, który zniósł rekrutację żołnierzy nadterminowych na dalszą służbę, a mimo to powołał tajną strukturę dywersyjną złożoną wyłącznie z żołnierzy nadprogramowych, i to takich z długim okresem służby. Było to sprzeczne z przepisami o służbie nadterminowej, które sam Żukow w marcu 1956 roku przedłożył Radzie Ministrów ZSRR i uzyskał ich zatwierdzenie.

Poważni historycy apelują do mnie, żebym pisał książki tylko w oparciu o odtajnione dokumenty archiwalne. Wziąłem tę radę do serca, piszę „w oparciu”. Przy okazji demonstruję, jak poważni historycy wykorzystują to oparcie do zniekształcania naszego postrzegania przeszłości.

Rozdział 20

1

Znaleźli się też obrońcy naczelnika GRU. O Sztiemience opowiada generał porucznik I. Potapow:

> Przyszedł do Sztabu Generalnego jako major po Akademii Wojsk Pancernych i awansował na generała armii, szefa Sztabu Generalnego. Był prawą ręką Antonowa, tamten bez niego nigdzie się nie ruszał*.

Wszystko właśnie tak wyglądało. Rzeczywiście Sztiemienko to tęga głowa, chodząca encyklopedia. Posłuchajcie, co było dalej:

> Sztiemienko zaczął tworzyć brygady specjalnego przeznaczenia, te, które później przerzuciliśmy do Afganistanu, ale nie wiedział, że powinien poinformować o tym Sztab Generalny. Ktoś na niego doniósł, więc w rezultacie został zdegradowany do generała porucznika**.

Nie zgódźmy się z tym stwierdzeniem. Przede wszystkim Sztiemienko nie tworzył żadnych brygad. Stworzył tylko Centrum Specjalnego Przeznaczenia, które dla niepoznaki nazywano szkołą. CSP GRU nie miało nic wspólnego z brygadami, które później walczyły w Afganistanie. Ale nie o to chodzi.

---

* „Krasnaja Zwiezda", 11 lutego 2006.

** Tamże.

W Afganistanie jako szeregowcy i sierżanci w jednostkach specjalnego przeznaczenia walczyli szeregowcy i sierżanci, których jak wszystkich powołano pod sztandary na mocy Ustawy o powszechnym obowiązku wojskowym. A Sztiemienko na polecenie Żukowa tworzył centrum dywersyjne, w którym odbywali służbę kontraktowi najemnicy otrzymujący wynagrodzenie porównywalne z oficerskim, jeśli nie większe. I nie było w Afganistanie żadnej brygady specjalnego przeznaczenia, którą dowodziłby pierwszy zastępca naczelnika GRU z naramiennikami generała porucznika na ramionach. Tak więc nie róbmy niepotrzebnego zamieszania.

Generał porucznik Potapow przedstawia Sztiemienkę jako osobę inteligentną, co jest zgodne z prawdą, ale zaraz potem robi z niego durnia: zastępca szefa Sztabu Generalnego generał pułkownik Sztiemienko, który w przeszłości był nawet szefem Sztabu Generalnego, nie wiedział, że o powołaniu każdej nowej formacji wojskowej należy zawiadomić szefa Sztabu Generalnego.

Każdego człowieka można przedstawić jako kompletnego idiotę, ale przecież nie do tego stopnia!

Hierarchia wojskowa jesienią 1957 roku wyglądała następująco:

1. Minister obrony marszałek Związku Radzieckiego Żukow.
2. Szef Sztabu Generalnego marszałek Związku Radzieckiego Sokołowski.
3. Zastępca szefa Sztabu Generalnego, naczelnik GRU, generał pułkownik Sztiemienko.

Działo się coś, o czym wiedzieli minister obrony Żukow i zastępca szefa Sztabu Generalnego Sztiemienko, ale zapomnieli oni wtajemniczyć w całą sprawę szefa Sztabu Generalnego Sokołowskiego, który był głównym „mózgiem armii". Zastępca szefa Sztabu Generalnego nie pomyślał o tym, żeby poinformować o swoich poczynaniach bezpośredniego przełożonego.

Otóż samodzielne powoływanie jakichkolwiek jednostek wojskowych, niezależnie od tego, czy jest to batalion budowlany czy kompania remontowa, jest zabronione. Tym bardziej – tajne powoływanie.

GRU to II Zarząd Główny Sztabu Generalnego, czyli jednostka organizacyjna Sztabu Generalnego, jego organiczna część. W strukturze GRU, czyli w strukturze Sztabu Generalnego, powołuje się CSP, ale szef Sztabu Generalnego nic o tym nie wiedział. Żukow wydawał rozkazy generałowi pułkownikowi Sztiemience, pomijając jego przełożonego, szefa Sztabu Generalnego. Jeżeli nie był to spisek, to co?

Za taką działalność i Żukow, i Sztiemienko narażali się na odpowiedzialność karną. Chruszczow nie chciał zwracać uwagi kraju i świata na to, że w Związku Radzieckim rzeczywiście przygotowywano wojskowy zamach stanu.

2

W październiku 1957 roku na plenum Komitetu Centralnego zaproszono nie tylko tych marszałków, generałów i admirałów, którzy byli członkami albo zastępcami członków KC KPZR i Centralnej Komisji Rewizyjnej, lecz również 60 marszałków, generałów i admirałów, którzy nie byli ani członkami, ani zastępcami członków KC i CKR.

Chęć zabrania głosu wyraziło 80 osób. Oprócz Żukowa na plenum wystąpiło 26 osób – 10 cywilów (niektórzy z nich, na przykład Breżniew, Chruszczow i Ustinow, mieli stopnie wojskowe) oraz 16 wojskowych. Po czym dyskusja została zakończona. Wszystko było jasne.

Na plenum pierwsze skrzypce grali nie partyjni bonzowie, jak to czasami chcą nam przedstawić, a dowódcy wojskowi, z których dziewięciu nie było ani członkami KC, ani nawet zastępcami członków KC.

Przeciwko Żukowowi ostro wypowiedzieli się marszałkowie Związku Radzieckiego Biriuzow, Jeriomienko, Koniew, Malinowski, Rokossowski, Sokołowski, Timoszenko, Czujkow. Oprócz nich chcieli wystąpić marszałkowie Związku Radzieckiego Bułganin, Bagramian, Mierieckow, Moskalenko. Nie jest tajemnicą, o czym chcieli powiedzieć: po zakończeniu dyskusji wszyscy obecni jednomyślnie zagłosowali przeciwko Żukowowi.

Oprócz Żukowa w plenum wzięło udział dwunastu marszałków Związku Radzieckiego. Wszyscy wystąpili przeciwko Żukowowi. Na plenum zabrakło trzech marszałków Związku Radzieckiego – Budionnego, Woroszyłowa i Wasilewskiego. Nietrudno jest zgadnąć, jakie stanowisko zajęliby wspomniani marszałkowie, gdyby znaleźli się na sali obrad. Na przykład Wasilewskiego, swojego pierwszego zastępcę i krewnego (syn Wasilewskiego, Jurij, był mężem córki Żukowa, Ery), Żukow usunął z armii, „po przyjacielsku" radząc mu, żeby odszedł.

Być może marszałkowie przestraszyli się Chruszczowa? Nie. Nie byli to ludzie, których łatwo przestraszyć. Oni wszyscy przetrwali nie tylko wojnę, ale też stalinowską szkołę zarządzania państwem i armią. Po wojnie Stalin zamierzał skazać Żukowa za przestępstwa kryminalne, lecz właśnie ci marszałkowie i generałowie wstawili się za nim. Wówczas uratowali Żukowa przed zasłużoną karą.

Chruszczowa się nie bali. W 1957 roku Chruszczow był związany z władzą cieniutką niteczką. W razie potrzeby ci marszałkowie i generałowie mogli odwołać na tym plenum nie tylko Żukowa, ale i samego Chruszczowa. Jednak Żukow tak dał się wszystkim we znaki, że chodziło tylko o niego.

Oprócz marszałków przeciwko Żukowowi wypowiedzieli się generałowie armii Zacharow, Łuczinski, Batow, Kazakow, admirał Gorszkow, generał pułkownik Żełtow, generał porucznik Aleksandrow, kontradmirał Torik. Zgłosili chęć wystąpienia, ale nie zdążyli wygłosić mów główny marszałek lotnictwa Żygariew, marszałkowie lotnictwa Wierszynin i Sudiec, generałowie armii Galicki, Gorbatow, Kryłow, Malinin, generałowie pułkownicy Pieńkowski, Radzijewski, Gietman, Kuzniecow, Leluszenko, Stiepczenko, admirał Charłamow, generałowie porucznicy Lisicyn, Naczinkin, Cybienko, Jefimow, wiceadmirał Komarow, generałowie majorzy Jegorow i Łukaszyn. Wszyscy, którzy nie zdążyli wystąpić, złożyli do Prezydium KC KPZR indywidualne lub zbiorowe notatki, w których stwierdzili, że stanowczo potępiają działania Żukowa.

Potępienie Żukowa było powszechne. I nie tylko na plenum KC. Wcześniej, jak pamiętamy, odbyły się zebrania aktywu partyjnego Ministerstwa Obrony, okręgów wojskowych i flot, w których wzięło udział w sumie ponad 13 tysięcy oficerów, generałów i admirałów. W dyskusji na temat działalności Żukowa wzięło udział prawie całe najwyższe dowództwo Armii Czerwonej.

I całe dowództwo Armii Radzieckiej wypowiedziało się przeciwko samowoli, bezprawiu i sobiepaństwu niekompetentnego dowódcy.

3

Przebieg głosowania w sprawie pozbawienia Żukowa wszystkich funkcji kierowniczych został opisany w stenogramie plenum beznamiętnie i z bezlitosną punktualnością.

> 29 października 1957 roku.
>
> Wieczorne posiedzenie [plenum KC KPZR – przyp. aut.].
>
> Podczas wieczornego posiedzenia głos zabrali towarzysze Żukow i Chruszczow.
>
> Przewodniczący tow. Chruszczow: Pojawiła się propozycja, aby zakończyć debaty. Wystąpiło 27 towarzyszy, zapisało się 80. Czy ktoś zgłasza sprzeciw?
>
> Głosy: Nie.
>
> Przewodniczący tow. Chruszczow: Jest propozycja, aby teraz rozwiązać kwestię wydalenia ze składu członków Prezydium KC KPZR oraz ze składu członków KC tow. Żukowa. Zajmijmy się tą sprawą, a później porozmawiamy o rezolucji. Czy ktoś zgłasza sprzeciw? Nie.
>
> Jak będziemy głosować – razem o wydaleniu spośród członków Prezydium KC i członków KC czy osobno?
>
> Głosy: Niech będzie osobno.
>
> Przewodniczący tow. Chruszczow: Głosują członkowie KC KPZR. Kto jest za tym, żeby usunąć tow. Żukowa ze składu Prezydium KC, proszę podnieść ręce. Proszę opuścić. Kto jest przeciwko? Nie ma. Kto się wstrzymał? Nie ma. Przyjęto jednogłośnie.
>
> Teraz głosują zastępcy członków KC KPZR w tej samej kolejności. Kto jest za tym, żeby usunąć ze składu członków Prezydium KC tow. Żukowa, proszę podnieść rękę. Proszę

opuścić. Kto jest przeciwko? Nie ma. Kto się wstrzymał? Nie ma. Przyjęto jednogłośnie.

Głosują członkowie Centralnej Komisji Rewizyjnej. Kto jest za tym, żeby usunąć ze składu członków Prezydium KC tow. Żukowa, proszę podnieść rękę. Proszę opuścić. Kto jest przeciwko? Nie ma. Kto się wstrzymał? Nie ma. Przyjęto jednogłośnie.

Może zapytajmy zaproszonych na plenum towarzyszy spoza KC – dowódców okręgów, armii, flot, członków rad wojennych, wszystkich komunistów, którzy zostali zaproszeni. Kto jest za tym, żeby usunąć ze składu członków Prezydium KC tow. Żukowa, proszę podnieść rękę. Proszę opuścić. Kto jest przeciwko? Nie ma. Kto się wstrzymał? Nie ma. Przyjęto jednogłośnie.

Następny wniosek dotyczy usunięcia tow. Żukowa ze składu Komitetu Centralnego KPZR. Głosują członkowie KC. Kto jest za tym, żeby usunąć ze składu KC KPZR, proszę podnieść rękę. Proszę opuścić. Kto jest przeciwko? Nie ma. Kto się wstrzymał? Nie ma. Przyjęto jednogłośnie.

Głosują zastępcy członków KC. Kto jest za tym, żeby usunąć ze składu KC KPZR, proszę podnieść rękę. Proszę opuścić. Kto jest przeciwko? Nie ma. Kto się wstrzymał? Nie ma. Przyjęto jednogłośnie.

Głosują członkowie Centralnej Komisji Rewizyjnej. Kto jest za tym, żeby usunąć ze składu KC KPZR, proszę podnieść rękę. Proszę opuścić. Kto jest przeciwko? Nie ma. Kto się wstrzymał? Nie ma. Przyjęto jednogłośnie.

Głosują wszyscy zaproszeni. Kto jest za tym, żeby usunąć ze składu KC KPZR, proszę podnieść rękę. Proszę opuścić. Kto jest przeciwko? Nie ma. Kto się wstrzymał? Nie ma. Przyjęto jednogłośnie.

(Tow. Żukow opuścił salę)*.

4

Żeby zdezorientować dociekliwych obywateli i nie pozwolić im odnaleźć źródła informacji, które pozwoliło odkryć spisek

---

* *Gieorgij Żukow. Stienogramma oktiabrskogo (1957 g.) plenuma CK KPSS i drugije dokumienty*, s. 233.

Żukowa, Chruszczow puścił w świat od razu dwie wersje wydarzeń.

Pierwsza: Generał porucznik Mamsurow przyszedł do Komitetu Centralnego i opowiedział o tym, że otrzymał dziwną nominację na stanowisko dyrektora Centrum Specjalnego Przeznaczenia GRU.

Druga: Generał porucznik Mamsurow nie udał się do Komitetu Centralnego, a podzielił się wątpliwościami co do Centrum Specjalnego Przeznaczenia GRU z generałem porucznikiem Tumanianem, który był dalekim krewnym członka Prezydium KC KPZR Anastasa Mikojana. Tumanian rzekomo opowiedział o tym Mikojanowi.

Mikojan to sprytny lis. Był członkiem Biura Politycznego KC WKP(b) i KPZR od 1935 do 1966 roku (przypomnę, że od 1952 do 1966 roku Biuro Polityczne nazywało się Prezydium KC KPZR, pozostając przewodnim organem KC KPZR, kształtującym politykę partii i państwa). A w Komitecie Centralnym Mikojan, bijąc wszelkie rekordy, utrzymał się przez ponad pół wieku – od 1922 do 1976 roku.

Od Lenina do Breżniewa.

Od Iljicza do Iljicza bez zawału i paraliżu.

Mikojan rzekomo doniósł o wszystkim Chruszczowowi, po czym Chruszczow rzekomo wezwał Mamsurowa, a ten, jak na uczciwego komunistę przystało, szczerze wszystko opowiedział.

Tak więc są dwie wersje.

Pierwsza: Mamsurow dobrowolnie przyszedł i o wszystkim opowiedział.

Druga: Mamsurow wyraził głośno wątpliwości co do legalności działań Żukowa, co potem dotarło do Chruszczowa. Czyli Mamsurow przyznał się niejako prawie dobrowolnie.

Obie te wersje nie wytrzymują próby logicznej analizy. Gdyby Mamsurow przyszedł dobrowolnie lub prawie dobrowolnie, to po co Chruszczow miałby ujawniać swoje źródło? Nikita, zanim dostał zawrotu głowy od sukcesów, nie był głupcem. Zależało mu na tym, żeby wprowadzić zamęt, pokazać się jako osoba wszechwiedząca, ale nie ujawniać źródeł swojej wiedzy: Widzę wszystko! Wiem wszystko!

Zamiast tego Chruszczow publicznie wskazał palcem Mamsurowa: to jest kapuś. W ten sposób Chruszczow odstręczał potencjalnych donosicieli: opowiesz Chruszczowowi, a on cię wyda.

Dlaczego więc Chruszczow publicznie złajał ochotnika czy też prawie ochotnika? Po co publicznie skompromitował donosiciela? A dlatego, że Mamsurow nie był ochotnikiem. Dał się złapać. I Chruszczow na plenum KC w obecności setek partyjnych i wojskowych bonzów go poniżył. Publicznie wychłostał Mamsurowa jak drobnego szkodnika: no proszę, mamy tu informatora, spójrzcie na niego.

O tym, że przyznanie się nie było ani dobrowolne, ani prawie dobrowolne, świadczy też drugi fakt: stopień generała pułkownika nadano Mamsurowowi 27 kwietnia 1962 roku.

Mamsurow od 1955 roku dowodził 38. Armią. Stanowisko dowódcy armii daje dwie możliwości rozwoju kariery służbowej: można pozostawić takiego dowódcę w stopniu generała porucznika, a można za szczególne zasługi awansować go na generała pułkownika. W 1956 roku 38. Armia wyróżniła się na Węgrzech. Wówczas Chruszczow nie awansował Mamsurowa, ale odznaczył go wysokim orderem.

Od 1957 roku Mamsurow był pierwszym zastępcą naczelnika GRU. Zastępca naczelnika GRU, tym bardziej pierwszy, to stanowisko dla generała pułkownika. Załóżmy, że w czerwcu 1957 roku Mamsurow dobrowolnie udał się do Chruszczowa i do wszystkiego się przyznał. Inaczej mówiąc – uratował Chruszczowa. W tym przypadku należało dać mu nagrodę!

Załóżmy, że Mamsurow przyszedł prawie dobrowolnie: podzielił się wątpliwościami ze starym towarzyszem i dotarło to do Chruszczowa. Ale i w tym przypadku należy go nagrodzić! Chociażby po to, żeby zachęcić przyszłych wybawców, obiecując im sowite nagrody.

Chruszczow nie skąpił awansów. W czasie pokoju rozdał więcej nominacji na marszałków niż Stalin w czasie wojny. Nawet nie o nagrody tu chodzi. Mamsurow zajmował wysokie stanowisko, więc dajcie mu przynajmniej odpowiedni do tego stopień.

Jednak Mamsurow pozostawał generałem porucznikiem jeszcze przez prawie pięć lat, aż otrzymał stopień należny mu z racji zajmowanego stanowiska. Chruszczow nie tylko nie nagrodził Mamsurowa, lecz nawet przez długi czas nie dał mu tego, co mu się należało!

Wskazuje to na całkowity brak wdzięczności ze strony Chruszczowa.

Wyklucza to dobrowolny lub prawie dobrowolny charakter ich współpracy.

Dlaczego więc Chruszczow nie wyrzucił Mamsurowa, skoro ten wziął udział w spisku? Dlaczego pozostawił go na tak wysokim stanowisku?

O! To była bardzo mądra decyzja.

Najpierw Chruszczow pogrążył Mamsurowa w swoim partyjno-wojskowym gronie, a później pozostawił na odpowiedzialnym stanowisku, doskonale zdając sobie sprawę, że odtąd Mamsurow jest tylko i wyłącznie jego człowiekiem. Po tym, jak Mamsurow publicznie został nazwany donosicielem, nikt nigdy nie będzie z nim rozmawiał na śliskie tematy.

Tak się też stało. Mamsurow kontynuował służbę, ale nie wziął udziału w żadnym spisku. Łatki donosiciela nie pozbył się ani za życia, ani po śmierci, a jego kariera stanęła w miejscu.

Zastanówcie się sami. W 1956 roku na Węgry wkroczyły dwie radzieckie armie – 8. Armia Zmechanizowana generała porucznika Babadżaniana i 38. Armia generała porucznika Mamsurowa. Później Babadżanian awansował na dowódcę wojsk pancernych Armii Radzieckiej i otrzymał kolejno stopnie generała pułkownika wojsk pancernych, marszałka wojsk pancernych oraz głównego marszałka wojsk pancernych. A przecież on nie uratował Chruszczowa przed upadkiem.

Na Węgrzech generał porucznik Łaszczenko dowodził Korpusem Specjalnym. Łaszczenko również nie uratował Chruszczowa od śmierci, ale też wyprzedził Mamsurowa w awansach służbowych, otrzymując na pagony najpierw trzecią, a potem czwartą gwiazdę i przyjmując stanowisko pierwszego zastępcy głównodowodzącego wojsk lądowych.

A dla generała pułkownika Mamsurowa wszystko zakończyło się na stanowisku pierwszego zastępcy naczelnika GRU.

5

Marszałek Związku Radzieckiego Żukow wziął udział w spisku przeciwko członkowi Prezydium KC KPZR, pierwszemu zastępcy przewodniczącego Rady Ministrów ZSRR, ministrowi spraw wewnętrznych marszałkowi Związku Radzieckiego Berii i osobiście go aresztował.

Wykorzystując swoją pozycję ministra obrony, Żukow odsunął od władzy marszałków Związku Radzieckiego – Wasilewskiego, Biriuzowa, Bagramiana, admirała floty Związku Radzieckiego Kuzniecowa.

Grożąc użyciem czołgów Armii Radzieckiej, Żukow dokonał zamachu stanu i usunął kolektywne kierownictwo, które powstało po śmierci Stalina. Żukow odsunął od władzy większość przywódców kraju, zostawiając u steru mniejszość z Chruszczowem na czele, który zajmował stanowisko nieprzewidziane w statucie partii komunistycznej.

Wśród obalonych przez Żukowa przywódców znaleźli się dwaj byli premierzy rządu Związku Radzieckiego, Mołotow i Malenkow, oraz wciąż sprawujący swoją funkcję wicepremiera Kaganowicz. Żukow zachwiał pozycją ówczesnego przewodniczącego Rady Ministrów ZSRR marszałka Związku Radzieckiego Bułganina i przesądził o jego dalszych losach.

W Związku Radzieckim pozostawał tylko jeden człowiek, który według zajmowanego stanowiska znajdował się wyżej od Żukowa – członek Prezydium KC KPZR I sekretarz KC KPZR Nikita Siergiejewicz Chruszczow.

Jednak w 1957 roku Chruszczow nie piastował żadnych stanowisk państwowych. Był przywódcą partii komunistycznej, zajmując stanowisko, powtarzam, którego nie przewidywał statut KPZR. Władzy partii komunistycznej w ogóle i Chruszczowa (jako przywódcy tej partii) w szczególności Żukow nie uznawał i nie liczył się z nią.

Władza partii komunistycznej polegała na wyłączności w podziale stanowisk kierowniczych w państwie. Żukow odsuwał partię komunistyczną od kierowania siłami zbrojnymi, samowolnie pomniejszając rolę rad wojennych na wszystkich szczeblach i zmieniając ich funkcje z nadzorujących na doradcze.

Decyzje dotyczące nominacji na kierownicze stanowiska Żukow podejmował samodzielnie, nie informując o nich nikogo.

Podejmowanie decyzji kadrowych na wyższych stanowiskach jest właśnie przejęciem władzy.

6

Strącenie Żukowa ze szczytów władzy wywarło druzgocący wpływ na stosunki z Jugosławią i Albanią. Dla rządów i ludów tych państw usunięcie Żukowa ze wszystkich stanowisk kierowniczych było zniewagą.

Czy mogło być inaczej? Rządy i obywatele obu państw powitali Żukowa jak wysokiego gościa, a okazało się, że ich gościnność wykorzystano jako pułapkę.

Powitano Żukowa jako gwiazdę pierwszej wielkości, z orkiestrą i wartą honorową, a on okazał się figurantem niezasługującym na podejmowanie go na szczeblu państwowym.

Rządy Jugosławii i Albanii prowadziły z Żukowem poważne pertraktacje, a okazało się, że rozmawiały z człowiekiem, który już faktycznie został odsunięty od władzy.

Prowadziły rozmowy nie z mężem stanu, a z emerytem.

7

4 października 1957 roku, w dniu, kiedy Żukow na krążowniku wyruszył do Jugosławii, rakieta nośna 8K71PS wyniosła na orbitę pierwszego sztucznego satelitę Ziemi. Sputnik zrobił 1440 okrążeń wokół Ziemi, a ostatni człon rakiety nośnej niedługo potem wszedł w atmosferę ziemską i spłonął.

W tamtych czasach żartowano: Żukow wyniósł Chruszczowa na orbitę, a sam się spalił.

Trzeba powiedzieć wprost: w czasie swoich rządów, nazwanych przez lizusów Wielkim Dziesięcioleciem, Nikita Chruszczow zrobił wiele złego. Nie da się tego ukryć.

Mimo to zasługuje na wielki pomnik.

Chruszczow uratował świat przed Żukowem.

Moment kluczowy

Przejdźmy od *Upadku* do *Lodołamacza*. Mówią mi: W *Lodołamaczu* wszystko się zgadza, tylko brakuje dokumentu potwierdzającego słuszność twoich racji.

Ten dokument, obywatele, istnieje. Znajduje się w Rosyjskim Państwowym Archiwum Historii Najnowszej (RGANI). Dział 2, rejestr 1, teczka 263, karty 59–60. Jest to stenogram drugiego posiedzenia plenum KC KPZR z 28 października 1957 roku, na którym szef Sztabu Generalnego marszałek Związku Radzieckiego Sokołowski zreferował plany Żukowa dotyczące rozpętania trzeciej wojny światowej:

> Tow. Żukow mimo nalegań Sztabu Generalnego, jego doniesień i argumentów zmusił jednak do wpisania do preambuły odpowiedniego dokumentu [Planu Operacyjnego – przyp. autora], że my zaatakujemy pierwsi. [...] Jak można przygotować plan, który angażowałby nasz kraj w wojnę i dobrowolnie!

Stenogram plenum odtajniono i wydano w zbiorze *Gieorgij Żukow. Stienogramma oktiabrskogo (1957 g.) plenuma CK KPSS i drugije dokumienty* (s. 300). Opublikowali ten dokument nie jacyś antagoniści Żukowa, a ludzie, których można nazwać głównymi kapłanami jego kultu – A. Jakowlew, G. Arbatow, J. Gajdar, J. Primakow, S. Mironienko, A. Czubarian; wszyscy byli członkami rady redakcyjnej wspomnianego zbioru. Wszystkie komentarze do poszczególnych dokumentów i do całego zbioru to hymn na cześć geniuszu Żukowa: Nie chciał demaskować krwawego tyrana Stalina! Chciał doprowadzić do końca linię XX Zjazdu! Chciał wymierzyć karę krwawym oprawcom! Chciał opowiedzieć całą prawdę o wojnie!

Zbiór ów powstał na mocy „decyzji komisji przy prezydencie Federacji Rosyjskiej do spraw rehabilitacji ofiar represji politycznych, która zbadała materiały dotyczące zarzutów partyjno-państwowego kierownictwa ZSRR wobec marszałka Żukowa”*.

---

* Tamże, s. 12.

Tak więc Żukow był ofiarą nieuzasadnionych represji. W imię rehabilitacji niewinnej ofiary wydano wspomniany zbiór. Dokumenty „były objęte tajemnicą i zostały odtajnione specjalnie na potrzeby tego zbioru"*. Lecz nawet w tym zbiorze, którego celem jest oczyszczenie Żukowa z oskarżeń, pojawiają się zupełnie zadziwiające fakty: Żukow po dorwaniu się do najwyższej władzy wojskowej zażądał, aby do preambuły planu przyszłej wojny wpisano zdanie, że Związek Radziecki zaatakuje pierwszy.

Tu musimy pamiętać, że chodziło oczywiście nie tylko o preambułę. Przecież nie mogło być tak, że w preambule planu przyszłej trzeciej wojny światowej zostanie napisane, że my zaatakujemy pierwsi, a po niej następowałby opis wyłącznie obronnych działań Armii Radzieckiej. Zrozumiałe, że cały plan był taki jak preambuła. Po prostu zwykliśmy się zasłaniać dywagacjami o pokojowej polityce ZSRR: jeżeli wrogowie nas zmuszą, nie pozostanie nic innego, jak ich zaatakować.

To oczywiste, że szef Sztabu Generalnego marszałek Sokołowski podczas prac nad planem chciał jak zwykle wpisać do ściśle tajnego dokumentu najwyższej wagi zwyczajową formułkę o naszym nadzwyczajnym umiłowaniu pokoju, ale minister obrony marszałek Żukow zażądał, żeby nie owijano niczego w bawełnę. Po co się krygować, skoro dokument na zawsze pozostanie dostępny tylko dla bardzo wąskiego grona przywódców?

Ktoś może zapytać: Ale jak to wszystko może potwierdzać przygotowywanie przez Związek Radziecki napaści na Niemcy, o czym była mowa w *Lodołamaczu*?

Odpowiadam.

W 1956 roku Związek Radziecki nie miał żadnych perspektyw strategicznych.

Po pierwsze, istniała już broń atomowa i gdyby Związek Radziecki rozpętał nową wojnę, to naraziłby się na nieuchronne działania odwetowe Zachodu przeciwko Moskwie, Leningradowi oraz innym miastom, a taka ewentualność sprawiała, że wojna traciła wszelki sens.

---

* Tamże, s. 13.

Po drugie, przeciwnikami Związku Radzieckiego były Stany Zjednoczone, Wielka Brytania, Francja, Niemcy Zachodnie i wiele innych państw. Z gospodarczego, demograficznego i wojskowego punktu widzenia atak na nie byłby szaleństwem.

Po trzecie, w Europie zapanował pokój i w przypadku ataku na Niemcy Zachodnie oraz inne państwa Związek Radziecki przegrywał pod względem politycznym – takie działania wywołałyby powszechne potępienie.

Lecz nawet w takiej sytuacji dobry, łagodny i demokratyczny Żukow, którego nie ograniczała władza krwawego tyrana, planował wojnę, w której Związek Radziecki miał zostać agresorem.

Wiosną 1941 roku sytuacja była zupełnie inna, niewiarygodnie pomyślna dla Związku Radzieckiego.

Po pierwsze, nie istniała broń jądrowa, więc można się było nie obawiać działań odwetowych.

Po drugie, Zachód był podzielony. Wielka Brytania, za której plecami stały Stany Zjednoczone, prowadziła wojnę z Niemcami. Większość europejskich państw była okupowana przez Niemcy i czekała na wyzwolenie.

Po trzecie, zarówno Wielka Brytania, jak i Stany Zjednoczone za wszelką cenę usiłowały przeciągnąć Związek Radziecki na swoją stronę, obiecywały mu wszelką wojskową, gospodarczą oraz każdą inną pomoc, ich przywódcy dosłownie ciągnęli Stalina za rękę do swojego obozu.

Po czwarte, z gospodarczego, demograficznego i wojskowego punktu widzenia Hitler już nie mógł zwyciężyć, już przegrał wojnę.

Po piąte, gdyby Stalin wystąpił przeciwko Hitlerowi, poparłyby go cała okupowana Europa i cały świat.

W skomplikowanej i beznadziejnej sytuacji z 1956 roku Żukow mimo wszystko przygotowywał wojnę, którą powinien był rozpocząć Związek Radziecki. Dlaczego w sprzyjającej sytuacji wiosną 1941 roku ten sam Żukow miałby planować coś innego?

W 1962 roku Chruszczow postawił świat na krawędzi zagłady w wojnie atomowej. Spowodowane to było jego głupotą. Chruszczow nie spodziewał się takiego obrotu spraw.

A Żukow absolutnie świadomie planował trzecią wojnę światową już w 1956 roku. Planował ją nawet wcześniej, kiedy po śmierci Stalina oświadczył, że udowodni w praktyce, że podbój Europy za pomocą przełamania frontu uderzeniami jądrowymi jest możliwy.

Chruszczow wyrzucił szaleńca Żukowa ze szczytów władzy.

Gdyby Chruszczow tego nie zrobił, to dzisiaj życie na naszej planecie byłoby zupełnie inne – jeżeli w ogóle by istniało. Nie napisałbym tej książki, a wy byście jej nie czytali.

Epilog

Gdy w czerwcu 1957 roku Mołotow, Malenkow, Kaganowicz, Woroszyłow, Bułganin oraz inni członkowie Prezydium Komitetu Centralnego podjęli decyzję o odsunięciu Chruszczowa od władzy, naczelnik GRU generał pułkownik Siergiej Matwiejewicz Sztiemienko na polecenie ministra obrony marszałka Związku Radzieckiego Żukowa witał na lotnisku Centralnym w Moskwie członków Komitetu Centralnego, którzy przylecieli do stolicy samolotami Sił Powietrznych. Wszystkim Sztiemienko udzielał cennych rad co do tego, na kogo należy postawić w toczącej się walce.

Właśnie w tym czasie Sztiemienko na polecenie Żukowa zajął się tworzeniem Centrum Specjalnego Przeznaczenia GRU, na którego czele Żukow postawił pierwszego zastępcę Sztiemienki, generała porucznika Mamsurowa. Jednak Chruszczow był szybszy – wysłał Żukowa do Jugosławii i pozbawił go stanowiska ministra obrony 26 października 1957 roku. Tego samego dnia Sztiemienko został odwołany ze stanowiska naczelnika GRU, a 27 października został zdegradowany i po raz trzeci w życiu został generałem porucznikiem.

Przez pół roku Sztiemienko nie zajmował żadnego stanowiska. W maju 1958 roku Chruszczow mu je zaproponował. I muszę powiedzieć, że zrobił to z pewną dozą szyderstwa. 15 stycznia 1958 roku rozwiązano Południowouralski Okręg Wojskowy. Jego jednostki i większość terytorium, w tym również poligon tocki, przekazano Nadwołżańskiemu Okręgowi Wojskowemu. Chruszczow wysłał generała porucznika Sztiemienkę na stanowisko zastępcy dowódcy Nadwołżańskiego Okręgu Wojskowego. Miejscem jego służby miał być Kujbyszew. (Znowu Kujbyszew! To jakaś magia!)

Przede wszystkim nie było to samodzielne stanowisko – zastępca. Po drugie, jeszcze jeden symboliczny zbieg okoliczności (i czy na pewno zbieg okoliczności?): Na poligonie Tockoje spiskowałeś z Żukowem – to teraz siedź przy tych tockich obozach. Oddychaj świeżym poligonowym powietrzem.

W lipcu 1962 roku radzieccy przywódcy rozpoczęli przygotowania do operacji „Anadyr" – przerzutu rakiet na Kubę. Mogło się to skończyć bardzo poważnym zaognieniem sytuacji międzynarodowej, jeśli nie wojną. Wtedy Chruszczow przypomniał sobie o talentach Sztiemienki i przeniósł go na stanowisko szefa sztabu Wojsk Lądowych oraz pierwszego zastępcy głównodowodzącego Wojsk Lądowych.

W kwietniu 1964 roku Sztiemienko został naczelnikiem Głównego Zarządu Organizacyjno-Mobilizacyjnego Sztabu Generalnego. Jest jedynym generałem, który w różnych okresach był nie tylko szefem Sztabu Generalnego, lecz również kierował trzema różnymi Zarządami Głównymi Sztabu Generalnego – operacyjnym, wywiadowczym i organizacyjno-mobilizacyjnym. W 1966 roku nadano mu stopień generała pułkownika. 22 lutego 1968 roku, w przededniu pięćdziesiątej rocznicy powstania Sił Zbrojnych ZSRR, Sztiemienko otrzymał stopień generała armii.

Sztiemienko był generałem majorem tylko przez niecałe pięć miesięcy. Ten stopień nadano mu w 1942 roku, kiedy miał dopiero 35 lat. Generałem porucznikiem został trzy razy, w 1943, 1953 i 1957 roku. Za pierwszym razem był to awans, w dwóch pozostałych przypadkach – kara. Generałem pułkownikiem też został trzy razy – w 1945, 1956 i 1966 roku, a stopień generała armii otrzymał tylko dwukrotnie – w 1948 i 1968 roku. Po raz drugi generałem armii Sztiemienko został po dwudziestu latach od pierwszego awansu na ten stopień.

W sierpniu 1968 roku, gdy wojska radzieckie i sojusznicze wkroczyły do Czechosłowacji, generał armii Sztiemienko został szefem sztabu Zjednoczonych Sił Zbrojnych Układu Warszawskiego. Siergiej Matwiejewicz Sztiemienko zmarł w 1976 roku.

Jekatierina Aleksiejewna Furcewa straciła tytuł członka Prezydium KC KPZR w październiku 1961 roku, ale pozostała członkiem KC KPZR i ministrem kultury ZSRR. Zmarła nagle w nocy z 24 na 25 października 1974 roku z powodu niewydolności serca, ale po Moskwie uporczywie krążyły pogłoski o jej samobójstwie.

Nikołaj Pawłowicz Firiubin pełnił funkcję zastępcy ministra spraw zagranicznych od 1957 roku do śmierci w 1983 roku.

Niszczyciel *Bywałyj*, na którym referent Wydziału Organów Administracyjnych KC KPZR towarzysz Bułanow podążał za krążownikiem *Kujbyszew* do Jugosławii, w lipcu 1961 roku wziął udział w akcji ratowniczej radzieckiego okrętu podwodnego K-19, którego załoga dzięki heroicznemu wysiłkowi zapobiegła eksplozji atomowej na Atlantyku, płacąc za to życiem kilku marynarzy.

Major Jurij Siergiejewicz Bułanow otrzymał stopień podpułkownika, a następnie pułkownika. W 1962 roku ukończył Pierwszy Wydział Wojskowej Akademii Dyplomatycznej, szkolącej oficerów operacyjnych i analityków wywiadu strategicznego. Pracował w głębokiej konspiracji, czyli został nielegałem. Jego dalsze losy nie są mi znane.

Bristol
2013 r.

Wykaz literatury

Gieorgij Żukow. Stienogramma oktiabrskogo (1957 g.) plenuma CK KPSS i drugije dokumienty, Mieżdunarodnyj fond „Diemokratija", Moskwa 2001.

Era Żukowa i Ełła Żukowa, *Marszał Pobiedy. Wospominanija i razmyszlenija*, Wojenizdat, Moskwa 1996.

Istorija Wielikoj Otieczestwiennoj Wojny Sowietskogo Sojuza. 1941–1945. W szesti tomach, Wojenizdat, Moskwa 1960–1965 [wyd. polskie: *Historia Wielkiej Wojny Narodowej Związku Radzieckiego*, Wydawnictwo MON, Warszawa 1965].

Łubianka. WCzK–OGPU–NKWD–NKGB–MGB–MWD–KGB. 1917–1960, red. A. Kokurin i N. Pietrow, Mieżdunarodnyj fond „Diemokratija", Moskwa 1997.

F. von Mellenthin, *Tankowyje srażenija. 1935–1945*, Izdatielstwo inostrannoj litieratury, Moskwa 1957 [wyd. polskie: *Bitwy pancerne*, przeł. Sławomir Kędzierski, Oskar, Warszawa 2002].

A. Miercałow, L. Miercałowa, *Inoj Żukow*, Moskwa 1996.

Mołotow, Malenkow, Kaganowicz. 1957. Stienogramma ijun'skogo plenuma CK KPSS i drugije dokumienty, Mieżdunarodnyj fond „Diemokratija", Moskwa 1998.

W.P. Naumow, *„Dieło" marszała G.K. Żukowa*, „Nowaja i Nowiejszaja Istorija" 2000, nr 6.

Prawiła noszenija wojennoj formy odieżdy, Wojenizdat, Moskwa 1956.

Sowietskaja wojennaja encykłopiedija, W wos'mi tomach, Wojenizdat, Moskwa 1976–1980.

22.00